U0711761

气候变化
资金机制的国际法问题研究

QIHOU BIANHUA

ZIJIN JIZHI DE

GUOJIFA WENTI YANJIU

龚　微◎著

中国政法大学出版社

2021·北京

声　明　　1. 版权所有，侵权必究。

　　　　　　2. 如有缺页、倒装问题，由出版社负责退换。

图书在版编目（ＣＩＰ）数据

气候变化资金机制的国际法问题研究/龚微著. —北京：中国政法大学出版社，2021.11
ISBN 978-7-5764-0052-6

Ⅰ.①气… Ⅱ.①龚… Ⅲ.①气候变化－资金管理－国际法－研究 Ⅳ.①D996.9

中国版本图书馆 CIP 数据核字(2021) 第 243961 号

出 版 者　　中国政法大学出版社
地　　址　　北京市海淀区西土城路 25 号
邮寄地址　　北京 100088 信箱 8034 分箱　邮编 100088
网　　址　　http://www.cuplpress.com (网络实名：中国政法大学出版社)
电　　话　　010-58908285(总编室) 58908433（编辑部）58908334(邮购部)
承　　印　　北京朝阳印刷厂有限责任公司
开　　本　　720mm×960mm　1/16
印　　张　　16
字　　数　　300 千字
版　　次　　2021 年 11 月第 1 版
印　　次　　2021 年 11 月第 1 次印刷
定　　价　　79.00 元

目 录
CONTENTS

绪 论

一、研究价值和意义

气候变化是当今世界面临的最大挑战之一。气候变化及其不利影响目前在国外是一个引发广泛关注、产生激烈争议甚至导致严重社会纷争、动荡的焦点议题。不仅发达国家与发展中国家之间存在严重的冲突，发达国家和发展中国家内部也出现相互对立，甚至截然相反的主张。为了合作应对这一挑战，世界各国包括社会各界积极努力且不断探索，提出了各种应对设想、理论、方案和措施。无论采用何种国际合作应对方式，基本上都离不开海量的资金，对面临着经济社会文化发展问题的发展中国家尤其如此。历届气候变化大会的数个决议都强调要体现"行动和支持相匹配"。可以说，资金是解决广大发展中国家应对气候变化问题最重要的实施手段之一，事关全球应对气候变化事业成败之关键。气候变化国际法还强调未来"对气候资金的这一调动应当逐步超过先前的努力"，气候资金及其相关机制的重要性将更为凸显。本课题研究试图直面这些争议和矛盾，透过现象分析其内在的根本和实质性的纷争，在气候变化国际法的资金机制的发展过程中维护国家利益、为中国的主张寻找国际法依据，在理论上寻找更科学的观点，在学术上发出有特色的声音。选题具有相当的理论价值和实践意义：

第一，2016 年 11 月生效的气候变化国际法新协定——《巴黎协定》将对 2020 年后世界各国合作应对气候变化的各项行动作出法律安排，应对气候变化的国际法将步入新的发展阶段。协定改变了《京都议定书》下发达国家缔约方承担具体温室气体减排义务的安排，要求所有国家共同承担具有法律约束力的温室气体减排义务。在此背景下，气候资金机制的作用显然将更为凸显，对发展中国家缔约方的意义将更为重大。目前资金机制已经出现了许多新动向，新的理论、新的法律原则、新的模式制度和规则正在或即将开始运行。这些变革和发展可能对国际环境法甚至整个国际法产生深远的影响，具有重大的理论价值。

第二，资金机制如何运行和今后的发展动向直接涉及包括我国在内的广大发展中国家的切身利益。如何应对气候变化，各国既存在迫切的合作需要，又有着不可忽视的分歧和矛盾。本课题研究试图借助国际法的工具促进扩大共识，推动气候变化资金机制的治理体系和治理能力的提升，通过有效的国际合作来推动应对气候变化资金机制走向制度化和法治化。中共十九大报告明确指出，"引导应对气候变化国际合作，成为全球生态文明建设的重要参与者、贡献者、引领者。"为我们指出了应对气候变化可以成为推动全球生态文明建设新的突破口和着力点，通过在气候变化治理方面全面践行全球生态文明理论，在机制建设上积极参与，发挥引导引领作用；运用生态文明理论指导气候变化治理和资金机制建设，将气候变化治理上的经验成果运用于全球生态文明建设在其他领域的践行，让生态文明建设与全球气候变化治理相互促进，共同进步。

第三，本研究有助于科学认识和合理应对我国在气候变化资金机制及其气候资金问题所面临的挑战。我国的定位仍是"世界上最大的发展中国家"。现阶段各种与气候变化相关的生态环境威胁和经济下行压力的不断加大，以及西方国家对我国批评和指责的持续升级，使我国气候变化内外政策面临着许多特殊的挑战。虽然我国可以继续申请气候资金，但我国政府已经正式承诺放弃获取。某些西方国家正企图扩大气候资金的供资国范围，改变《联合国气候变化框架公约》（以下简称《气候公约》）和《巴黎协定》中发达国家提供气候资金的规定和做法。本研究的根本落脚点，正是为针对国内对气候资金机制研究的滞后状况，从法学的角度对《巴黎协定》生效之后发生深刻、全面变化的气候资金机制及其理论基础、法律原则、实体性制度、程序性制度等进行全面研究。为中国提供必要和有针对性的对策建议，推动新形势下我国气候变化资金法律政策的完善，对应对气候变化这一人类面临的最大挑战具有直接的现实意义。

二、国内研究现状

国内学界对气候变化资金的研究成果非常丰硕，从经济学、金融学角度研究的较多，如中央财经大学气候与能源金融研究中心的多位研究人员、环境保护部对外合作中心的多位研究人员。这些成果主要关注如何筹集资金用于气候变化，对气候资金机制和气候资金的制度规则的关注较少，成果不多。非法学的研究成果往往将气候资金的概念扩大化，将一切投入到应对气候变化领域的资金都称为气候资金，与气候变化国际法中严格界定的气候资金存在较大差异。

中山大学法学院谷德近博士较早地涉足资金机制法律问题的研究，在法律出版社出版专著《多边环境协定的资金机制》。[1]书中对多边环境协定资金机制的运作实体、资金机制的运作规则、资金机制的功能、综合资金机制、专门资金机制等进行了全面研究。其中在综合资金机制章节中部分涉及气候变化资金机制，内容较为简略。在时效性上，专著出版于 2008 年，限于时间关系对于绿色气候基金无法涉及，对于《巴黎协定》诞生后气候资金机制的影响和发展更未研究。该著作为后续的气候变化资金机制研究提供了很好的基础。朱留财等著有《2012 年后联合国气候变化框架公约履约资金机制初步研究》。[2]该书由经济科学出版社 2009 年出版，特点是从经济学的视角对资金机制进行了研究。《2012 年后联合国气候变化框架公约履约资金机制初步研究》在哥本哈根气候大会前出版，对当时存在的几个基金进行研究，并对大会可能达成取代《京都议定书》的新协议进行展望。华南农业大学的伍艳博士 2011 年的论文专门对《气候公约》下的资金机制进行研究，在论文中分析了《气候公约》的资金机制作为发达国家缔约方根据公约向发展中缔约方提供履约资金的组织和运作规则。[3]限于时间和篇幅，分析范围限于《气候公约》。

中国政法大学田丹宇博士在其著作《国际应对气候变化资金机制研究》中认为，"国际气候资金机制是关于国际应对气候变化资金之筹集、使用和管理的运行规则。"[4]田博士的著作在其博士论文基础上完成，出版于 2015 年，年底通过了具有里程碑意义的《巴黎协定》。《国际应对气候变化资金机制研

---

[1] 参见谷德近：《多边环境协定的资金机制》，法律出版社 2008 年版。

[2] 参见朱留财等：《2012 年后联合国气候变化框架公约履约资金机制初步研究》，经济科学出版社 2009 年版。

[3] 参见伍艳："论联合国气候变化框架公约下的资金机制"，载《国际论坛》2011 年第 1 期。

[4] 田丹宇：《国际应对气候变化资金机制研究》，中国政法大学出版社 2015 年版，第 12 页。

究》沿袭了以往的研究范式，主要对气候资金机制下的几个基金进行研究。该著作对协定包含的机制相关的实体和程序性制度和规则缺乏系统的总结和涉及。此外还有一些研究成果对全球环境基金、绿色气候基金的运行特点、意义和面临的问题挑战进行了经济学、管理学上的分析。如中国人民银行南通市中心支行的周焱在《金融纵横》2020 年第 4 期上发表了"绿色气候基金发展与对策建议"，中国人民银行济南分行的耿欣、山东财经大学的何峰在《西南金融》2018 年第 10 期上发表"气候融资：制度缺陷及其完善"，环境保护部环境保护对外合作中心国际咨询与评估部的王爱华和陈明、环境保护部环境保护对外合作中心的曹杨在《环境保护》2016 年第 20 期发表了"全球环境基金管理机制的借鉴及启示"。

总之，国内现有研究成果已经对气候资金机制的国际法问题进行了一定研究，相关成果对本课题研究的深入进行提供了良好的前期基础。已有的研究成果不足之处主要表现在：第一，十九大报告历史性地指出，中国正"引导应对气候变化国际合作，成为全球生态文明建设的重要参与者、贡献者、引领者"，全球生态文明理论提出与发展的国际影响日益凸显。生态文明建设需要"最严格的制度、最严密的法治"，从国际法的视角研究全球生态文明理论对气候变化治理的成果数量不足，深度不够，亟待加强。第二，现有成果对气候变化国际法的资金机制 2015 年之前的状况进行了研究，囿于气候变化国际法发展的状况，研究偏重于对气候资金机制之下的作为经营实体的几个基金进行分析研究。随着《巴黎协定》的签署、批准和生效，气候资金机制出现了诸多新动向和新发展，在新的形势之下需要对这些制度和规则进行重新认识和探讨。第三，已有研究成果从气候资金机制的基金运行情况介绍较多，缺乏从实体和程序制度规则视角深入分析气候资金机制运作的成果，对气候资金机制的理论基础、法律原则研究不足。第四，对于气候资金机制与相关领域的资金机制缺乏比较，对气候资金机制后续发展缺乏展望。

三、国外研究现状

气候变化资金及其机制是国外学界研究的热点问题，但从法学角度来看，关于气候资金的学术研究成果不多。初期的成果主要是在研究国际环境法时介绍气候变化问题，涉及气候资金和气候资金机制。著名美国学者博丹斯基

（Bodansky） 在其颇具影响力的著作《国际环境法的艺术和技巧》中，只简要地考虑了跨国资金援助的理由。他指出传统上发展援助是自愿的，"不过可以说，所有国家都有义务为全球公共产品的生产做出贡献，因为所有国家都从中受益。"[1]虽然这一评论并非专门针对气候资金，但它表明各国并不存在提供气候资金的法律义务，尽管"可以说"它应该存在。博丹斯基的评论并不完全准确，因为我们知道《气候公约》对附件二缔约方规定了一般性气候资金义务。此外，即使"所有国家"都有博丹斯基声称的义务，跨国气候资金也不一定与每个国家都相关，因为一个国家完全可以通过国内的努力生产全球公共产品。气候资金及其机制在《国际环境法的艺术和技巧》中是基本隐形的。

其他关于国际环境法的代表性著作也只是简单涉及气候资金，或者根本就不提。在《国际环境法原理》中，桑兹和皮尔（Sands and Peel）简要论述了污染者付费原则在国际法中的地位。他们写道，"原则表明，造成污染的费用应由造成污染的人而不是国家承担"。[2]他们将其规范效力排在无害原则和预防原则之下。他们承认，自 1986 年以来，欧洲联盟在成员国一级适用了污染者付费原则，而不仅仅是在次国家一级的实体。[3]然而，桑兹和皮尔没有讨论该原则在气候变化问题上的适用问题，显然是因为当时气候变化问题尚未引起广泛关注，部分也因为他们不认为该原则一般适用于国家。

在《国际法和环境》一书中，波义耳（Birnie）等人使用"团结援助"一词作为跨国环境资金（包括气候资金）的通用术语。他们指出，团结援助的法律基础是共同但有区别的责任原则：共同但有区别责任要求"发达国家和发展中国家之间的公正平衡，［因为］它为发展中国家规定了不同的标准，并使发展中国家的业绩取决于通过以下方式提供团结援助。"[4]作者并不是说共同但有区别责任原则包含"团结援助"；而是说，不应迫使发展中国家在没

---

[1] See Daniel M. Bodansky, *The Art and Craft of International Environmental Law*, Harvard University Press, 2010, p. 245.

[2] See Philippe Sands and Jacqueline Peel, *Principles of International Environmental Law*, Cambridge University Press, 2012, p. 228.

[3] See Philippe Sands and Jacqueline Peel, *Principles of International Environmental Law*, Cambridge University Press, 2012, p. 231.

[4] Patricia W. Birnie, Alan E. Boyle and Catherine Redgwell, *International Law and the Environment*, Oxford University Press, 2009, p. 133.

有适当财政支持的情况下采取行动。这一观点包含着自愿主义：任何一方都不需要从一开始就提供团结援助或采取行动。当《气候公约》明确规定了气候资金的供应义务时，这些观点如何在实施过程中得到支持尚不清楚。波义耳等人淡化团结援助作为一项对各国施加压力的法律义务的重要性："经济援助是使发展中国家参与调节国际环境进程的战略的一部分"；且"发达国家是否有提供援助的法律义务无关紧要"。这两项判断是对哥本哈根会议之前对发达国家有关气候资金主流思想的准确总结。

在专门研究气候变化资金机制的法学成果中，两位学者林（Lin）和斯崔克（Streck）在2009年发表的一篇论文，其主题是研究气候资金的法律方面。[1]该论文实际上不是关于国际法理论，而是关于如何更好地实现国际气候某些目标所需的体制和监管改革。例如，作者表示支持基于国家一级核算的REDD（Reducing Emissiony from Deforestation and Forest Degradation in Developing Countries）机制。REDD可能是气候融资的主要来源。二位作者建议，对于尚未完全满足温室气体核算要求的国家，应该建立一个批准REDD方法和项目的国际机构，因为它们正在国家以下一级实施REDD。作者正确地提醒我们，到目前为止，还没有一个类似于CDM（Clean Development Mechanism）执行理事会的REDD理事机构来管理REDD并标准化其各种组成部分。对减缓气候变化和气候资金国际机制的制度和规则的缺失，这种见解并没有直接涉及。这项研究工作是将气候资金视为可以改进的行政程序的一个例子。相反，我们需要对气候资金作为国家必须遵守的规则体系进行新的思考。

亚米涅娃（Yamineva）和库洛维西（Kulovesi）是另一对广受赞誉的法学学者。他们已经认识到气候监测、报告和验证的规则对于气候变化体制的有效性必不可少。[2]然而，他们似乎并未认识到气候资金相关法律规则的创建必须首先阐明国家义务。他们断言：《哥本哈根协议》中承诺在2010-2012年间动员300亿美元的快速启动资金的承诺可以看作是建立信任并产生良好意

---

〔1〕 See Jolene Lin and Charlotte Streck, "Mobilising Finance for Climate Change Mitigation: Private Sector Involvement in International Carbon Finance Mechanisms", *Melbourne Journal of International Law*, Vol. 10, No. 1. , 2009, p. 10.

〔2〕 See Yamineva and Kulovesi, "The Future Framework for Climate Finance under the UN Framework Convention on Climate Change: a Breakthrough or an Empty Promise?", in Erkki J. Hollo, Kati Kulovesi and Michael Mehling eds. , *Climate Change and the Law*, Springer, 2013, p. 214.

愿的尝试，还可充当新的长期气候资金国际架构运作之前的过渡时期。[1]《气候公约》的缔约方在起草《哥本哈根协议》之前就意识到，气候资金义务需要在气候变化体制中发挥更重要的作用，以实现该机制的目标。公约附件一发达国家为什么突然同意对已经超过 15 年的抽象义务增加实质性内容？《哥本哈根协议》中具体承诺对气候资金的法律效力如何？对于这些关键问题，亚米涅娃和库洛维西也对此采用平铺直叙的方式进行介绍，太偏重于对协议内容的一般性介绍以至于忽视抽象的概括和总结，反而让人难以理解气候资金机制的相关国际法发展。

沙拉特克（Schalatek）和贝德（Bird）合作研究的报告——《全球公共气候资金契约规范框架》，突出之处在于试图将国际法的"现有"原则用于解读气候资金法的具体目的。[2] 沙拉特克认为，在国际法中已经存在一部完整的气候资金法，我们只需要仔细研究这部法律就可以认识到其存在和意义。值得注意的是，对于一部阐明国家法律义务的著作，该报告的作者不是法学学者，"规范框架"中没有严格的法律引证和论证。在陈述观点时，沙拉特克混淆了现实与理想，并错误地将一般性的法律原则描述为具有特定规则的拘束力量。她将气候变化视为一个普通的环境法问题，环境法原有的原则自动适用于这个问题。该报告存在一定的循环论证的问题。

沙拉特克在报告中正确地指出，"一个以公平、效果和有效率的方式收集和分配财政资源的全面的全球气候资金结构仍然是难以捉摸的"。同时，她认为，目前有效的国际环境法和人权法的"核心原则"是充分有效的，足以表达各国在气候资金方面的义务；它们提供了关于气候资金讨论中缺少的"规范框架"。沙拉特克将人权法中的个人权利和国家对其公民的义务与国家间的国际法相混淆，她相信从人权法中可以得出各国在气候资金方面应相互承担的义务。[3] 因此，她认为气候变化可能对人民的基本权利产生负面影响，从

---

〔1〕　See Yamineva and Kulovesi, "The Future Framework for Climate Finance under the UN Framework Convention on Climate Change: a Breakthrough or an Empty Promise?", in Erkki J. Hollo, Kati Kulovesi and Michael Mehling eds. , *Climate Change and the Law*, Springer, 2013, p.210.

〔2〕　See Liane Schalatek and Neil Bird, *The Principles and Criteria of Public Climate Finance: A Normative Framework*, Heinrich Böll Stiftung, 2019, p.5.

〔3〕　See Liane Schalatek and Neil Bird, *The Principles and Criteria of Public Climate Finance: A Normative Framework*, Heinrich Böll Stiftung, 2019, pp.8–19.

而得出结论，即气候资金的提供不足构成国家"违反"人权。因此，国家应该提供更多的气候资金。她的论点几乎是对"气候正义"不加掩饰的呼吁，这是激进的气候变化非政府组织似的主张。一些非政府组织活动人士声称，国家在气候变化问题上的行动不足不仅损害环境，而且损害穷人的基本权利。在这种观点下，气候资金对于保护穷人的人权至关重要。沙拉特克认为，如《里约环境与发展宣言》（以下简称《环境与发展宣言》）原则 16 所述，国家当局考虑到造成污染者在原则上应承担污染的费用并适当考虑公共利益而不打乱国际贸易和投资的方针，应努力倡导环境费用内在化和使用经济手段。她写道，应与每个公民的最低发展标准相关联。超过该标准发展所产生的排放应根据普遍原则向有关国家收费。

尽管"发展标准"的提法没有国际法上的依据，该报告还声称公约附件一缔约方适用议定书附件 B 排放限值是对污染者付费原则的适用，一定程度上误解了污染者付费原则和《京都议定书》。她寻求追溯适用污染者付费原则，并让"工业化国家"直接承担温室气体排放的"历史责任"，这清楚地表明，这场争论更多的是关于道德问题。在援引污染者付费原则时，沙拉特克的见解实际上是采用了共同但有区别责任原则的加强版本，并把气候资金作为一种发展援助，甚至认为污染者付费原则可以直接从共同但有区别责任原则中衍生出来。

澳大利亚麦考瑞大学的亚历山大·扎哈尔（Alexander Zahar）博士认为气候资金包括：①国家资金。国家在《气候公约》及其后续法律文件中确定的、国家有义务提供的资金。②撬动的资金。通过国家资金运用筹措的资金，特别是按照《气候公约》规定的目的所撬动的非国家资金。该类资金也是国家资金撬动的私人市场资金。[1]这两种分类都涉及《气候公约》及其后续法律文件的成员国。扎哈尔博士认为与国家气候资金法律义务相关的国际法原则包括国家主权原则、预警原则、可持续发展原则、共同但有区别责任原则等。他还指出了气候资金对环境和社会的负面影响。

拉尔夫·博德尔（Ralph Bodle）等对 2018 年底波兰卡托维茨气候大会所通过的实施细则中关于气候资金的内容进行分析，认为主要涉及资金流动的

---

〔1〕 See Alexander Zahar, *Climate Change Finanee and International Law*, Routledge, 2017, pp. 1-2.

首要目标、支持的透明度。上述内容可被视为讨论不足，因为尽管它具有首要的重要性，但它目前在气候谈判中没有足够的空间供缔约方进行讨论。此外，还应商定一项关于支助透明度的总计划，以确定在第 24 次缔约方会议之后采取的进一步步骤，并说明取得的进展，以及关于其余问题的工作计划。[1]沃尔夫冈·奥贝格塞尔（Wolfgang Obergassel）等学者认为，尽管会议创下了历史上加班时间的新纪录，但缔约方会议不仅未能满足公众对迅速和强有力的气候行动日益增长的需求，而且也未能完成实施细则的正式授权。有包括气候资金问题在内的创纪录的问题没有解决，被搁置到下一届会议。第 25 届缔约方大会强调，如果 2020 年要在气候行动方面取得与《巴黎协定》的长期目标相一致的进展，那么在国内和国际上还有很多工作要做。[2]

综上所述，国外的研究成果对气候资金的法律属性进行了深入的讨论，认可气候资金机制是气候变化国际法关键性的制度之一。目前的研究呈现如下特点：

第一，研究成果对气候资金的提供义务存在肯定和否定两种对立观点。目前一些国外学者和研究机构往往不加区分地将已经在国际环境法、国内环境法、人权法等部门法中得到适用的理论、制度直接照搬到气候变化国际法中。一些肯定论者从环境法的污染者付费原则、人权法的权利保护等角度探讨气候资金的法律义务属性；否定论者则简单用国内法的标准衡量气候资金机制，认为其没有法律约束力。气候变化国际法的原理、原则、制度和规则有其自身的独特性，不完全等同于国际环境法，更不同于国内法。不能简单将国际环境法、国内法上的规范直接适用气候变化法。

第二，国外的基础理论研究方面仍然停留在可持续发展、人权保护、气候正义等理念上。正义论在西方国家有很大的影响力，环境正义在西方国家不仅是学界重视的理论，更是影响很大的社会运动，在气候资金机制理论和实践领域也有学者运用气候正义理论。面对反全球化浪潮、气候民粹主义、生态中心主义思潮的冲击，现有理论反应无力。气候变化资金机制以及气候

---

〔1〕 See Ralph Bodle and Vicky Noens, "Climate Finance: Too Much on Detail, Too Little on the Big Picture?", *Carbon & Climate Law Review*, Vol. 12, No. 3, 2018, pp. 248–257.

〔2〕 See Wolfgang Obergassel and Christof Arens, "COP25 in Search of Lost Time for Action: An Assessment of the Madrid Climate Conference", *Carbon & Climate Law Review*, Vol. 14, No. 1, 2020, pp. 3–17.

变化国际法在《巴黎协定》生效之后，已经呈现出一些新的发展和特点，如对等的特征愈发明显。将现有的理论、原则、制度等运用于气候变化国际法和气候资金机制时，需要针对性地进行调整和更新。

第三，一些研究者，特别是具有经济学背景的学者对于气候资金机制的研究则主要集中在几个气候基金，注重从机制下的几个基金的运作进行分析，对这些基金内部的制度、规则进行分析，关注这些基金如何筹集、分配、使用资金，对具有共性的气候资金机制实体和程序规则还缺乏全面的梳理和整理。

第四，气候资金机制法律制度和规则属于特别气候变化法，但也受到一般性气候变化法的影响，表现在理念、原则等方面。国外学界对气候变化国际合作的总体研究非常关注，但对于相关领域的资金机制缺乏比较研究。

四、研究创新

成果研究内容新颖，在国内外前期研究成果的基础上，主要针对气候变化国际法的新发展对气候资金机制建设的影响及其发展趋势进行研究。突出特色表现为理论站位高，将全球生态文明建设理论引入气候资金机制研究，并对共同但有区别责任原则进行新的解读；在研究视角方面，以往的气候资金机制研究成果均从机制下设的基金进行研究，本研究成果从实体性制度和规则与程序性制度和规则两方面进行研究，试图总结、梳理出以往研究对法律性关注不足的问题；研究材料上，本成果针对气候变化国际法发展迅速的特点，定期关注重点网站和期刊，收集和整理新的法律文件、新著作论文、研究报告和一些代表性案例，在广泛阅读和深入学习的基础上形成自身的独特认识。

主要理论建树表现在如下几个方面：

（一）率先研究全球生态文明建设理论对气候变化资金机制的引领作用

应对气候变化可以成为推动全球生态文明建设的突破口和着力点。通过在气候变化治理上全面践行全球生态文明建设，需要在机制建设上、规则制定和履行实施上积极参与，发挥引导引领作用。本课题组率先运用全球生态文明理论研究气候变化国际法资金机制面临的重大问题。

1. 坚持人与自然生命共同体理念，反对极端的人类中心说和生态中心说。

近代工业革命以来，资本主义快速发展，创造了前所未有的物质财富。工业文明将生态环境视作客体，为扩大生产向生态环境排放大量废气、废水、废渣等废弃物，严重地影响了生态环境，甚至对人类自身的生存和发展造成负面影响。现代以来一些国家和群体则过于强调生态保护中心主义，生态环境的法律地位甚至高过人类，提出高额的、不切实际的气候税费征收计划，为限制排放不惜停产停运停航。甚至通过片面夸大气候变化不利影响的危害恐吓民众，提出不切实际的、过高的温室气体减排计划，企图尽快实现零排放。面对人类社会发展过程中出现的气候变化及其不利影响，我们坚持人与自然共同体理念。人与自然是生命共同体，不能片面强调保护自然，不能"为泼脏水把孩子也泼出去"，要尊崇自然，敬畏自然，实现绿色发展，要实现人与自然的和谐相处和共生。我国向来坚持气候变化是环境问题，也是发展问题。气候变化在发展过程中产生，也将通过经济社会的绿色发展、可持续发展得以解决。

2. 坚持正确的义利观，处理好生态利益和经济利益关系。我国提前两年实现 2020 年温室气体减排目标，还积极设立气候变化南南合作基金。在气候资金机制的建设中，要运用新的理论、理念提升气候资金治理能力，完善气候资金治理体系。引领国际社会从共处，走向共治、共建、共享甚至共进。反对片面追求国家经济利益的观点。某些发达国家片面强调本国经济利益，大力鼓吹"本国利益至上""某国第一""气候变化是谎言"，为了追求部分行业和某些群体的经济利益，不惜对日益严重的气候变化不利影响和逐渐恶化风险视而不见，陷入了严重的经济利益中心主义。不能"见利忘义"，而要义利兼顾，要强调坚持正确的义利观，在气候治理上发出中国声音，贡献中国智慧，践行中国方案。向世界表明中国是人类命运共同体中不可缺少的重要成员，是积极参与全球气候治理的负责任大国。

3. 用严格制度和严密法治建设完善气候资金机制。用严格的制度、严密的法治来保护生态环境是生态文明思想理论的重要内容之一。这一思想是在古今中外生态环境治理经验基础之上总结、归纳、升华而来。中国国内生态文明建设的成功经验也可以运用于应对气候变化的国际合作，正如习近平主席在巴黎气候变化大会开幕式上发言所指出的，"创造一个奉行法治、公平正义的未来"。应对气候变化国际合作推进和发展也需要严格的制度和严密的法治。在巴黎气候大会之前，中国将全球生态文明思想理论运用于应对气候国际合作，强调合作的制度化和法治化，如通过与多个国家和国际组织缔结双边条约的方式，协调各国的立场，推动共识的形成与固化。《巴黎协定》克服了 2009 年哥本哈根气候大会通过的《哥本哈根协议》作为政治性协定没有法律约束力的缺陷，其法律拘束力是明确的。《巴黎协定》比已于 2020 年到期的《京都议定书》进步之处在于约束范围更广，改变了只有发达国家承担温室气体排放义务的状况，在协定下包括发展中国家在内的所有国家共同承担温室气体减排义务。在气候资金问题上，《巴黎协定》也在实体和程序方面取得了进展。

（二）重视气候资金机制的实体和程序研究

以往的气候资金机制研究成果均从机制下设的基金为视角进行研究，本研究成果从实体性制度和规则与程序性制度和规则两方面进行研究，试图总结、梳理出气候资金机制总体上的制度特点，克服以往研究对机制法律性关注不足的缺陷。实体性制度和规则是指调整法律关系主体权利义务的规定。这些制度和规则在《气候公约》《京都议定书》《巴黎协定》中大量存在，占据主要内容。从《气候公约》条款规定的顺序上也可以说，广义上的实质性权利义务规则可以预先存在于详细的程序规则之前。气候资金实体性制度和规则包含了气候资金认定标准、需求制度、提供制度、分配制度、市场制度等诸多方面。

在气候变化国际法的发展过程中，程序法的发展快于实体法。《巴黎协定》所建立的法律制度的特点类似于一种甜点"焦糖蛋奶冻"。在较软的实质性规范的基础上，有一层硬性的程序性义务。相对于实体规则的弹性和国家自主性，程序规则的刚性更为显著。《巴黎协定》程序性的设定还包括被称为"只进不退的棘齿机制"，即试图通过严格的程序性的制度设计来推动实体上权利义务的落实。本课题研究对程序性制度规则设立单独的专章，从透明度、报告制度、分配程序、信息披露制度等四个方面进行研究，指出了程序性制度取得的进展，分析了存在的不足，并对未来发展进行了展望。

（三）对气候变化相关领域的资金机制进行比较研究

生态环境保护领域存在多个相关资金机制，如联合国的可持续发展议程、臭氧层保护、大气污染等领域。2015 年《巴黎协定》通过的同时，在联合国大会第七十届会议上还通过了《2030 年可持续发展议程》。议程包括未来 15 年 17 项可持续发展目标，也包括气候变化。为了实现这些目标，该议程还确认调动执行手段，包括财政资源、技术开发和转让以及能力建设等。2018 年底联合国国际法委员会一读通过的大气保护报告，试图以大气保护的概念整合相关领域的国际保护。针对国际法在大气保护领域发展的新动向，本课题针对性地选择了报告涉及的臭氧层保护、大气污染等领域与气候变化开展比较研究。国际法委员会的大气保护报告与相关三个领域的国家间合作谈判并行不悖。气候变化、臭氧层保护和跨界空气污染均属国际法研究的重要领域，相关的造法性条约均已出台，且在不断推进。国内外学术界对相关领域进行了大量研究。在国际法协会相关学者的强烈建议下，国际法委员会于 2018 年提出了对大气保护国际法编纂的研究报告。这一跨领域整合性的趋势目前还没有引起国内学术和实务界的关注，本课题对此高度重视，尝试进行初步涉足。

课题组在联合国可持续发展议程的大背景之下，针对性地选择了大气保护报告涉及的三大领域，从资金机制的视角进行了比较分析。保护大气层的宽泛概念框架有利于在预防跨境环境损害的已经相当成熟的规范和那些鲜为人知的、适用于全球生态环境保护的规范之间相互促进。从资金机制的角度来看，气候变化资金机制和臭氧层保护多边基金有很大的相似性，臭氧层保护、跨界空气污染则因其与人身的直接相关性可以相对容易获得相关国家和民众的治理资金支持。三者统合到大气保护的框架之下，形成一个有利于吸引国家、国际组织、社团企业和个人更多关注的平台，获得更多的资金，也有利于充分利用协同效应，减少重复投入，整合分散的资金资源，提高资金的使用效率。

第一章

气候资金机制概要

第一节 气候资金和气候资金机制的界定

根据《气候公约》的气候资金常设委员会（Standing Committee on Finance, SCF）2018 年发布的评估报告显示，全球气候资金每年流动总量超过 6810 亿美元。[1]应对气候变化的资金也由此成为理论研究的热点问题。与应对气候变化资金相关的概念非常丰富，包括了可持续金融、绿色金融、气候投融资、气候金融、气候资金、碳金融等等。不同学科的学者对此进行了大量研究。

生态环境部国家应对气候变化战略研究和国际合作中心的柴麒敏等人认为，气候投融资就是以积极应对气候变化和推动低碳发展为导向，为控制温室气体排放和提高适应气候变化能力提供资金支持，以及在一般投融资过程中评估气候变化影响和风险、优化碳排放资源设置的活动总称。[2]这一概念除了专门性的减缓和适应为目的的资金支持之外，还在投融资过程中评估了气候变化影响、风险并纳入优化资源设置一般性的投融资，大大拓宽了应对气候变化的资金的范围。

气候融资则强调专门性的气候减缓和适应为目标的资金活动。中央财经大学气候与能源金融研究中心主任王遥研究员指出，气候融资是全球应对气候变化所需资金的融通，从融资主体的视角来看，气候融资有广义和狭义之分：广义的气候融资包括：①发达国家之间的资金转移；②发达国家向发展

---

[1] UNFCCC Standing Committee on Finance, Biennial Assessment and Overview of Climate Finance Flows Report, 2018, p. 6.

[2] 参见柴麒敏等："中国气候投融资发展现状与政策建议"，载《中华环境》2019 年第 4 期。

中国家的资金转移；③发展中国家之间的资金转移；④各国内部应对气候变化的融资。狭义的气候融资主要包括：①气候资金从发达国家向发展中国家的转移，即国际气候融资；②发展中国家内部的气候融资，即国内气候融资。[1]国际气候政策中心（Climate Policy Initiative, CPI）也持类似主张，认为"发达国家和发展中国家为减缓和适应项目所投入的成本被广义地称作气候融资"。因此，气候融资包括从发达国家流向发展中国家、从发展中国家流向发展中国家、发达国家流向发达国家、发达国家和发展中国家各自用于其国内减缓和适应的资金。从资金的来源上看，一个国家的气候融资来自于国际气候资金、国内公共气候资金和广泛的国内外资本市场。

　　国家应对气候变化战略研究和国际合作中心的柴麒敏研究员在分析气候投融资的论述中也明确指出，"随着气候谈判的复杂变化，也存在模糊流向的不同解读和逐渐弱化的倾向。"[2]一些国家及不同学科的研究者基于实用主义的考量，为了各自国家利益纷纷扩大气候资金范围，淡化气候资金机制的作用。笔者认为，气候资金机制、气候资金是《气候公约》及其后续法律文件有专门性规定的国际法上的专业名词，有其独特的内涵与外延。尤其是气候资金机制，作为《气候公约》专门性的机制，在气候资金的筹措、使用和管理等方面具有不可替代的独特作用。对 2020 后的气候变化国际合作而言，气候资金是"垫脚石"还是"绊脚石"取决于在《气候公约》体系下，世界各国在气候资金及其机制建设问题上能否拿出实质性的举措。

　　发展中国家一直主张，只有从发达国家那里获得资金资源来支付相应的费用，他们才会承担应对气候变化的减排行动。正如联合国环境规划署前执行主任穆斯塔法所说："不能指望发展中国家接受具有法律约束力的减少与温室气体排放有关的经济活动的承诺的规则……除非明确表明它们将获得必要的资金支持，用以资助与任何重大行动相关的重大前期投资。"[3]尽管许多来自理论和实务部门的学者专家都认为，发展中国家可以比发达国家更便宜地减少排放和增加碳汇，但相对于其经济支付能力，发展中国家的实施成本仍

---

〔1〕　参见王遥、刘倩：《2012 中国气候融资报告：气候资金流研究》，经济科学出版社 2013 年版，第 16 页。

〔2〕　柴麒敏等："中国气候投融资发展现状与政策建议"，载《中华环境》2019 年第 4 期。

〔3〕　See Mostafa K. Tolba, Statement to the Third Plenary Session of IPCC, Washington, D. C. , 1990, Feb. pp. 5–7.

然可能很高。一般认为将资金转移到发展中国家用于应对气候变化活动有两个目的：①抵消执行《气候公约》总承诺的各种费用；②在该公约未能充分减缓全球变暖的情况下，则采取措施帮助发展中国家适应气候变化的不利影响。因此，发达国家基本接受这一立场，但作为补充，他们坚持通过适当的法律机制进行资金转移。

气候资金机制的规定最早出现在《气候公约》当中，《巴黎协定》也规定，"《气候公约》的资金机制，包括其经营实体，应作为本协定的资金机制"。气候资金是气候变化国际谈判中最具争议的议题。[1]我们认为，气候变化资金机制内涵丰富、外延复杂，涉及多个相关的概念和制度。从语义学的角度看，气候变化资金机制包含了气候资金和机制两个关键词，其中气候资金作为气候变化问题的专业术语，对其的界定最为关键。要充分认识和了解气候变化资金机制，我们需要首先认识和分析气候资金。

一、《气候公约》中的气候资金

用于应对气候变化的资金数量惊人庞大，形式特别多样。理解气候资金不能望文生义，不能简单将其直接等同于用于应对气候变化的各种资金。气候资金（Climate Finance）是一个相对较新的概念，其与资金机制一道，都是在《气候公约》中正式出现，但气候资金引起全世界广泛关注还是在2009年。2009年底"哥本哈根世界气候大会"中气候资金成为核心议题。经过发达国家缔约方与发展中国家缔约方的激烈博弈，会议通过的协议和决议规定：发达国家承诺在2010-2012年每年提供100亿美元快速启动气候资金，并在2020年前每年提供1000亿美元长期气候资金；新建绿色气候基金作为《气候公约》资金机制的一个经营实体，并建立高级别委员会，接受《气候公约》最高机关——缔约方会议指导并向其负责。

气候资金是一个国际法上的概念，我们要弄清楚其含义，需要对应对气候变化的基本法律文件——《气候公约》的规定进行深入的分析。通常认为，《气候公约》第4.3条，是正式对气候资金进行规定最早、最重要的条款。该条款规定：

---

[1] See Daniel M. Bodansky, Jutta Brunnée and Lavanya Rajamani, *International Climate Change Law*, Oxford University Press, 2017, p. 145.

附件二所列的发达国家缔约方和其他发达缔约方应提供新的和额外的资金，以支付经议定的发展中国家缔约方为履行第十二条第 1 款规定的义务而招致的全部费用。他们还应提供发展中国家缔约方所需要的资金。包括用于技术转让的资金，以支付经议定的为执行本条第 1 款所述并经发展中国家缔约方同第十一条所述那个或那些国际实体依该条议定的措施的全部增加费用。这些承诺的履行应考虑到资金流量应充足和可以预测的必要性，以及发达国家缔约方间适当分摊负担的重要性。

该条款指出了气候资金的内容、特点，但并未直接规定气候资金的定义。联合国政府间气候变化委员会（Intergovernmental Panel on Climate Change，IPCC）曾指出，气候资金，作为一个事实，既是指用于应对全球气候变化的财政资源，也是投入到发展中国家帮助他们应对气候变化的资金。[1]《巴黎协定》在其第 9 条 7 款中包含了一个关于气候资金的非直接定义。该协定认为，气候资金意味着"通过公共干预措施向发展中国家提供和调动支助……"。

理论界的研究者也提出关于气候资金定义。澳大利亚格拉茨大学经济学学者芭芭拉·布克纳（Barbara Buchner）等人认为，"气候专项资金"是"以低碳和气候弹性发展为目标，直接或间接实现温室气体减缓和适应目的的资金流动。"[2]该定义出现于一份关于气候资金的国际非政府组织定期报告，并不是一个法律定义，该定义是一个宽泛的界定，对于《气候公约》所规定的以国家为基础的法律责任并无直接涉及。亚洲发展银行的斯密塔·纳克胡达（Smita Nakhooda）等人则认为，"气候资金是指用于帮助发展中国家减缓和适应气候变化影响的财政资源。"[3]该定义的特点是比前述的界定范围有所缩小，将气候资金的用途限定于发展中国家减缓和适应，然而该定义并没有指出谁有责任筹措这些气候资金。

澳大利亚麦考瑞大学的亚历山大·扎哈尔（Alexander Zahar）博士认为气候资金包括：①国家资金。国家在《气候公约》及其后续法律文件中确定的、

---

〔1〕　IPCC, 5AR WG3, p. 1212.

〔2〕　See Barbara Buchner et al.，*The Global Landscape of Climate Finance 2013*，Climate Policy Initiative，2013，p. 2.

〔3〕　See Charlene Watson and Laine Schalatek，*The Global Climate Finance Architecture*，Heinrich Böll Stiftung，2019，p. 1.

国家有义务提供的资金。②撬动的资金。通过国家资金的运用筹措的资金，特别是按照《气候公约》规定的目的所撬动的非国家资金。该类资金也是国家资金撬动的私营市场资金。[1]这两种分类都涉及《气候公约》及其后续法律文件的成员国。

该定义是使用列举法对气候资金进行界定，既包括了气候资金的主要来源，也使得气候资金的实际范围可控。该界定主要的困难在于"国家撬动资金"的认定，以及其所扮演角色对于国家义务履行的影响。毫无疑问，国家气候资金能够解锁"私营市场资金"，吸引、促使国家气候资金之外的资金进入应对气候变化的国际合作之中。来自私营部门的气候资金对弥补国家提供的气候资金数量不足的问题意义重大。

为充分限制发展中国家不断增长的温室气体排放量和促进其经济社会对气候变化的适应性，据专家估计，到2020年，发展中国家每年将需要高达3000亿美元的新的外来资金投入用于气候变化；到2030年，每年将需要高达5000亿美元的外来资金投资。[2]相较之下，虽然发达国家通过国际协议承诺到2020年向发展中国家提供1000亿美元用于其气候缓解和适应活动，但这一资金的投资水平显然远远达不到发展中国家现在和将来所需水平。

虽然来自国家的公共气候资金可以发挥重要作用，但私营部门将提供推动过渡的大部分资金和保险。在这种低碳、气候适应性强的资金生态系统转变的基础上，盈利能力和资产价值的决定因素将发生根本性变化，并由此向市场发出价格信号，"这将是政府行为、私营部门和其他因素综合作用的结果"。然而，资金和投资部门并不仅仅是被动地应对这些发展，而是在应对竞争激励、预测市场变化、降低资本和保险风险、加强监管方面发挥积极作用。

自2009年在丹麦哥本哈根召开《气候公约》第十五届缔约方大会以来，私营部门从以往的旁观者转变为合作伙伴，更多和更充分地参与到应对气候变化的合作当中。它越来越认识到在这场转型和过渡中蕴含的机会，以及不受控制的气候变化所带来的经济、金融和民生的风险。在发达国家和发展中

---

[1] See Alexander Zahar, *Climate Change Finance and International Law*, Routledge, 2017, pp. 1-2.

[2] https://www.wri.org/our-work/project/climate-finance/climate-finance-and-private-sector (last visit May 20, 2020).

国家，私营部门实际和承诺投向应对气候变化有关行业活动的资金在总体上都有所增长。

过去几年，私营部门的投资者组织和行为体联盟都越来越多地寻求将资金投到低碳、绿色和可持续的行业和项目。在银行业，富国银行（Wells Fargo）和高盛（Goldman Sachs）对低碳经济作出了融资和投资承诺：2020 年分别为 300 亿美元和 2022 年分别为 400 亿美元。根据非洲电力倡议，渣打银行（Standard Chartered）和巴克莱非洲集团（Barclays Africa Group）分别承诺向撒哈拉以南非洲地区的清洁电力项目管道提供至少 20 亿美元和 5 亿美元的资金。[1]消费品论坛动员银行业成员支持到 2020 年实现供应链 "零毁林" 的目标。除银行业外，还有很多投资基金，如作为公共实体的丹麦国家和丹麦发展中国家投资基金（IFU）与私人投资基金丹麦养老金（Pension Danmark）之间通过公私合作伙伴关系建立了丹麦气候投资基金。这些投资基金为可再生能源和适应项目的机构投资提供了一条途径。

在实践中，当考虑到气候资金提供的数量，容易使人想到国家资金的概念，用于作为衡量国家表现的措施。估计、统计和筹集国家气候资金的数量，没有太多定义上的困难，但是对于国家撬动气候资金的数量则要困难得多。国际法在气候资金问题上为国家创设了义务，我们主要从这个角度来研究气候资金，那些非国家责任抑或完全独立于国家的气候资金，暂时不在气候变化国际法的研究范围之内。只有如此限定，我们方可衡量国家是否已经履行国际法上的气候资金义务，也为我们进一步研究气候变化资金机制奠定了基础。

二、资金机制的界定

气候资金居于全球合作应对气候变化问题的核心地位。资金问题影响、涉及气候国际合作所有的关键性要素，如减缓、适应、技术和能力建设。[2]

---

〔1〕 Trends in Private Sector Climate Finance, Report Prepared by the Climate Change Support Team of the United Nations Secretary-General on the Progress Made Since the 2014 Climate Summit, https://reliefweb. int/sites/reliefweb. int/fies/resources/SG-TRENDS-PRIVATE-SECTOR-CLIMATE-FINANCE-AW-HI-RES-WEB1. pdf（last visit May 20, 2020）.

〔2〕 See Yulia Yamineva, "Climate Finance in the Paris Outcome: Why Do Today What You Can Put Off Till Tomorrow?", *Review of European Comparative and International Environmental Law*, Vol. 25, No. 2., 2016, p. 174.

为了避免人为因素造成危险的气候变化，在未来几十年需要大量新的资金投入到全球经济的低碳转型。在2009年"哥本哈根世界气候大会"上发达国家集体做出了数量庞大的气候资金承诺，分别是2009-2012年每年100亿美元的快速启动资金和2012-2020年的每年1000亿美元的长期气候资金。

尽管国际社会普遍认可气候资金的核心地位，实践中也已经有大量的气候资金已经或者正在被筹集用于各国的气候变化应对活动，但是对于气候资金界定、统计、评估、筹集、分配和机制建设等问题，由于使用不同的方法和各自不同的立场、理念，公认的、普遍接受的规则和方式尚在形成过程中。理论和实务部门对此进行了一定研究，从法学，特别是国际法的角度对气候变化资金进行研究，必然要涉及气候资金机制问题。

所谓机制（Mechanism），泛指一个工作系统的组织或部分之间相互作用的过程和方式。[1]《气候公约》第11条是关于资金机制的规定，其中第1款首先对资金机制进行介绍，"兹确定一个在赠予或转让基础上提供资金、包括用于技术转让的资金的机制"。该条款对资金机制的介绍较为简单，只指出气候资金的两种类型，以及涉及的范围，不是一个严格意义上的定义。学术界对资金机制的研究成果较多，其中具有代表性的是中山大学谷德近博士在其研究多边环境协定资金机制的专著中的界定。该书认为，"多边环境协定的资金机制是指根据多边环境协定，发达缔约方向非发达缔约方提供履约所需资金的组织和运作规则"[2]谷博士的著作涉及八个多边环境协定的资金机制，其中也包括了与气候资金直接相关的《气候公约》。在此基础上，华南农业大学的伍艳博士专门对《气候公约》下的资金机制进行研究，提出，《联合国气候变化框架公约》下的资金机制（financial mechanism）是指发达国家缔约方根据《气候公约》向发展中缔约方提供履约资金的组织和运作规则。[3]环境保护部环境保护对外合作中心的潘寻、朱留财认可了前述定义"关于资金的组织和运作规则"的界定，在此基础上进一步提出"具体说就是关于如何行

---

〔1〕 在现代汉语中，机制通常有四种含义：第一，机器的构造和工作原理；第二，机体的构造、功能和相互关系；第三，指某些自然现象的物理、化学规律；第四，泛指一个工作系统的组织或部分之间相互作用的过程和方式。参见中国社会科学院语言研究所词典编辑室编：《现代汉语词典》，商务印书馆2016年版，第600页。

〔2〕 谷德近：《多边环境协定的资金机制》，法律出版社2008年版，第1页。

〔3〕 参见伍艳："论联合国气候变化框架公约下的资金机制"，载《国际论坛》2011年第1期。

使气候资金管理权、分配权与使用决策权的问题。"[1]

中国政法大学田丹宇博士则认为，"国际气候资金机制是关于国际应对气候变化资金之筹集、使用和管理的运行规则。"[2]田博士进一步指出，"《气候公约》框架下确立的国际社会为了应对全球气候变化问题所进行的国际资金的筹措、使用和管理等国际行为都应当纳入国际气候资金机制的范畴。"[3]

随着气候变化国际法的发展演进，气候资金、资金机制已经呈现出越来越多的新特征和异质要素，明显超出了其首先出现的《气候公约》所规定的范围。因此，在法律渊源上应当包括《气候公约》及其后续的法律文件。在气候资金的提供主体上，也超出了《气候公约》附件二所列的发达国家，开始向所有发达国家甚至部分发展中大国和富国扩展。在前期研究的基础上，结合气候变化国际法的新发展，提炼气候资金机制的新动向，课题组重新界定了气候资金机制。气候资金机制是指，根据《气候公约》及其后续法律文件，关于缔约方提供给发展中国家，用于应对气候变化的资金筹集、使用、报告和管理等方面的制度和规则。

第二节　气候资金机制的组成与特征

一、气候资金机制的组成

通过对气候资金和气候资金机制的分析，我们可以进一步加深对气候资金和资金机制的认识。经过《气候公约》《京都议定书》《巴黎协定》正式认可的资金机制的经营实体有两个，分别是全球环境基金（Global Environment Fund，GEF）和绿色气候基金（Green Climate Fund，GCF）。其中全球环境基金作为资金机制的经营实体期间，因其涉及的保护领域有消耗臭氧层物质、荒漠化、海洋环境、气候变化、生物多样性等，并不是专门针对气候变化的组织，故2001年举行的《气候公约》第7次缔约方会议决定成立气候变化特

---

[1] 潘寻、朱留财："后巴黎时代气候变化公约资金机制的构建"，载《中国人口·资源与环境》2016年第12期。

[2] 田丹宇：《国际应对气候变化资金机制研究》，中国政法大学出版社2015年版，第12页。

[3] 田丹宇：《国际应对气候变化资金机制研究》，中国政法大学出版社2015年版，第12页。

别基金（SCCF）和最不发达国家基金（LDCF）。2008 年 12 月，《京都议定书》第四次缔约方会议正式决定启动适应基金（AF）。受到缔约方会议的委托，全球环境基金管理着不同的信托基金，它们分别是：全球环境基金信托基金（GEF）、最不发达国家信托基金（LDCF）、气候变化特别基金（SCCF）和名古屋议定书执行基金（NPIF）。全球环境基金还临时性承担适应基金（AF）秘书处的工作。[1]

气候变化特别基金建立的初衷是补充全球环境基金重点领域和其他双边和多边资金的不足，"适应"是其优先资助领域。最不发达国家基金的设立是为了支持最不发达国家通过国家适应行动计划确定最迫切的适应需求项目。最不发达国家基金也属于《气候公约》下的供资，与气候变化特别基金的区别是只资助最不发达国家，资助活动的范围仅仅包括适应活动。因此，最不发达国家基金实质上也是适应基金。适应基金的资金来源主要是经证明的清洁发展机制项目活动所产生的部分收益，并非完全是发达国家的出资。因此，对适应基金运作实体的组成和运作也不同于其他三个基金，发展中国家应当获得更多的权利。[2]随着《京都议定书》第二承诺期于 2020 年期满，清洁发展机制何去何从还不确定，适应基金的主要来源也可能面临断供的危险。全球环境基金一直重视减缓资金，为发展中国家适应活动提供资金需要引起资金机制经营实体的重视。

相对于全球环境基金与气候变化特别基金、最不发达国家基金、适应基金的密切而又复杂的关系，2009 年"哥本哈根世界气候大会"之后设立的绿色气候基金作为公约的经营实体，没有再下设基金。2015 年通过的《巴黎协定》接受了《气候公约》的资金机制和经营实体。

二、气候资金机制的特征

气候资金机制的特征可从《气候公约》《京都议定书》《巴黎协定》的相关条款、缔约方会议的相关决议以及两个经营实体运作过程中出现的问题进行分析，总结出气候资金机制包含的几个特征：

---

〔1〕参见"GEF 托管基金"，载 http://www.gefchina.org.cn/qqhjjj/geftgjj/201603/t20160316_24274.html，最后访问日期：2020 年 6 月 20 日。

〔2〕参见龚微："试析气候变化国际合作中的适应基金"，载《中国商界》2009 年第 6 期。

1. 资金机制的混合性

气候资金机制由《气候公约》第 12 条规定设立，形式上是一个新的机制，但是指定原世界银行体系下的全球环境基金作为经营实体。在 2009 年"哥本哈根世界气候大会"上发达国家集体做出了数量庞大的气候资金承诺，分别是 2009-2012 年每年 100 亿美元的快速启动资金和 2012-2020 年的每年 1000 亿美元的长期气候资金。为了更好地使用这些数额巨大的气候资金，缔约方会议在发展中国家的压力下同意发展中国家的主张，新设立了独立于全球环境基金的绿色气候基金作为新的资金机制经营实体，形成了一个资金机制两个经营实体的局面。

全球环境基金重构后就作为《气候公约》的资金机制运作实体之一存在，其有关的原则和条款增加了基金申请的难度。如其为发展中国家环境项目的"增加费用"提供资金支持，这些项目应被各方确认为具有全球环境效益，是全球环境基金的一项原则。[1] 全球环境基金最大部分气候变化资源分配给了长期缓解项目。发展中国家要求设立绿色气候基金的主要原因在于对现有资金机制经营实体——全球环境基金运作非常不满。全球环境基金信托基金、气候变化特别基金和最不发达国家基金都由全球环境基金管理。相对于全球环境基金信托基金，气候变化特别基金和最不发达国家基金是相对独立的，它们是发达缔约方通过全球环境基金提供资金的新窗口。全球环境基金信托基金主要资助缓解活动，兼顾适应活动；最不发达国家基金和适应基金资助适应活动；气候变化特别基金的活动包括了缓解和适应两类活动。就其资金来源而言，全球环境基金信托基金、气候变化特别基金和最不发达国家基金属于附件二的发达国家缔约方根据公约的供资，适应基金则属于根据议定书的供资。

气候资金机制是发达国家缔约方与发展中国家缔约方主张妥协的结果，各方的主张并没有被完全被接受，也没有完全被否定，而是形成了各自部分接受的"混合式的机制"。至此，气候资金机制的体系基本建构初步完成，两大经营实体共存的模式是两大阵营相互妥协的结果。后续的工作就是进一步建立健全和完善气候资金机制的具体制度和规则。

---

[1] 参见高风："全球环境基金与国际环境制度法律关系刍议"，载王铁崖、李兆杰主编：《中国国际法年刊（1998）》，法律出版社 2002 年版，第 136 页。

2. 气候资金机制是多边气候条约的组成部分

气候资金可以通过国家间的多边途径和双边途径进行分配。《气候公约》设定了专门的气候资金机制,该机制以全球环境基金为经营实体,对于气候资金的筹集、分配和使用等方面都形成了完整的制度和规则。《京都议定书》和《巴黎协定》也将《气候公约》规定的机制接纳为资金机制,并新增绿色气候基金作为经营实体。

双边气候资金则是在两个国家之间提供,往往由气候资金的提供国根据其本国的国内法对双边气候资金进行规定。虽然双边气候资金的规模也很大,但是因其提供的主体国家较多,涉及不同国家间的法律制度,且这些国家的资金机制制度规则制差异很大,研究范围过广,《气候公约》及其《京都议定书》《巴黎协定》都没有对这些双边气候资金的规则进行直接规定。本课题组从国际法的角度研究气候资金机制,主要涉及多边气候资金机制。美国在退出《京都议定书》后主导成立的气候与清洁空气联盟也是独立的国际法主体,已经拥有六十多个成员,其资金规则制度也受国际法调整,属于多边气候资金机制。本书第六章对其与《气候公约》及其《京都议定书》《巴黎协定》的资金机制进行了比较。总体来看,该联盟对资金规则和制度规定较少,且联盟资金属于自愿提供,数量不多。

3. 气候资金机制的制度可以分为实体与程序

《巴黎协定》改变了《京都议定书》自上而下的模式,在实体规则方面的约束力有所减弱,各缔约方通过自主决定贡献的形式参与应对气候变化的国际合作。气候资金机制的实体制度和规则涉及气候资金的提供数量、认定标准、需求制度、提供制度、分配制度等。气候资金机制的程序制度和规则主要涉及机制的透明度、报告制度、分配程序、信息披露制度等。《巴黎协定》所建立的法律制度的特点是类似于"焦糖蛋奶冻(crème brûlée)",即在更软的实质性规范的基础上,有一层硬性的程序性义务。[1]相对于实体规则的弹性和国家自主性,程序规则的刚性更为显著。《巴黎协定》专门对透明度进行了规定,还要求对包括气候资金在内的缔约方履行承诺的情况进行五年

---

[1] See Jonathan Pickering et al. , "Global Climate Governance Between Hard and Soft Law: Can the Paris Agreement's 'Crème Brûlée' Approach Enhance Ecological Reflexivity?", *Journal of Environmental Law*, Vol. 31, No. 1. , 2019, p. 1.

一次的定期总结。这些程序性的设定被称为"只进不退的棘齿机制（Ratcheting Mechanism）"，即试图通过严格的程序性的制度设计来推动实体上权利义务的落实。

4. 气候资金机制的资金来源日益广泛

《气候公约》在附件二当中对气候资金的提供国家进行了明确的规定。承担提供气候资金义务的国家是部分发达国家，但是公约也规定非附件二的其他发达国家可以提供气候资金。《巴黎协定》则在此基础上进一步扩大气候资金的提供者，其规定鼓励其他缔约方给气候资金机制提供气候资金，实际上也有不少发展中国家缔约方做出这样的提供资金行为。全球环境基金的资金提供者限于国家。新设立的绿色气候基金还鼓励非国家实体给绿色气候基金提供资金，并设立专门的部门筹措来自公司、企业、团体和个人的资金。[1]

气候资金机制的资金提供者日益广泛，有助于气候资金机制获得更多的气候资金，但是试图将气候资金的提供义务扩展至包括发展中国家在内的所有国家的做法值得警惕。这一变化将会改变整个气候国际合作的基本法律原则——共同但有区别责任原则。在提供资金的报告义务方面，目前还只有附件二所列发达国家缔约方有义务向《气候公约》的专门机构会报告其气候资金提供状况。

第三节 气候资金机制的主体

作为气候变化国际法的一部分，气候资金机制的主体和客体与气候变化国际法乃至国际环境法的主体和客体是基本一致的。气候资金机制作为一种新机制，是不同于传统国际环境法的机制，也在主客体方面形成了一些不同的特点。

一、气候资金机制的主体界定

所谓国际环境法主体，是指独立参加有关利用、保护和改善环境的国际关系、直接享有国际法权利并承担国际法义务者。[2]传统的观点将国际环

---

〔1〕 向绿色气候基金提供资金不同于直接向发展中国家进行气候投资。——笔者注。

〔2〕 参见王曦编著：《国际环境法》，法律出版社2005年版，第75页。

法视为国际公法之组成部分，该界定源自国际公法对主体的认识。传统的国际环境法主体包括国家与国际组织，非政府组织和个人不是国际环境法主体，但认可非国家实体在一定程度上间接对有关利用、保护和改善环境的国际关系发生影响。气候变化国际法并未改变这一基本认识。《气候公约》《京都议定书》《巴黎协定》等都鼓励各种公私实体参与气候变化应对的各种活动，但通常都需要获得缔约方指定官方机构的授权或批准。

二、气候资金机制主体解析

综上所述，我们可以认为，气候资金机制的主体主要包括国家、国际组织。

（一）国家

国家是基本法律主体，无论是国际环境法还是国内环境法，皆离不开国家决定性的参与。对气候资金机制中的资金，无论是国家资金还是国家撬动资金，都是由国家通过缔结条约或形成国际习惯的方式来创立有关筹措、使用、管理的相关原则、制度和规则。国家在气候资金机制中直接享受权利，承担义务，并独立参加气候资金法律关系，国家还具有独立求偿和承担国际责任的能力。

《气候公约》是世界各国应对气候变化的基本法，目前，其缔约方已经多达 197 个。[1]《巴黎协定》作为新的全球应对气候变化国际立法，其在巴黎气候变化大会上通过后，得到各方快速批准，迅速生效，目前的缔约方也达到了 191 个。[2] 国际环境法中将当今世界 190 多个国家大致分为发达国家和发展中国家两类。发达国家是集合在经济合作与发展组织（OECD）中的 20 多个国家，其中主要有美国、英国、法国、德国、日本、澳大利亚、加拿大等国和"经济转型国家"，即苏联解体后的俄罗斯等独联体国家和东欧国家如保加利亚、拉脱维亚、斯洛伐克、斯洛文尼亚、捷克等国。发展中国家则是指

---

〔1〕《联合国气候变化框架公约》官方网站，https://unfccc.int/process-and-meetings/the-convention/status-of-ratification/status-of-ratification-of-the-convention，最后访问日期：2020 年 3 月 19 日。

〔2〕《联合国气候变化框架公约》官方网站，https://unfccc.int/process/the-paris-agreement/status-of-ratification，最后访问日期：2020 年 3 月 22 日。

除发达国家之外的大约 150 个国家。[1]气候资金机制中的国家也大致呈现出这样的二分法，但也形成了具有自身特点的做法。

1. 发达国家

《气候公约》采用附件的形式，在附件一将发达国家单独列出，这些国家须承担具体的温室气体减排义务，基本等同于集合在经济合作与发展组织中的 20 多个国家加上经济转型国家。《气候公约》的附件二则在附件一的基础上删除经济转型国家，列出了美国、日本、德国、英国等 25 个发达国家。根据《气候公约》第 4.3 条[2]和 4.4 条[3]的规定，附件二所列国家有义务为发展中国家缔约方提供有关履行信息、减缓和适应气候变化的活动提供资金。

《气候公约》明确要求附件二国家承担气候资金的提供义务。该公约第 4.3 条规定这些国家"应该（shall）"提供气候资金。然而，公约的其他规定，以及相关的国家实践都显示这些义务延伸到了公约附件一国家。如《气候公约》第 11.5 条规定："发达国家缔约方还可通过双边、区域性和其他多边渠道提供并由发展中国家缔约方获取与履行本公约有关的资金。"在此规定下，气候资金的提供者是所有发达国家，甚至比《气候公约》附件一国家的范围都要大，且提供气候资金的方式是"可以（may）"，通常认为其暗含较低程度的法律义务，不如"应该（shall）"的力度大。这一规定也与通常做法不符，因为《气候公约》1992 年通过以来，公约及其缔约方大会的决议对气候资金的提供上，基本上都主张"应该"。

通过对十余年来的实践研究梳理，学者们发现实践中，给公约资金机制提供气候资金的国家比起规定的附件二国家的范围要宽广得多；而且在全球环境基金（GEF）的增资中，许多非附件二国家也经常性地承诺捐资。在 2009 年丹麦"哥本哈根世界气候大会"上，甚至巴西也宣称要提供气候资

---

[1]　参见王曦编著：《国际环境法》，法律出版社 2005 年版，第 75 页。

[2]　第 4.3 条规定："附件二所列的发达国家缔约方和其他发达缔约方应提供新的和额外的资金，以支付经议定的发展中国家缔约方为履行第十二条第 1 款规定的义务而招致的全部费用。它们还应提供发展中国家缔约方所需要的资金，包括用于技术转让的资金，以支付经议定的为执行本条第 1 款所述并经发展中国家缔约方同第十一条所述那个或那些国际实体依该条议定的措施的全部增加费用。这些承诺的履行应考虑到资金流量应充足和可以预测的必要性，以及发达国家缔约方间适当分摊负担的重要性。"

[3]　第 4.4 条规定："附件二所列的发达国家缔约方和其他发达缔约方还应帮助特别易受气候变化不利影响的发展中国家缔约方支付适应这些不利影响的费用。"

金，成为第一个作出这样举动的发展中国家。[1]在新的《巴黎协定》第9.1条的规定中，抛弃了将特定发达国家列为附件的方式，正式地将提供义务转移至所有发达国家。[2]《巴黎协定》虽然如此规定，但并未明确哪些国家属于发达国家。因此，在目前的实践当中，对气候资金提供的义务，如果做出狭义解读，还是继续将其限定于附件二所列的发达国家。

对于哪些国家提供气候资金的问题，答案是在变化的。曾经是附件二国家有此种责任，在正式的意义上，这仍然是准确的。只有附件二国家有义务向《气候公约》的气候资金常设委员会（Standing Committee on Finance, SCF）报告其气候资金提供情况，并出现在评估报告中。附件一国家和发展中国家则是选择性的"可以（may）"这样做。国际实践中，多数附件一国家，包括数个经济发达的发展中国家将提供气候资金的义务视作已经延伸，如在2013-2014年间阿拉伯联合酋长国曾提供了12亿气候资金。[3]甚至有发达国家学者主张，"提供气候资金的义务似乎已经变成了任何国家都有义务这样做"。将国家列入不同附件的成文法似乎已经过时。许多立场较为激进的国家谈判代表和学者主张，对国家重新归类，重新安排其义务，其中也包括在气候资金机制中的权利义务。主流观点认为，这一变化是基于2009年"哥本哈根世界气候大会"之后重建国际气候体制的背景下发生的，目前尚未被普遍接受。

2. 发展中国家

《气候公约》第11.5条规定，"由发展中国家缔约方获取与履行本公约有关的资金"。公约并未直接规定哪些国家为发展中国家，但根据国际环境法中已经具有习惯国际法地位的二分法，公约附件一以外的国家都是发展中国家。在国际条约法上，所有发展中国家缔约方都有资格接受气候资金。如中国，曾经接受过大量的气候减缓资金，后来接受的气候资金数量开始逐渐减少。2009年"哥本哈根气候大会"前后正式声明放弃接受气候资金，甚至于2014

---

[1] See Lin Feng and Jason Buhi, "The Copenhagen Accord and the Silent Incorporation of the Polluter Pays Principle in International Climate Law: An Analysis of Sino-American Diplomacy at Copenhagen and Beyond", *Buffalo Environmental Law Journal*, Vol. 18, No. 1., 2011, p. 60.

[2] 《巴黎协定》第9.1条规定："发达国家缔约方应为协助发展中国家缔约方减缓和适应两方面提供资金，以便继续履行在《公约》下的现有义务。"

[3] OECD and CPI, Climate Finance, 2013-14, p. 23.

年巴黎气候大会后开始资助其他发展中国家应对气候变化的减缓和适应活动。被列入公约附件一的国家土耳其，在其于巴黎气候变化大会之前提交的国家自主决定减排贡献文件中，甚至强调需要接受国际社会的资金和技术支助，以推动其在国内开展减排温室气体的减缓行动。这是目前唯一一个将自己从公约明确规定的附件一国家自行重新定位至发展中国家阵营的例子。

在气候变化国际法的实践中，对发展中国家的划分和识别主要是通过列举一份被认为符合条件的国家的名单，这可以称为"列举法"。关于种类划分的建议概括起来说有三种意见：对发展中国家下一个法律上的定义，藉此提出具体的识别标准，这可以称为"定义法"；由一国自行决定和宣布其是否属于发展中国家，这可以称为"自选法"；列举一份被认为符合条件的国家的名单，这可以称为"列举法"。[1]附件一之外还有约150个国家，这些国家通常被认为是发展中国家。这些国家在气候变化国家合作的过程中，为共同争取自身的发展权益往往汇集在"77国集团"的旗帜下。[2]中国不是77国集团的成员，但是也属于发展中国家，与该集团内的国家有着相同或类似的历史遭遇，共同的现实需求和一致的利益诉求，因此也常常与77国集团一起行动。

随着国际形势的变化和气候变化国际合作谈判进程的演进，发展中国家之间也开始出现分化。发展中大国与发展中小国的立场差异日益明显。目前的谈判中，已经出现了小岛屿国家联盟和基础四国等立场不同的发展中国家集团。

（二）国际组织

这里的国际组织指的是国家间或政府间国际组织，其权利能力和行为能力由成员方通过协议赋予，通常在其组织章程规定的范围之内。国际组织在国际环境法治中起着不可替代的重要作用。国际组织为各国提供关于推进国际环境合作和协调立场的论坛。通过定期召开会议，国际组织让各利益相关

---

〔1〕 参见黄志雄："从国际法实践看发展中国家的定义及其识别标准——由中国'入世'谈判引发的思考"，载《法学评论》2000年第2期。

〔2〕 1964年6月15日在日内瓦召开的第一届联合国贸易发展会议上，77个发展中国家和地区联合起来，发表了《77国联合宣言》，并以此组成一个集团参加贸发会议的谈判，因而被称为77国集团。虽然后来成员国逐渐增加，但该组织名称仍保持不变。77国集团组织松散，不设总部，也无常设机构，没有章程和财务预算，议事时采取协商一致的原则。——丁丽莉："77国集团"，载《国际资料信息》2001年第4期。

方发表意见、交流信息，这有助于对特定环境问题形成共识，从而推动相关国际环境条约和协议的制定，故其起到事实上的"国际立法机关"的作用。此外国际组织还在一定程度上保障环境条约的实施。各环境条约的秘书处一般负有监督成员国履行条约的责任。[1]与气候资金机制直接相关的国际组织主要包括联合国、世界银行、国际环境基金、绿色气候基金等。

《气候公约》的全称为《联合国气候变化框架公约》，由联合国大会于1992年5月9日通过。应对气候变化国际合作并没有单独设立国际组织，是由联合国领导的，每年年底召开的公约缔约方大会也被简称为联合国气候变化大会。公约第7条规定缔约方会议是其最高机构，第8条设立了秘书处，同时还设立了附属履行机构、附属科技咨询机构等机构。气候资金常设委员会（Standing Committee on Finance，SCF）是在2010年坎昆气候变化大会（《气候公约》第16次缔约方会议）上设立的，设立目的是协助缔约方会议行使与公约的资金机制有关的职能。资金常设委员会的职能包括：①在提供气候变化资金方面加强协调一致；②促进资金机制合理化；③调动资金资源；④衡量、报告和核查向发展中国家缔约方提供的支助。[2]

1. 全球环境基金

全球环境基金是《气候公约》所规定的气候资金机制的指定经营实体。1989年9月，国际复兴开发银行（世界银行）和国际货币基金组织联合发展委员会举行会议，根据联合国委托世界资源研究所编写的一份报告提出的建议，提出了建立全球环境基金的设想。1991年10月世界银行将此前设立的一项以支持全球环境保护和促进环境可持续发展10亿美元的试点项目正式成立，命名为全球环境基金。世界银行、联合国开发计划署和联合国环境规划署是全球环境基金计划的最初执行机构。全球环境基金的组建遭到发展中国家的反对，他们认为，基金的发达国家捐助国在多边开发银行框架下制定和控制的方案不符合他们的最佳利益。发展中国家致力于在联合国大会式的多数决定的基础上建立治理结构和合作伙伴关系。经过三年的讨论，全球环境基金于1994年进行了重组。

---

〔1〕 参见王曦编著：《国际环境法》，法律出版社2005年版，第76页。

〔2〕 《联合国气候变化框架公约》官方网站，https://unfccc.int/SCF，最后访问日期：2019年10月22日。

在 1992 年里约联合国环境与发展峰会期间，全球环境基金进行了重组，与世界银行分离，成为一个独立的常设机构。自 1994 年以来，世界银行一直是全球环境基金信托基金的托管机构，并为其提供管理服务。全球环境基金是一个由 183 个国家和地区组成的国际合作机构，自 1991 年以来，全球环境基金已为 165 个发展中国家的 3690 个项目提供了 125 亿美元的赠款并撬动了 580 亿美元的联合融资。[1]自 1994 年重组以来，全球环境基金已进行了 7 次增资：第一增资期（GEF-1，1994-1998 年）增资 20 亿美元；第二增资期（GEF-2，1998-2002 年）增资 27.5 亿美元；第三增资期（GEF-3，2002-2006 年）增资 30 亿美元；第四增资期（GEF-4，2006-2010 年）增资 31.3 亿美元；第五增资期（GEF-5，2010-2014 年）增资 42.5 亿美元；第六增资期，（GEF-6，2014-2018 年）增资 44.33 亿美元。根据全球环境基金（GEF）已公布的改革方案和增资谈判进程，预计 GEF-7 资金规模较大可能在 41 亿~44 亿美元之间，比上期减少 0~7.5%。[2]全球环境基金涉及的领域包括了与气候变化、生物多样性、国际水域、土地退化、化学品和废弃物有关的环境保护活动。

全球环境基金重组后的治理架构由大会、理事会和秘书处组成。大会有政策和履行的审议功能，由所有参与方的代表组成，而理事会有执行和决策功能，由 32 个成员组成，其中 16 个来自发展中国家，14 个来自发达国家，2 个来自经济转型国家。表决系统由一美元一票表决改为双重加权的多数，既要在所有成员方的总数占 60% 多数又要占总捐资额的 60% 多数。[3]发展中国家虽然具有一定表决权，但是仍然受制于提供资金的发达国家。对此，《气候公约》在第 21 条也明确要求，全球环境基金应予适当改革，并使其成员具有普遍性，以使其能满足资金机制的要求。

2. 绿色气候基金

2010 年墨西哥的坎昆气候变化会议决定为解决绿色气候基金问题成立绿

---

〔1〕 参见"全球环境基金"，载 http://www.gefchina.org.cn/qqhjjj/gk/201603/t20160316_24275.html，最后访问日期：2019 年 11 月 22 日。

〔2〕 参见陈兰等："全球环境基金第七增资期政策分析与预测"，载《气候变化研究进展》2018 年第 2 期。

〔3〕 Instrument for the Establishment of the Restructured Global Environment Facility, 14-16 March. 1994, p.2.

色气候基金过渡委员会。2011 年南非德班召开的气候变化会议则确定了绿色气候基金的资金筹集方案。绿色气候基金于 2013 年 12 月 4 日正式在韩国松岛国际城挂牌成立。在治理方面，绿色气候基金的运作在缔约方大会的指导下，由气候资金委员会管理，并全面向缔约方大会负责，基金会的重要事项由理事会领导，秘书处执行日常相关的事务。董事会应提交年度报告供缔约方大会审议和讨论。绿色气候基金的理事会由 24 位正式理事成员组成，发展中国家和发达国家各占 12 席。第一届理事会成员（board member）分别来自贝宁、埃及、南非、中国、印度尼西亚、印度、哥伦比亚、伯利兹城、墨西哥、赞比亚、巴巴多斯、格鲁吉亚、澳大利亚、丹麦、法国、德国、日本、挪威、波兰、西班牙、德国、瑞典、英国以及美国共 24 个国家。2015 年底通过的《巴黎协定》鼓励发达国家缔约方之外的缔约方自愿提供支助，协定认可《气候公约》的资金机制，包括其经营实体，应作为新协定的资金机制。

3. 世界银行

以世界银行为代表的多边发展银行没有直接参与气候资金机制。自 1992 年起，多边发展银行开始在气候资金的分配中发挥关键作用。如果说全球环境基金在气候资金上的目标显得有些模糊，多边发展银行的资金甚至更难廓清，因其一些项目设计得难以与一般的发展援助区分开来。世界银行、亚洲发展银行和中美洲发展银行等三个银行支配这个市场。[1]因它们资本盈余的力量及其成员国的担保，多边发展银行能够从资本市场上以较许多发展中国家更低的利率获取资金。这些优惠贷款就能投入那些具有要求惠益的项目并具有类似于赠款的价值。[2]世界银行不是气候资金机制的经营实体，但是全球环境基金曾是世界银行的组成部分。世界银行对独立后的全球环境基金仍然有直接的影响。

4. 欧盟

《气候公约》第 20 条规定，各区域经济一体化组织可以签署公约。欧盟由此成为《气候公约》目前唯一一个国际组织缔约方。欧洲联盟作为一体化

---

〔1〕 See Hicks et al. , *Greening Aid?*： *Understanding the Environmental Impact of Development Assitance*, Oxford University Press, 2008, p. 189.

〔2〕 See Erik Haites and Carol Mwape, "Sources of Long-Term Climate Change Finance", in Erik Haites eds. , *International Climate Finance*, Routledge, 2013, p. 171.

程度最高的区域一体化组织，具有诸多超国家因素，被我国著名国际法学家王铁崖称其为"自成一类的国际组织"。在应对气候变化，包括提供气候资金上发挥了积极甚至有些激进的作用。虽然公约在第 22 条规定，"该组织及其成员国无权同时行使本公约规定的权利"，但是在提供气候资金方面，欧盟与其成员国同时履行该方面义务，则并无任何争议。欧盟积极提供气候资金。欧盟、欧盟成员国和欧洲投资银行一起在 2019 年提供了 23.2 亿万欧元，成为最大的公共气候资金提供方。[1]自美国特朗普总统上台要求退出《巴黎协定》之后，欧盟在气候资金机制方面的作用更为凸显。

第四节　气候资金机制的法律渊源

气候资金机制是应对气候国际合作机制之一部分。气候变化国际合作机制是由《气候公约》的适用为起点的，并在后续的条约、这些条例缔约方大会的决议和各种谈判推动下不断前行。该机制的渊源既包括了传统的国际法渊源，如国际条约和国际法习惯，也包括了缔约方会议的决议。

一、国际条约

国际条约是国际法的主要渊源，对于气候资金机制也不例外。应对气候变化国际法的三个代表性的重要条约均对于气候资金机制进行了规定，最早的规定出现在《气候公约》中。《气候公约》于 1992 年 5 月 9 日被通过，并于 1994 年 3 月 21 日生效。正如其名称显示，该公约搭建了气候变化国际合作的基本框架，确定了各缔约方的基本权利义务。公约的第 11 条共有 5 个条款对资金机制进行了规定，明确了在赠与或转让基础上提供资金、受缔约方会议指导并对其负责、经营应委托多个国际实体负责、资金机制之外的其他渠道等基本特征。

《京都议定书》于 1997 年 12 月 11 日在日本京都的《气候公约》第 3 届缔约方大会上被通过，2005 年 2 月 16 日生效。《京都议定书》是人类历史上首次以具有法律约束力的形式规定温室气体减排的条约，议定书主要在第 11

---

〔1〕　See EU action of International climate finance, https://ec. europa. eu/clima/policies/international/finance_en（last visit May 15, 2020）.

条共 3 个条款对资金机制进行了规定。议定书要求气候资金是新的、额外的、资金流量充足的、可以预测的以及发达国家缔约方间适当分摊负担的等。

《巴黎协定》于 2015 年 12 月 12 日被通过，2016 年 11 月 4 日生效。《巴黎协定》要求所有缔约方以国家自主贡献形式参与气候变化应对。协定主要在第 9 条对资金机制进行了应为发展中国家缔约方的减缓和适应两方面提供资金、对资金的调动要超过先前努力、适应和减缓的资金应当平衡、公共财政资金和公共干预的重要性、透明度等要求的规定。《气候公约》的资金机制包括经营实体被继续作为《巴黎协定》的资金机制。

其他以条约为基础的国际法机制也制定了一些与气候变化有关的规则。如保护臭氧层的国际机制、国际航运、国际航空等特定部门的温室气体排放制度等等。保护臭氧层的《蒙特利尔议定书》的资金机制的规定和建设早于《气候公约》，为气候资金机制的建立提供了诸多启示。

二、国际习惯

与国际条约不同，习惯规范不要求任何特定国家明确同意。相反，当一般惯例被广泛接受为法律时，它们就形成了。尽管有更具体的条约规则，但国际习惯法的某些规范也适用于气候变化，适用于气候资金机制。

关于国家对国际不法行为责任的一般国际法也可能与气候变化有关。国际法委员会的一项权威性解释指出，"一国的每一国际不法行为引起该国的国际责任。"[1]由于过多的温室气体排放构成了对可归因于发达工业化国家国际义务的违反，例如，违反了不损害规则，这些国家根据一般国家责任法承担次要义务，特别包括，停止持续的国际不法行为和作出适当赔偿的义务。

一般国际习惯法的其他准则也可能与气候变化或应对气候变化有关。可以说，各国有一项普遍的国际法义务即真诚合作，解决气候变化等全球性问题。此外，国际习惯要求，每个国家都有义务保护其管辖范围内的每一个人，并向迫切需要这些援助的其他国家提供一些人道主义援助和发展援助，当一国受到日益严重的气候变化不利影响时，还应获得外界提供的气候资金、技术和能力建设等方面的支助。

---

〔1〕 See ILC, Draft Articles on Responsibility of States for Internationally Wrongful Acts with Commentaries in Yearbook of the International Law Commission, Vol. II, part two, 2001, art. 1.

然而，国家习惯的相关规范往往定义不清。由于他们的习惯性，他们缺乏一个提供明确内容的、具体的、权威的书面声明。在试图确定适用方式时，往往出现许多问题。在特定情况下，通过特别规则可以排除国际习惯的适用。然而，仅仅是为了寻求解决气候变化的条约条款的存在，并不排除将国际习惯的一般规范应用于同一主题。根据国际法委员会的解释，特别法克减一般习惯法所依据的原则（*lex specialis derogate lege generali*）只适用于特别规则与一般习惯规范之间存在"某种实际不一致"或"一项规定排除另一项规定的明显意图"的情况。[1]例如，与气候变化有关的环境影响评估。国际法院的多个判例判定国家在其境内进行活动时，对其影响应当进行环境影响评估。虽然没有关于该评估的具体国际法条约和条款，但是，实践中对于具有跨境影响的重大工程建设进行环境影响评价已经成为国际习惯。该国际习惯对气候资金机制的运行也将产生直接影响。

三、缔约方会议决议

缔约方会议决议在国际法中并不是学界和实务部门所认可的国际法正式渊源，而是作为辅助渊源存在。国际组织召开会议产生的决议，一般被视为"软法"，不具有法律约束力。实践中联合国大会通过的决议，虽然获得了多数联合国会员国的支持，在很大程度上体现了国际社会主流的意见，但是《联合国宪章》并未赋予其法律约束力。联合国安全理事会的决议是具有法律约束力的，根据宪章的规定，对国际社会的和平与安全负有主要责任的联合国安全理事会，对国际社会出现的威胁世界和平与安全的事项可以通过具有法律约束力的决议。缔约方会议决议的效力理论上依靠强调理性说服决策和决策过程合法性。[2]随着国际形势的发展，气候变化威胁的严重性已经被科学界的主流观点和世界上绝大多数国家所认可，在这种紧迫的形势下，赋予《气候公约》《巴黎协定》决议在气候变化应对方面以一定的约束力，已经成了紧迫情势下一种现实选择。

---

〔1〕　See ILC, Fragmentation of International Law: Difficulties Arising from the Diversification and Expansion of International Law（April 13, 2006）, doc. A/CN. 4/L. 682, para. 88.

〔2〕　See Edward J Goodwin, "State Delegations and the Influence of Cop Decisions", *Journal of Environmental Law*, Vol. 31, No. 2., 2019, p. 253.

《气候公约》第 7.2 条赋予了缔约方会议很高的职权。"缔约方会议作为本公约的最高机构，应定期审评本公约和缔约方会议可能通过的任何相关法律文书的履行情况，并应在其职权范围内作出为促进本公约的有效履行所必要的决定。"《气候公约》的缔约方会议也被接受为《京都议定书》和《巴黎协定》的缔约方会议。"框架公约+议定书+附件"是环境条约大多采用的模式。[1] 在《京都议定书》时代，气候变化国际法的应对气候变化的基本模式亦是如此。《巴黎协定》的诞生，该模式将转变为"协定+缔约方会议决议"的新模式。在新模式下，缔约方大会的决议被赋予了更多更强的权能：在不断发展的应对气候变化形势需要面前，根据《气候公约》《巴黎协定》的目标制定更多具体的细则、指导、指南和规定，然后运用这些具体的细则、指导、指南和规定指导各内设机构和各缔约方应对气候变化的各自行动。

《巴黎协定》具有较强的框架性和程序性。在框架性上，其作用类似于《气候公约》，《巴黎协定》在《气候公约》设计的应对气候变化基本框架的基础上，对其最重要的基本原则——共同但有区别责任和各自能力原则进行修改，增加了不同国情的规定。在义务承担模式上，改原来的发达国家单独承担温室气体减排义务为包括发展中国家缔约方在内所有缔约方共同承担温室气体减排义务。在各缔约方的义务分配方式上，从原来的"自上而下"式分配减排义务，并在议定书附件中加以明确具体的规定，改为"自下而上"式的国家自行提供国家自主决定贡献文件，在文件中对各自包括减排目标在内的综合应对气候变化计划进行规定。这种的做法使得《巴黎协定》没有附件，也完全找不到《京都议定书》规定的那么多量化的数据。

在程序性规则方面，《巴黎协定》更多地体现为大量程序性条款，在实体义务的条款上远不如《京都议定书》明确。其在关键性的减排温室气体目标和资金提供上都没有做出明确、具体的规定，更多的是通过一些程序性的制度，如信息通报、资金提供报告、定期总结盘点等作为手段，确保国家在自主决定贡献文件中设置的减缓、适应、资金等目标一步步增进强度。而这些程序性制度只是提供了进一步推进的平台和框架，具体的推动任务就落到了每年年底召开的缔约方大会身上。因此，缔约方大会决议扮演了越来越重要

---

[1] 参见中国社会科学院法学研究所法律辞典编委会编：《法律辞典》，法律出版社 2003 年版，第 666 页。

的角色。如《巴黎协定》第 9 条 3 款最后规定:"对气候资金的这一调动应当逐步超过先前的努力。"这一规定只指出了提供气候资金应该努力的方向,具体的提供数额、提供数额的时间和阶段等信息全然没有,完全就是框架性的规定。在巴黎气候变化大会《气候公约》缔约方的决议中,则对此规定,以"关于实施本协定的决定"的名义,进一步明确和细化,"在 2025 年前……考虑到发展中国家的需要和优先事项的情况下,设定一个新的集体量化目标,每年最低 1000 亿美元"。[1]这一目标也得到了《巴黎协定》的缔约方会议决定的确认。[2]2018 年底的波兰卡托维茨气候变化大会就《巴黎协定》实施细则进行谈判。在会议达成的有关气候资金的决议中,包括了缔约方会议要求气候资金常设委员会为负责资金机制运作的实体以及关于最不发达国家基金和气候变化特别基金的制定指导意见草案,就与《巴黎协定》有关的政策、方案优先事项和资格标准向受委托运作《气候公约》资金机制的实体提供指导。[3]此外还包括多个与气候资金经营实体和基金有关的指导规则。这些制度和规则都对资金机制的实体产生约束力。

四、单方面声明

2015 年底的巴黎气候变化大会通过了《巴黎协定》,正式确立了以国家自主贡献(Nationally Determined Contributions,简称 NDC)机制为核心的全球应对气候变化制度的总体框架。[4]《巴黎协定》第 4.2 条要求,"各缔约方应编制、通报并保持……国家自主贡献。缔约方应采取国内减缓措施,以实现这种贡献的目标。"各缔约方通过国家自主贡献的形式提交自身的应对气候变化义务,记载这些具体气候变化合作义务的文件既不是《巴黎协定》正文文本的组成部分,也不是协定附件。这是完全不同于《气候公约》《京都议定书》所采取的在附件当中明确列出的国家名单和减排温室气体比例的安排。

国家自主贡献及其前身国家自主决定贡献在国际法上被称为单方面声明。以单方面声明的形式出现的国际自主贡献文件是具有法律拘束力的,这受到

---

〔1〕 Decision 1/CP. 21.

〔2〕 Decision 14/CMA. 1.

〔3〕 Decision 3/CMA. 1.

〔4〕 参见陈艺丹等:"国家自主决定贡献的特征研究",载《气候变化研究进展》2018 年第 3 期。

国际法长期以来的理论和实践认可。单方面声明被很多学者视为可以在国际层面上产生法律后果的国际法主体做出的意思表示。与条约、习惯和一般法律原则一样，单方面声明长期以来被公认为国际法的渊源。[1]

第五节　资金机制产生、发展历程

在 20 世纪 90 年代初期整个《气候公约》的谈判期间，除了公约的目标和时间表之外，资金机制或许是最具争议的议题了。争议的焦点就在于，公约是否应建立一个新的资金机制，还是继续通过现存的全球环境基金来提供资金援助。许多发达国家并不愿意信任一个新的、未经验证的且可能会被发展中国家所控制的资金机制，而发展中国家则对全球环境基金由世界银行主导的局面并不满意。发展中国家要求仿效臭氧层保护的做法，设立一个新的、独立的资金机制。

一、产生背景

20 世纪 80 年代末出现国际臭氧层保护机制是诸多国际环境治理领域中最为成功的事例。该领域的成功主要得益于良好的机制建设，而执行《蒙特利尔议定书》多边基金是重要的支柱。多边基金机制中的资金支持有力地保障了有关消耗臭氧层物质的淘汰，有效地遏制了臭氧层损耗。[2] 在资金机制建设之前，美欧等发达国仍然反对发展中国家建立新的独立的臭氧层保护资金机制的主张，提议适用"谁污染，谁付费"的原则，由各方自行承担治理资金。[3] 该主张导致发展中国家对臭氧层的国际保护集体持观望的态度。为了吸引发展中国家加入，最后发达国家同意设立臭氧层项目信托基金（OTF）。在确定设立独立的基金之后，以中国为代表的发展中大国则在"谁污染，谁付费"的原则上提出"超标付费"的主张。而发展中国家当时的损耗臭氧层

---

[1] See Przemyslaw Saganek, *Unilateral Acts of States in Public International Law*, Brill Nijhoff Press, 2015, pp. 2-5.

[2] 参见罗立昱："南北关系与臭氧层多边基金的建立"，载《国际商务财会》2012 年第 3 期。

[3] UNEP, Financial implications and arrangements, including the adoption of financial rules, UREP/OzL. Pro. 1/4, 1989, pp. 3-6.

物质人均排放均未超过世界人均排放标准。[1]该主张实际上认为应由发达国家单方面出资，这又遭到发达国家的坚决反对。经过发展中国家的反复抗争，终于迫使发达国家接受了单独出资的提议。[2]关于臭氧层国际保护的资金机制建设的成功经验，极大地鼓舞了发展中国家，也被运用于随后进行的应对气候变化合作的国际谈判中。仿效臭氧层国际保护建立新的独立的资金机制成了很多发展中国家缔约方的主张。

1991年6月，在拟议中的联合国环境与发展峰会前，发展中国家的代表在北京发布"发展中国家环境与发展部长级会议《北京宣言》"，其中提出设立特殊的绿色基金，用来解决现行专项国际法律文件以外的环境问题，如水污染、对海岸林产生危害的海岸带污染、水源短缺和水质表化、森林破坏、水土流失、土地退化和沙漠化，宣言还要求"应由发展中国家和发达国家的对等代表共同管理基金，并确保发展中国家能够方便地利用"[3]。

在这种形势之下，全球环境基金的任务是为弥补将一个具有国家效益的项目转变为具有全球环境效益的项目过程中产生的"增量"或附加成本提供新的和额外赠款和优惠资助。[4]全球环境基金除了成为里约峰会通过的《气候公约》和《生物多样性公约》资金机制之外，还被选定为《联合国防治荒漠化公约》（1994）、《关于持久性有机污染物的斯德哥尔摩公约》（2001）和《关于汞的水俣公约》（2013）等三个公约资金机制，并与《蒙特利尔议定书》下的多边基金互为补充，为俄罗斯联邦及东欧和中亚的一些国家的项目提供资助，使其逐步淘汰对臭氧层损耗化学物质的使用。

在全球环境基金成立的25年之后，其涉及的金额从最初的10亿美元增长至145亿美元，并撬动754亿美元的额外资本，涉及167个国家的近4000

---

〔1〕 据资料显示，占世界人口不到1/4的工业化国家消费了大约88%的CFCs物质，其人均消耗CFCs物质是发展中国家的20倍。而发展中国家的CFCs消费量占12%，生产量仅占5%。1986年发展中国家的消耗都未超出世界人均消费标准。参见罗立昱："南北关系与臭氧层多边基金的建立"，载《国际商务财会》2012年第3期。

〔2〕 See Richand Elliot Benedick, *Ozone Diplomacy*: *New Directions in Safeguarding the Planet*, Harvard University Press, 1998, p. 159.

〔3〕 "发展中国家环境与发展部长级会议《北京宣言》"，载《中华人民共和国国务院公报》1991年第24期。

〔4〕 "全球环境基金"，载http://www.gefchina.org.cn/qqhjjj/gk/201603/t20160316_24275.html，最后访问日期：2020年5月16日。

个项目。[1]全球环境基金涉及的领域包括了与气候变化、生物多样性、国际水域、土地退化、化学品和废弃物有关的环境保护活动。

二、产生过程

对于气候资金机制的建构，不同国家有着不同的主张。在谈判中，美国和英国是把资金机制运行全权授予全球环境基金的主要支持者；欧洲共同体和包括挪威、瑞士在内的许多其他西方国家则提议在全球环境基金内设立一个新基金，该基金由世界银行管理，但在缔约方会议的总体政策指导下运行。然而，到1992年2月的会议上，欧共体和美英两国的立场趋于一致，成为全球环境基金的有力支持者。[2]美国代表提出，臭氧层国际保护的多边基金不能作为环保领域的先例问题。美英为代表的发达国家认为，应通过全球环境基金来为应对全球气候问题提供资金。发展中国家和发达国家在资金机制的谈判过程中存在尖锐的矛盾，为了不影响应对气候变化国际合作的推进，各方在气候资金机制上进行妥协。由于臭氧层国际保护多边基金已经确定设立，发展中国家做出一定让步，同意了美国的提议。[3]发达国家也在原立场上进行一定妥协，同意后续对世界银行主导的全球环境基金进行改革以满足发展中国家的关切。各方在气候资金机制上达成了临时的一致。

《气候公约》第21.3条规定，"在临时基础上，……'全球环境融资'应为受托经营第十一条所述资金机制的国际实体。在这方面，'全球环境融资'应予适当改革，并使其成员具有普遍性，以使其能满足第十一条的要求。"公约要求全球环境基金进行改革后成为资金机制的经营实体，此前是临时应急。参加谈判的各国代表发挥各自的聪明才智，采用"临时安排"的方式，加上附加条件的手法，调和了发展中国家缔约方和发达国家缔约方的尖锐矛盾，让公约的资金机制及其运行实体得以产生。

"发展中国家环境与发展部长级会议《北京宣言》"还提到"应由发展

---

[1] Naoko Ishli, 25 Years of the GEF, https://www.thegef.org/topics/25-years-gef (last visit May 16, 2020).

[2] See Jason M. Patlis, "The Multilateral Fund of the Montreal Protocol: A Prototype for Financial Mechanism in Protecting the Global Environment", *Cornell International Law Journal*, Vol. 25, No. 1., 1992, p. 181.

[3] 参见罗立昱："南北关系与臭氧层多边基金的建立"，载《国际商务财会》2012年第3期。

中国家和发达国家的对等代表共同管理基金，并确保发展中国家能够方便地利用"的要求并没有马上得到贯彻，而是被放到后续的工作中逐渐落实。《气候公约》与全球环境基金之间的法律关系是直接而全面的，即全球环境基金按照公约规定的权力范围作出自己的决定，但公约与全球环境基金是独立的、平等的关系，它们之间存在着一种类似于客户与中介机构的委托服务关系。[1]而这显然未能满足发展中国家缔约方的要求，随后各方开展了健全和完善气候资金机制的不懈努力。

1996年7月在瑞士日内瓦召开的《气候公约》缔约方第2届会议上，发展中国家继续对从资金机制获取气候资金遇到的困难和问题表示强烈关注。代表发展中国家的77国集团和中国提交了一份草案，经缔约方会议讨论和修改后通过。这份名为《对全球环境基金的指导》是缔约方会议第11/CP.2号决定，与名为《缔约方会议与全球环境基金理事会之间的谅解备忘录》的第12/CP.2号决定一道构成了各方重构气候公约与全球环境基金关系努力的一部分，但二者的委托法律关系仍无法从根本上加以改变。

1997年12月在日本京都召开的《气候公约》第3次缔约方会议上，通过了著名的《京都议定书》。该议定书在第11.2条重申了《气候公约》要求发达国家缔约方提供新的和额外的气候资金、确保资金流量的充足性和可预测性，并在发达国家缔约方之间适当分担的规定之精神，但气候资金及其上述的重要概念仍未被明确界定。《京都议定书》在资金机制上并无重大突破，但其创设的"京都三机制"为气候资金的来源提供了新的可能渠道。如议定书的12.8条在对清洁发展机制进行规定时强调，"经证明的项目活动所产生的部分收益用于支付行政开支和协助特别易受气候变化不利影响的发展中国家缔约方支付适应费用"。该规定直接导致了适应基金的设立。

2001年10—11月在摩洛哥马拉喀什举行的《气候公约》第7次缔约方会议上，通过了两份与资金机制相关的重要法律文件，分别是名为《根据公约提供资金》的第7/CP.7号决定和名为《根据京都议定书提供资金》的第10/CP.7号决定。其中第7/CP.7号决定要求设立气候变化特别基金和最不发达国家基金，第10/CP.7号决定要求设立适应基金。这三个基金的设立，丰富

[1] 参见高风："全球环境基金与国际环境制度法律关系刍议"，载王铁崖、李兆杰主编：《中国国际法年刊（1998）》，法律出版社2002年版，第140页。

了气候资金机制的设置，有利于不同的发展中国家获得更多领域的气候资金。

2007 年 12 月在印度尼西亚巴厘岛举行的《气候公约》第 13 次缔约方会议暨《京都议定书》第 3 次缔约方会议上，会议取得了里程碑式的突破，确立了"巴厘岛路线图"。资金、技术、减缓、适应被誉为推动气候变化行动的"四个轮子"。气候资金的重要地位进一步得到确认。

2008 年 12 月在波兰波兹南举行的《气候公约》第 14 次缔约方会议暨《京都议定书》第 4 次缔约方会议通过了《适应基金董事会议事规则》《适应基金秘书处法律安排》，作为议定书缔约方会议的公约缔约方会议选定了国际复兴开发银行（世界银行）作为受托管理人向适应基金提供服务，选择了全球环境基金理事会向适应基金董事会提供秘书处服务，并制定了提供服务的具体规定和条件，明确了适应基金运行的优先事项、政策和指南。[1]由此，在《京都议定书》开始适用之后，适应基金也完成了所有内部规则制度建构，开始了正式运作。

2009 年 12 月的《气候公约》第 15 次缔约方会议暨《京都议定书》第 5 次缔约方会议在丹麦首都哥本哈根召开，来自 192 个国家的谈判代表商讨《京都议定书》一期承诺到期后的后续方案，即 2012-2020 年的全球减排协议。经过激烈的争论，会议达成了并不具有法律约束力的《哥本哈根协议》，决定延续"巴厘岛路线图"的谈判进程，将达成新协议的任务延续至下一年度。虽然整体谈判成果不能令人满意，但是在气候资金问题上取得了一定进展，在这次会议上发达国家集体承诺 2010-2012 年间提供 300 亿美元快速启动资金，2013-2020 年每年向发展中国家提供 1000 亿美元长期气候资金，并将建立具有发达国家和发展中国家公平代表性管理机构的多边基金。

2010 年 11 月 29 日至 12 月 10 日的《气候公约》第 16 次缔约方会议暨《京都议定书》第 6 次缔约方会议在墨西哥海滨城市坎昆举行。会议通过了具有法律约束力的《坎昆协议》，在资金机制方面，绿色气候基金被正式确定。按照《哥本哈根协议》和《坎昆协议》的要求，发达国家要提供大量的快速启动气候资金和长期气候资金，发展中国家希望这些资金能够通过全球环境基金之外新的资金机制运营实体提供。2010 年墨西哥的坎昆气候变化会议决

---

〔1〕 FCCC/KP/CMP/2008/11/Add. 2.

定为解决绿色气候基金问题而成立绿色气候基金过渡委员会，该过渡委员会由 40 名成员组成，其中 25 个来自发展中国家。在讨论阶段提交的文件包括"绿色气候基金设立运作要素"，其解决的问题包括"目标、原则和范围"，"治理和体制安排（包括理事会、秘书处、受托人、专家和技术投入）"，"财务和业务模式"，以及"监察安排和评价"。同时，该文件还包括具体任务，例如制定董事会议规则等等。这些文件体现了绿色气候基金是由国家推动和需求驱动的，且受援国可以有直接参与权。《坎昆协议》还决定建立一个气候资金常设委员会（Standing Committee on Finance，SCF），协助缔约方会议处理与资金机制的关系。

在 2011 年 11 月 28 日至 12 月 9 日于南非德班召开的《气候公约》第 17 次缔约方会议上，绿色气候基金是核心议题之一。南非作为会议东道主和发展中国家的代表，迫切希望迅速启动绿色气候基金，并确定该基金的资金筹集方案。

经过两年的筹备以及秘书处选址，绿色气候基金于 2013 年 12 月 4 日正式在韩国松岛国际城挂牌成立。在治理方面，绿色气候基金的基金的运作在缔约方大会的指导下，由气候资金委员会管理，并全面向缔约方大会负责，基金会的重要事项由理事会领导，秘书处执行日常相关的事务。董事会应提交年度报告供缔约方大会审议和讨论。

2015 年 12 月在法国巴黎召开的《气候公约》第 21 次缔约方会议通过了旨在取代《京都议定书》的《巴黎协定》。会议通过的决定要求发达国家缔约方在 2025 年之前，每年至少提供 1000 亿美元，并继续强调了充分和可预测资金的重要性。《巴黎协定》鼓励发达国家缔约方之外的缔约方自愿提供支助，协定认可《气候公约》的资金机制，包括其经营实体，应作为新协定的资金机制。至此，气候资金机制的基本框架和主要机构已经建构完成，其在新协定诞生之后如何发挥作用的问题也顺利得以解决。气候资金机制将继续发挥其不可替代的重要作用。

其他的关于资金机制的规定存在很多模糊之处，如气候资金的规模，《气候公约》没有规定特定的气候资金供应数量。在里约环境与发展会议的谈判中，发展中国家寻求发达国家作出承诺，转移一定比例的国民生产总值。类似于某些发达国家对每年提供国民生产总值 0.7% 的官方发展援助的承诺。挪威曾在第四次政府间谈判会议上建议发达国家进行的资金转移应占其国民生产总值（GNP）的 1.1%。[1] 一些发展中国家也提出建议，发达国家做出"分摊"的捐款，由缔约方会议确定提供的特定数额。美国对这些提议表示坚决反对，也并不承认官方发展援助比例上有任何承诺。《气候公约》第 4.3 条确定文本只是强调"资金流量应需要充足和可预测的必要性，以及发达国家缔约方之间适当分摊负担的重要性"。尽管该条款规定了重要的指导方针，但《气候公约》实际上允许每个附件二的发达国家自行确定其资金捐助的规模。发达国家气候资金的提供总量直到 2009 年"哥本哈根世界气候大会"才得以在数量上正式确定。

2017 年底在波恩举行的《气候公约》第 23 次缔约方会议上，曾就气候资金机制的未来架构作出了一项重要决定：最初根据《京都议定书》设立的适应基金，今后将纳入《巴黎协定》的保护伞之下。由于清洁发展机制的收益几乎停滞不前，适应基金多年来不得不依赖发达国家的自愿捐款。在 2018 年底的卡托维兹大会上，缔约方决定依据《巴黎协定》第 6.4 条规定的市场机制的收益份额和来自自愿的公共和私人资金来源为适应基金提供资金。[2] 在卡托维兹大会上，各方向适应基金认捐了 1.29 亿美元以上，仅德国就提供了 8000 万美元的捐款。[3] 适应基金将在协定的缔约方大会的指导下履行《巴黎协定》。卡托维茨大会上设立了一个从 2020 年开始的进程，以确定一个新的、增加的、集体量化的 2025 年气候资金筹措目标，[4] 同时适应基金和绿色气候基金成功实现新的充资。

2019 年底马德里举行的第 25 次缔约方会议上，发展中国家要求气候资金常设委员会被授权制定一个各方都同意的气候资金定义。委员会邀请各方在 2020 年 4 月 30 日之前提交有关这一问题的材料。

---

〔1〕 Statement of Norway, Commitments on Financial Resources, Transfer of and Cooperation on Technology, 2003, p. 3.

〔2〕 Draft decision-/CMA. 1, FCCC/CP/2018/L. 15, Identification of the information to be provided by Parties in accordance with Article 9, Para. 5, of the Paris Agreement, 14 December 2018.

〔3〕 See Wolfgang Obergassel et al., "Paris Agreement: Ship Moves Out of the Drydock—An Assessment of COP24 in Katowice", *Carbon & Climate Law Review*, Vol. 13, No. 1., 2019, pp. 3-18.

〔4〕 Decision-14/CMA. 1 Setting a new collective quantified goal on finance in accordance with decision 1/CP. 21, Para. 53, Advance unedited version.

第二章

气候资金机制的理论基础

第一节　公共产品理论

大气是生态环境的重要组成部分，既是环境要素也可以视为自然资源，对于人类生存和发展具有不可缺失的重要性。大气具有的公共属性是导致大气环境恶化和生态破坏的重要原因之一。因大气环境的使用没有排他性、竞争性，导致人类过度使用化石燃料向大气大量排放各种气体，使得大气的容量被滥用。其中人类活动排放的温室气体所引起的气候变化问题在 20 世纪末才开始成为世界各国所广泛关注的问题。

一、气候变化治理具有公共产品属性

公共产品，源自英文的"Public Goods"，在国内也被译作公共物品、公共商品、公共品、公共财货等，它的简单解释是"用于满足公共需要的物品或服务"。[1]公共产品是与私人产品相对的概念。公共产品基本概念的提出可以追溯到大卫·休谟和亚当·斯密的著作。20 世纪 50 年代，经济学家保罗·萨缪尔森的论文《公共支出的纯理论》将其引入到经济学当中。[2]随后的 60年代，又被学者曼瑟尔·奥尔森通过其著作《集体行动的逻辑：公共物品与

---

〔1〕　参见姚从容：《公共环境物品供给的经济分析》，经济科学出版社 2005 年版，第 7 页。

〔2〕　See Paul A. Samuelson, "The Pure Theory of Public Expenditure", *The Review Economics and Statistics*, Vol. 36, No. 4., 1954, p. 387.

集团理论》引入政治学。[1]随着环境问题、发展问题、气候变化问题等日益引起人们的关注。

目前学界对公共物品的通常理解是将其视为符合三种特性的资源。公共产品的三种特性是：其一，获取非排他性。这种资源作为公共产品应该是任何人都能获取的，任何人不能通过对这种资源的使用来排除其他人对该资源的获取。其二，消费无竞争性。这种资源作为公共物品不会因一个人的使用而减少他人使用这种资源的可能性。[2]其三，惠益普遍性。公共产品作为资源对人的生存发展惠益是普遍的，对公共物品的破坏则会损害集体中所有成员的利益。[3]也有学者将公共产品的特性简单总结为非排他性和非竞争性两个方面的性质，简而言之，公共产品就是具有消费或使用上的非竞争性和受益上的非排他性的产品。

公共产品可以分为纯公共产品和准公共产品两类。[4]根据公共产品服务的地域，还可以分为国家公共产品和全球公共产品。影响范围超出一国之内的公共产品，如气候变化、生物多样性、海洋环境等均可以视为全球公共产品。根据此标准，各国合作应对气候变化的努力可以视为向国际社会供给一种全球公共产品。第一，从获取的排他性看，各国合作进行气候治理，为减缓、适应气候变化而提供资金、技术，使得大气环境中的温室气体浓度增加的趋势降低，缓解了人为因素造成的气候变化不利影响。地球上生活的所有人类都可以获取，无论其生活在地球的哪个角落，只要身处穹顶之下，都可以自由获取，且无法排除他人获取。第二，从消费的无竞争性上看，合作进行气候变化治理的行为和成果可供全体人类消费，不存在竞争性竞价。在惠益的普遍性上，合作进行气候治理，控制地球升温的幅度将给整个人类带来

---

[1] See Mancur Olson, *The Logic of Collective Action: Public Goods and the Theory of Groups*, Harvard University Press, 1965.

[2] See Joseph E. Aldy and Robert N. Stavins, *Architectures for Agreement: Addressing Global Climate Change in the Post-Kyoto World*, Cambridge University Press, 2007, pp. 3-9; Juha I. Uitto, "Evaluating the Environment as A Global Public Good", Evaluation, Vol. 22, No. 1., 2016, p. 108.

[3] 参见朱京安、宋阳："国际社会应对气候变化失败的制度原因初探——以全球公共物品为视角"，载《苏州大学学报（哲学社会科学版）》2015年2期。

[4] 环境保护是典型的纯公共产品。准公共产品亦称为"混合产品"。这类产品通常只具备上述两个特性的一个，而另一个则表现得不充分。如教育、文化、电视广播、医院、公路、农林技术推广等事业单位，其向社会提供的属于准公共产品。——笔者注。

惠益，而拒绝合作，任由气温升高，破坏其他国家的治理努力则会损害包括自身在内的国际社会所有成员的利益。公共物品是可以供社会成员共同享用的物品，本身具有非竞争性和非排他性。地球大气稳定具有公共产品属性，这也是为什么一直被"过度使用"的基本原因。

公共产品的理念，也被迅速引入到法学界，尤其是国际法学界，对气候变化作为全球公共物品进行了大量研究。从法学的视角看，公共产品的非竞争性和非排他性都存在一定的冲突和矛盾。一方面，由于公共产品是不可排他的，因此公共产品往往供应不足，因为人们可以坐视他人的努力而自己搭便车。另一方面，由于公共物品是非竞争产品，其消费并无竞争性，因此通过排斥他人而达到鼓励其生产的努力往往效率低下。在惠益的普遍性上，气候治理为了实现将全球气温升温幅度控制在2℃，甚至1.5℃的目标，地球大气层中能够容纳的温室气体容量是有限的。这些有限容量的存在使得大气环境既是一种环境要素，也可以视为一种资源。这种资源是地球上的居民、组织团体和国家皆可以获取和使用的，具有普惠性。

大多数公共产品具有多重效应，这些相关的效应中一些可能是全球性的，另一些可能是区域性的或地方性的。缓解气候变化的项目说明了气候变化治理作为全球公共物品的多重品质。风电场以电力的形式为当地的居民提供私人利益；但如果它们取代一个排放温室气体的燃煤电厂，它们也会提供全球公共利益。这些不同的私人利益和公共利益为全球环境基金使用的气候资金的成本分配提供了基础。[1]在建设风电场时，全球环境基金要求东道国支付建设发电基本电厂所需的成本，只为与建设风电场相关额外的增量成本提供资金。

虽然国际法各种文书当中难觅全球公共物品的直接踪影，但是有多个相关概念与之相关。如国际法院在巴塞罗那机车案中提出了"对世义务（erga omnes）"，意指全球公共物品。国际法委员会在讨论"集体"和"共同"利益时也认为，如果一项义务主要涉及提供全球公益或禁止全球公害，则该义务保护"集体"或"共同"利益，应由国际社会的所有国家整体承担。[2]国

---

〔1〕　See Charlotte Streck, "The Global Environment Facility – a Role Model for International Governance?", *Global Environmental Politics*, Vol. 1, No. 2., 2001, p. 71.

〔2〕　See International Law Commission, Commentary to the Draft Articles on Responsibility of States for Internationally Wrongful Acts, Art. 48, paras 6–7, II Yearbook of the ILC, (Part II) (2001), p. 126.

际法承认某些资源是"人类共同遗产"的一部分或"共同关注"。国家管辖范围以外的地区，如国际海底区域和月球，属于"人类共同遗产"，气候治理和生物多样性保护属于第二类。《气候公约》在将引发气候变化的自然和人为原因做了区分之后，开篇便指出，"气候变化是人类共同关切"。

在后面这两个概念中，"人类共同遗产"重在分配，如国际海底区域在国际海洋法谈判中被提议作为人类共同遗产的一部分，其设立在于确保资源的所有利益在不同国家间得到公平分享。相形之下，"共同关注"似乎与全球公共物品的关系比"共同遗产"更为密切。[1]气候变化和生物多样性是共同关注的问题，因为它们提供了非排他性和非竞争性的利益，经常被视为全球公共物品。

二、作为全球公共产品的气候变化治理面临的挑战

气候变化及其治理成为全球公共产品也存在一定争议。为什么人们会对全球公共物品的可取性有不同意见？一方面，全球公共产品可能产生不同的影响。例如，对于减缓气候变化，许多人认为这是一项典型的全球公共物品。减缓全球变暖对小岛屿国家来说肯定是好事，因为他们有被上升的海洋淹没的危险。但是，对于那些从全球气候变暖中获益的国家，这将是一个代价高昂的过程，如高纬度国家会因为全球变暖获得一个更长的增长季节；对那些依赖石油出口的国家来说减少使用石油意味着国民收入减少。或者想想公共物品的典范——灯塔。灯塔发出的光对过往船只是有益的，但对住在灯塔附近的人来说，这可能被认为是一种障碍。对于修建建造风力涡轮发电机也曾出现过类似的反应。即使是协调规范，每个人都同意提供公共物品，也会产生分配上的分歧，因为不同的行为体对选择哪种规范会有不同的偏好。

另一方面，人们可能有不同的品味或价值观。有些人可能喜欢风力涡轮发电机的外观，而另一些人则不喜欢。一些人可能喜欢某些气候地球工程技术，如向大气中注入含硫气溶胶以反射阳光达到减缓全球变暖的目的，而另一些人则可能厌恶它们是"不自然的"。全球公共物品的影响和确认可能存在

---

[1] See Brunnée, "Common Areas, Common Heritage, and Common Concern", in Daniel M. Bodansky, J. Brunnée and E. Hey eds., *The Oxford Handbook of International Environmental Law*, Oxford University Press, 2008, p. 550.

不确定性。提供全球公共产品难以给所有国家都带来直接惠益，而只能通过增进全球利益来实现共同利益。与国内法不同的是，现有的国际法律体制依然是一种平行式的体制，国家之间没有国内社会常见的金字塔式的上下关系。世界各国以追求国家个体利益为基本价值取向，国际社会共同利益的位阶实际上低于国家个别利益。在此种平行的体制之下，国家难以舍弃自身现实利益、为了实现全球的共同利益而去提供全球公共产品。

这些挑战和争议确实存在，但是随着国际社会对气候变化治理认识的加深，人们越来越深刻地认识到气候变化及其治理作为全球公共产品，其提供不仅是有利于维护国家共同的国际利益，也有利于维护国家的单独利益。

如果人为原因导致的气候变化不加以遏制的话，其导致的地球升温、冰川融化以及洪水、干旱和山火等各种极端天气不断出现，负面后果难以避免，对于所有国家而言，其负面影响远大于正面效益。不管地球上的人类接受与否，升温的大气环境、变好了的气候就会成为强制各国消费的公共产品，可称之为"强制性公共产品"。随着《气候公约》、《京都议定书》和《巴黎协定》等国际条约的通过，实际上已经意味着国际共识的形成。可以说气候变化治理被视为公共产品并无太大的争议，相关的国际条约虽然没有明确将气候变化及其治理规定为公共产品，但是事实上已经给予其公共产品的地位。

如前所述，全球气候变暖及其治理问题是典型的全球公共物品问题，只是其影响体现在正面和负面两个截然对立的方面。如果对全球气候变化治理这一正面效应的公共产品不加以鼓励和支持，容易导致已有治理成果的"免费搭车"和解决气候变化的各种治理成果的"供给不足"。长此以往，气候变化治理这一正面效应的公共产品缺乏激励，全球气候变化这一负面公共产品的提供会逐渐增加。

只有世界各国通力合作，才有可能从根本上减缓全球变暖。即使在同意减缓气候变化是一项全球公共物品的人中，对于减排多少、提供多少气候资金以及如何提供这些资金仍然存在着广泛的分歧。气候资金并不是全球公共产品，因其不具有获取的非排他性，也不能保证消费的无竞争性和惠益的普遍性，但是气候资金对气候变化治理作为公共产品的提供不可或缺。气候资金对于具有正面效应的公共产品——气候治理的提供起着支持和鼓励的作用，是一种至关重要的激励机制。

《京都议定书》《巴黎协定》以及其他的后续机制应该像许多国家所说的那样，在2050年前将全球温室气体排放量减少50%，甚至实现零排放。也有国家的减排承诺保守。谁应该承担实现这些削减的责任呢？我们可以从效率的角度来分析这些问题，现在有大量的学者和科研机构在这方面进行研究。但是谁应该提供公共产品和谁应该提供气候资金的问题也涉及后续发展和公平问题。减排的负担应该建立在一个国家对气候变化问题的历史贡献上吗？关于它的支付能力就目前的排放水平而言，是总体排放还是人均排放？或者其他标准？许多发展中国家甚至不愿意在没有就资金分配负担问题达成某种协议的情况下讨论全球减排的总体水平。正如这些争议所表明的，有关全球公共产品的问题并不简单。我们如何才能提供更多？

三、作为全球公共产品的气候治理需要气候资金

国内的公共产品的生产和提供通常有三种方式，公共生产公共提供，私人生产公共提供和公共生产混合提供。无论哪种方式，均离不开公共部门——政府的身影。全球公共产品的生产和提供上，并无世界政府可以在其中发挥作用。在国内公共产品生产提供上政府行之有效的命令-控制式的方式在全球公共产品上付之阙如。为了鼓励各国积极生产提供全球公共产品，需要资金机制作为激励机制。

如前所述，为了鼓励吸引发展中国家参与气候变化治理，承担具体的温室气体减排义务，发达国家在2009年的"哥本哈根世界气候大会"上集体承诺提供前所未有的气候资金。这些气候资金的提供目的在于鼓励发展中国家生产和提供更多的全球公共产品，以更好地应对气候变化。气候资金及其相关机制属于正向激励机制。

在环境治理领域通常认为，命令-控制型政策和基于市场的激励手段是两种常见的治理方式。在气候变化治理领域，由于国际社会平权结构的特点，没有凌驾于所有国家之上的世界政府。国内社会行之有效的命令-控制型政策在国际社会丧失用武之地。在可以预见的时间和范围之内，命令-控制型手段在气候治理领域的作用仍只能限于国内。国际社会的气候治理，特别是吸引发展中国家参与国际气候治理，只能更多地倚重激励手段。为发展中国家参与国际气候治理提供资金和技术等支助是理论上和实践中为数不多被证明有

一定效果的方式。

　　大多数关于公共物品的理论研讨都假设公共物品的总供给取决于所有相关行动者的共同努力。减缓温室气体排放的法律义务一直是由发达国家承诺承担的，而发达国家也一直试图扩大这一公共产品的生产提供主体，认为尽管发达国家可以为限制气候变化的目标作出贡献，但气候变化问题的解决程度取决于国际社会的总体努力。基于此理论，发达国家主张，发展中国家也应当加入减少温室气体排放、直接为地球上生活的人类提供公共产品的行列，扩大气候治理作为公共产品的供给。为了实现此目的，发达国家对无历史排放温室气体责任、现实中温室气体排放数量也有限的发展中国家提供气候资金和技术等相关支助。

　　气候变化治理作为公共产品的提供需要气候资金的激励。从国际组织的视角来看，为什么全球公共产品的理念对全球治理的支持者如此具有吸引力？著名国际环境法学者博丹斯基指出，"基本原因似乎显而易见，正如需要国家在其国内治理中提供最佳水平的公共产品一样，国际组织也需要在国际治理中提供最佳水平的全球公共产品。"[1]国际治理需要提供高水平的公共产品，作为公共产品的气候治理的供给需要从经济学上确保其供给的效率，从政治学上要求集体行动确保其供给提供的广泛性，也需要从法学的视角倡导法治，来确保供给的公正性。

　　学界研究的成果表明，在明确公共产品提供的重要性之后，我们需要注重的是降低国际社会为气候变化治理提供的气候资金，降低资金机制的交易费用。在决定公共产品由谁提供时，我们应该这样思考：该公共物品的哪种方式交易费用较低？如何降低其交易费用？[2]在后续章节中，我们将继续讨论如何具体健全法治环境，扩大气候资金提供主体，降低资金机制的交易费用。

---

　　〔1〕　See Daniel M. Bodansky, "The Legitimacy of International Governance: A Coming Challenge for International Environmental Law?", *American Journal of International Law*, Vol. 93, No. 3., 1999, p. 596.

　　〔2〕　参见邢会强："财政法的经济学根基——交易成本公共物品理论的提出"，载《政法论丛》2012 年第 1 期。

第二节　气候正义理论

一、正义理论关注气候变化

正义涉及多学科的范畴，哲学、伦理学、政治学、法学等学科均有对正义进行研究的成果。近年来也被频繁引入气候变化法律领域。正义、环境正义、气候正义均是国际内外学界研究气候变化时常提及的理念。综合法学派代表人物著名德裔美籍法学家博登海默（Bodenheimer）指出，"正义有一张普罗透斯似的脸，变幻无常、随时可呈不同形状并具有极不相同的面貌。"[1]从学术研究的视角上来看，古今中外的思想家和学者们在许多世纪前业已提出了各种各样的不尽一致"真正"的正义观，其中也涉及关于气候变化的正义。关于正义的理论呈现出众说纷纭、莫衷一是的状态。

正义仍是现代社会关注的理论热点。著名美国学者罗尔斯（Rawls）的著作《正义论》被认为是西方政治思想界 20 世纪下半叶最重要的著作之一。罗尔斯认为"正义是一切社会制度的首要价值"，正义论包括三项原则，平等自由的原则、机会公正平等的原则和差别原则。[2]其中，第一原则优先于第二原则，第二原则中的公正平等原则又优先于差别原则。罗尔斯的正义论主要适用于国内。虽然不断有学者讨论将正义论适用于国际社会，但其本人对其正义理论适用于国家之间的国际领域持谨慎立场。罗尔斯认为国内社会与国家间主权平等的国际社会显著不同，在发表《正义论》后又专门写作了《万民法》，罗尔斯在《万民法》中提出了国际社会八项原则，并探讨了"自由、合宜民族的世界社会如何可能"。这些原则主要涉及政治权利和公民权利：一是各自由民族的自由与独立应得到其他民族的尊重，这一条是基础性原则，是对其余各条原则的约束；二是各自由民族要遵守条约（treaties）和承诺（undertakings），强调了对"万民法"的义务。[3]《万民法》对于气候变化的

---

〔1〕［美］E. 博登海默：《法理学：法律哲学与法律方法》，邓正来译，中国政法大学出版社1998 年版，第 261 页。

〔2〕参见［美］约翰·罗尔斯：《正义论》，何怀宏等译，中国社会科学出版社 1988 年版，第 60~65 页。

〔3〕参见［美］约翰·罗尔斯：《万民法》，张晓辉等译，吉林人民出版社 2001 年版，第 38~40页。

正义无直接涉及。罗尔斯的主张代表了新自由主义的正义理论，放弃守夜人式的古典自由主义，主张以社会正义之名义对社会生活进行适当干预。罗氏理论并未直接涉及气候变化，但其主张遵守条约和承诺对气候变化国际法有积极意义。也有国外学者主张，将罗尔斯的正义论拓展到气候变化领域。[1]

气候变化是当今世界面临的最大挑战之一。关于气候变化的成因、应对及其未来影响，尽管还存在一定争议，但是对人类社会使用化石燃料造成大气层中二氧化碳及其他温室气体的积聚已经并将继续改变世界的气候已无太大争议。为了应对这一挑战，世界各国的政治家、学者、企业家等各界人士提出了大量解决之道，并持续不断地进行谈判。如何在各种方案之中进行选择，恰当地安排各自的权利、义务和责任，找到各得其所的状态，合理分配减少排放的指标，恰当承担提供气候资金和技术要求等等就不可避免地涉及正义问题。2009 年底召开的"哥本哈根气候大会"也表明："若不以正义、公平为国际法的基本原则，那么气候变化的国际法是难以发展完善的"。[2]学界也出现了大量专门对环境正义、气候正义进行研究的成果。

二、气候正义理论的争议

气候正义理论的研究在内涵上出现过明显的价值差异。实用主义的气候正义理论以功利、福利为价值取向，强调在温室气体减排问题上如何获得最大的效益。英国学术院院长尼古拉斯·斯特恩（Nicholas Stern）博士在 2005 年至 2007 年担任气候变化与发展英国政府经济顾问时，在其撰写的《斯特恩报告》中提出实用主义的气候正义观点。"将气候正义的目标着眼于整个人类社会，每一代人都应该做到温室气体减排的最大化，以达到全球温室气体减排总目标的最大化。"[3]斯特恩博士的主张建立在现实排放水平之上，要求所有国家和国民在现有基础之上实现最大化的温室气体排放削减，忽略了在地球大气层中积聚的发达国家工业革命以来二百年多年的温室气体的历史排放，

---

〔1〕　See Jan Kunnas, "The Theory of Justice in a Warming Climate", *Electronic Green Journal*, Vol. 1, No. 34. , 2012, pp. 12−15.

〔2〕　See Thomas M. Franck, "Is Justice Relevant to the International Legal System", *Notre Dame Law Review*, Vol. 64, No. 5. , 1989, p. 945.

〔3〕　See Nicholas Stern, *The Global Deal*: *Climate Change and the Creation of a New Era of Progress and Prosperity*, PublicAffairs, 2009, pp. 10−15.

而且在现有基础上减排也为发达国家获取了较高的减排基线。这种实用主义的气候正义理论完全忽视公平和发展中国家未来的排放空间，变相重申"存在即是合理"，不仅将发达国家大量排放的黑历史洗白，也为发达国家占用大气环境中愈发珍贵有限的容量辩护，还为挤占发展中国家未来的发展空间以及今后的继续大量排放奠定基础。美国芝加哥大学的埃里克·波斯纳（Eric A. Posner）和戴维·韦斯巴赫（David Weisbach）在著作《气候变化的正义》中提出，"可行性和福利主义是成功的气候协议的两大支柱。"[1]两位作者主张放弃基于道义的矫正正义和分配正义，转而从可行性和福利主义上探讨气候正义，达成所有国家必须相信自己会因为气候协议的签署而使自身境况自然好转的符合国际帕累托主义的气候协议。两位作者指出，在罗尔斯设想的"无知之幕"背后的原初状态，人们事实上会选择福利主义。波斯纳的气候正义理论部分地兼顾了发展中国家利益，主张为发展中国家的气候治理提供福利，以期吸引发展中国家的积极参与。该主张在美国受到广泛的赞同，学界多位著名学者采用类似观点。[2]美国克林顿政府的气候特使托德·斯特恩（Todd Stern）在气候变化谈判中也多次采用上述理论为美国政府的主张辩护。

在实用主义和福利主义指引之下的气候正义观试图实现国际帕累托最优的核心概念是"可行性"而非"公平"。美国俄亥俄大学法学院的阿丽莎·伯恩斯坦（Alyssa R. Bernstein）教授认为真正的气候正义应该是一种非福利主义模式。[3]伯恩斯坦提出的气候正义概念，突出了罗尔斯正义论所提倡原则的含义，并增加了确定与气候条约谈判有关的利益和负担的公平份额的原则。伯恩斯坦认为气候条约提案应满足其确定缓解和适应措施的成本及其他负担的公平份额原则的要求。波斯纳不仅混淆了历史正当性与现实正义性之间的区分，而且偏离了气候正义的核心问题。除非它与福利的政治概念相吻

---

〔1〕 ［美］埃里克·波斯纳、戴维·韦斯巴赫：《气候变化的正义》，李智、张键译，社会科学文献出版社2011年版，引言第10页。

〔2〕 如 Jonathan B. Wiener and Richard B. Stewart, *Reconstructing Climate Policy*：*Beyond Kyoto*，The AEI Press，2003；Peter Singer，*One World*：*The Ethics of Globalization*，Yale University Press，2002；Jonathan B. Wiener，"Global Environmental Regulation：Instrument Choice in Legal Context"，*Yale Law Journal*，Vol. 108，1999.

〔3〕 See Alyssa R. Bernstein，"Climate change and Justice：A Non-Welfarist Treaty Negotiation Framework"，*Ethics，Policy&Environment*，Vol. 18，No. 2.，2015，pp. 123-125.

合，否则不应将基于福利主义理由可辩护的条约建议视为全球最佳。国际社会以此作为谈判的条约道德框架，希冀在符合正义要求的情况下促进人类福祉。

另一位芝加哥大学法学学者玛莎·努斯鲍姆（Martha C. Nussbaum）则对波斯纳的观点进行部分修正，指出气候正义应当关注结果，应设定一个气候正义需要的门槛或阈值。[1]其看法是，目的论和道义论都是当前的气候治理所需要的。一些目的论者将效益定义为实质的内容，因此最大化的概念是被随处适用，他们认为正确的选择是效益最大化的选择。阿玛蒂亚·森（Amartya Sen）也经常指出，"作为政策核心目标的可能性具有内在的重要性。"[2]道义论的支持者则坚持，他们不需要谈论效益最大化，而是需要确定一组中心目标，并根据基本正义所决定的每一个阈值水平来进行讨论。现实规范理论实际上是非常有价值的，因为它可以帮助我们前进，朝着我们的目的地前进。如果提出的策略是乌托邦式的，没有论证如何实现的可能性会影响我们对前进准则的信心。每一个目标的规格和它的阈值当然可以临时地进行，随着条件的变化而具有灵活性。

我国学者对气候正义这一外来理论也进行了一定的研究。中国政法大学王灿发教授认为，"气候正义是指在应对气候变化的整个过程和所有方面公平地对待所有实体和个人的价值体系，它是被作为一个价值论、方法论和实践论的综合概念来理解的。"[3]王教授对于气候正义的界定，鲜明地体现了对公平的重视，非常重视正义的道德性维度，而且强调了在气候治理的全部过程和所有方面贯彻落实公平精神，从价值追求的高度，运用公平的方法论在气候治理的实践中实现公平的结果。王灿发教授还进一步指出了气候正义理论指导之下，气候治理应当在最脆弱者优先原则、原因者负担原则、排放权平等原则等体现公平精神的原则之下推进。在这三项原则之后，也指出了气候正义理论之下的原则应包含传统使用维持原则。不过，王教授主张，这些原则是在国内制定应对气候变化法时所应当遵循的方略，并没有提及国际气候

---

〔1〕　See Martha C. Nussbaum，"Climate Change：Why Theories of Justice Matter"，*Chicago Journal of International Law*，Vol. 13，No. 2.，2013，pp. 469-470.

〔2〕　Amartya Sen，*Development as Freedom*，Oxford University Press，2001，p. 2000.

〔3〕　王灿发、陈贻健："论气候正义"，载《国际社会科学杂志（中文版）》2013年第2期。

治理。曹明德教授则专门对国际气候治理所应坚持的气候正义进行分析并指出，"在参与国际气候治理的过程中，应秉承气候正义的理念并坚持如下法律立场：确立公平合理的减排标准，实现分配正义；完善气候变化公约的履约机制；发达国家应当制定支持发展中国家的时间表和路线图，实现矫正正义。"[1]曹教授对于国际气候治理中的气候正义的认识是建立在亚里士多德所提出的分配正义矫正正义基础上，主张在支持发展中国家，继续坚持现行气候条约所确立的发达国家与发展中国家义务二分的基本框架之上，以实现公平合理的实施效果。

中南大学的曹晓鲜博士认为，气候正义主要包括生态正义、代际正义和全球正义等几个向度。气候正义形成了受到罗尔斯主义、霍布斯主义和世界主义影响的三种气候正义理论。曹博士指出我们要想在气候合作中实现气候正义，不能期望简单地根据某一种正义理论来彻底变革当前的全球气候治理格局，而应当在气候治理的实践中吸纳各种理论中有价值的观点，立足于现实，通过多种途径来推动和完善气候治理的全球合作，以实现全球气候正义。[2]曹博士的论文从哲学的角度分析、认识和研究气候正义，也结合了气候治理实践中的多种观点，主张通过综合多种途径的方式来推动世界气候治理，实现全球气候正义。我国学者对气候正义的研究通常是把气候正义等同于气候公平，主要体现为公平的价值追求，需要通过具体的制度和规则来落实。

气候正义理论的价值取向最初关注的是如何有效地推动全面的气候治理协议的达成，吸引更多发展中国家参与全球气候治理。这些主张也成为美国为首的发达国家在气候变化哥本哈根会议期间集体承诺提供史无前例的气候资金，以期改变《京都议定书》所确立的发达国家单方面减排架构、将发展中国家纳入承担温室气体减排义务范围的理论支撑之一。随着气候治理问题的发展和研究的深入，如何在当代各国间进行温室气体排放权的分配成为话题的中心，对国家、群体、个人生存权、发展权平等的要求成为气候正义理论研讨的绕不开的话题。随着理论研究与实践探索的进一步深入，人们逐渐

---

〔1〕 曹明德："中国参与国际气候治理的法律立场和策略：以气候正义为视角"，载《中国法学》2016 年第 1 期。

〔2〕 参见曹晓鲜："气候正义研究"，中南大学 2012 年博士学位论文。

发现气候正义问题难以解决的关键其实是发达国家与发展中国家之间业已形成的巨大的贫富差距，气候正义理论的价值取向对此不能视而不见。气候正义的可行性与全球各国间日益加剧的贫富差距的关系问题都应当成为气候正义讨论的核心。作为西方国家广泛认可的正义理论，也存在多种解读方式，其内涵外延并无公认的定论。著名法理学学者博登海默曾不无讽刺地指出，"正义有一张普罗透斯式的脸"，意指西方社会的正义的变幻无常。

三、气候正义理论指导下的气候资金机制建设

当前气候正义问题所面临的主要矛盾是日益严重的气候变化不利影响对人类现实和未来的安全、生活与生存的威胁，当代贫穷、落后的发展中国家的社会经济发展对温室气体排放需求之间与减排压力之间的矛盾。要解决这些主要矛盾，发达国家在气候治理的问题上必须落实气候正义的要求，率先承担主要减排温室气体责任，同时义务为发展中国家提供支助。通过帮助发展中国家适应气候变化的不利影响，并为发展中国家提供资金以及新能源技术来推动其社会经济的可持续发展。从具体的政策层面，依据问题侧重点的不同，气候正义理论可以被分为三个类型：气候减缓政策、气候适应政策和气候补偿基金政策（Financing Compensation Fund）。[1]气候资金与气候资金机制是与气候正义理论密切相关的。

我国多数学者的主张与发展中国家的学者的主流观点一致，主张气候正义应当关注公平，将作为公平的正义贯彻到包括资金机制在内的气候变化应对的每一个方面。这些观点也与《气候公约》中的主流规定基本吻合。在公约对法律原则的规定中位列于首条原则，它要求根据它们共同但有区别的责任和各自的能力，为人类当代和后代的利益保护气候系统，而该规定明确要求共同但有区别责任原则是建立在公平的基础之上的。公约在序言中提出，各国应付气候变化的政策和措施应当讲求成本效益，应当确保以尽可能最低的费用获得全球效益，该规定体现了发达国家对效益的不懈追求。

气候变化危机是显而易见的，我们需要一个道德法律的基础来应对它。这个基础可以帮助我们找到共同点，建立相互信任和信心，建立持久合作关

---

〔1〕 参见陈晓："气候正义理论的两次转向及其展望"，载《上海交通大学学报（哲学社会科学版）》2018年第2期。

系并朝着稳定目标迈进。这个基础还可以促进经济社会可持续发展的建立以及和平与公正的国际秩序。我们也需要考虑成本效益,在最低的费用基础上获取全球效益,并为发展中国家及其人民确保应有的利益。气候正义理论应当是这样一个基础和框架。

气候治理视角下的正义绕不开分配正义。在全球气候治理中最重要的就是建立一个公平、合理、可行的分配制度。分配制度不仅涉及应对气候变化的减缓和适应责任的分配,也涉及资金的分配,而气候治理谈判的核心是温室气体减排义务的分担和资金的分配。全球环境基金作为公约设立的临时气候资金经营实体,关键在于全球环境基金的设立与运作主要体现了发达国家缔约方的主张,过于追求气候资金投入的全球效益,而对发展中国家缔约方所关注的作为公平的正义关注不足。绿色气候基金作为资金机制新设立的经营实体,发展中国家所关注的气候正义在其主要的实体规则和程序规则中得到较好的体现。不仅在其决策机构的设置和构成上体现了公平代表,在减缓资金和适应资金的分配上以及气候资金分配的地域平衡上都作出了较好的探索。气候资金机制的后续发展更离不开气候正义的引领。

第三节　全球生态文明理论

自中国共产党十七大首次正式将生态文明写入执政党的报告以来,我国高度重视生态文明建设,把生态文明建设提到与经济建设、政治建设、文化建设、社会建设并列的位置,形成了中国特色社会主义五位一体的总体布局,提出了一系列关于生态文明建设的新理念、新思想、新战略、新机制、新目标。生态文明理论涉及面广,影响大,许多建设都是牵一发而动全身。如何选准突破口,更快推进生态文明建设。中共十九大报告明确指出,"引导应对气候变化国际合作,成为全球生态文明建设的重要参与者、贡献者、引领者",这为我们指出了应对气候变化可以成为推动全球生态文明建设新的突破口和着力点:通过在气候变化治理方面全面践行全球生态文明建设,在机制建设上积极参与,发挥引导引领作用;运用生态文明理论指导气候变化治理,让生态文明建设与气候变化治理互为借鉴,共同进步。

一、全球生态文明建设的内涵

生态文明是中国共产党和中国政府面对我国经济社会超常规快速发展后伴随而来的环境污染严重、生态系统退化、资源约束趋紧的严峻形势而提出的治国理政新理念。其提出和实施不仅超越和扬弃了旧的发展方式、发展模式和发展意识，而且引领社会各界形成新的发展观、政绩观和生活方式。

生态环境具有整体性，这一特性使得人类可以人为划定国家间的边界，但是无法也不能因为国境的存在人为割裂生态环境。随着生态环境的自然联系延伸到国境之外，生态文明建设也具有了国际性和全球性。生态文明建设具有的这一特征是与生态环境的全球性密切相关的。从生态学的角度来看，地球生态环境中的大气、海洋等都是一个整体，保护这些领域的生态环境仅靠一个或少数几个国家是远远不够的。

人类历史上第一个保护环境的全球性宣言，是于1972年斯德哥尔摩联合国人类环境会议全体会议通过的《联合国人类环境会议宣言》。该宣言就曾在第2条明确指出，"保护和改善人类环境是关系到世界各国人民的幸福和经济发展的重要问题，也是全世界各国人民的迫切希望和各国政府的责任"，宣言还进一步指出，"种类越来越多的环境问题，因为它们在范围上是地区性或全球性的，或者因为它们影响着共同的国际领域，将要求国与国之间广泛合作和国际组织采取行动以谋求共同的利益"。我国建设生态文明也不能离开全球环境。2018年全国生态环境大会上将共谋全球生态文明建设纳入生态文明建设六项原则之一。推进全球生态文明建设可以选择从合作应对气候方面入手，坚持生命共同体理念和坚持人类命运共同体理念，引领气候变化治理。

"生命共同体"是习近平生态哲学和生态文明理论的核心概念，其根本宗旨在于强调尊重自然、顺应自然和维系人与自然和谐共生关系。[1]这一概念是继承和发展马克思主义生态自然观、中国传统哲学"天人合一"思想，并结合现代共同体理念进行现代转换的成果。人类只有一个地球，各国共处一

---

[1]　参见王雨辰："习近平'生命共同体'概念的生态哲学阐释"，载《社会科学战线》2018年第2期。

个世界。拥有天蓝、地绿、水净、山青的美好家园，是每个中国人的梦想，也是全人类共同谋求的目标，建设生态文明不仅仅与一个国家人民休戚相关，也关乎人类的整体利益。人类生活与大大小小的很多个生态系统密切相关，不可分割，"自然界的生态系统大小不一，多种多样，小如一滴湖水、培养着细菌的平皿、小沟、小池、花丛、草地，大至湖泊、海洋、森林、草原、大气以至包罗地球上一切生态系统的生物圈"。大气环境也是一个生态系统。地球的大气层具有共通性，温室气体和各种污染物排放到大气层当中之后，不会只停留在某个固定位置，可能会在大气层当中做水平、垂直方向流动，或形成环流，生生不息，不断变化。大气是一个生态圈，地球是一个生命共同体。世界各国只有立足于全球，放弃人类中心主义，将人类视为生态环境的一部分，实现人与自然的和谐共生，才能保护好生态环境，才能共同维护、打造人类共同栖居的美好家园。

"命运共同体"则指出了国际社会不同国家之间合作应当遵循的理念。习近平总书记指出："人类已经成为你中有我、我中有你的命运共同体，利益高度融合，彼此相互依存。"当前，经济全球化与国际交流合作的日益深入使得全人类的命运紧紧连在了一起。任何地区的生态问题都值得全球重视，任何一个国家和地区都没有能力独自应对日益严重的生态问题。因此，加强环境治理国际交流与合作是人类面对未来环境问题的必然选择。保护生态环境是全球面临的共同挑战，任何一国都无法置身事外。国际社会应该携手同行，共谋全球生态文明建设之路，共建清洁美丽的世界。

国家之间的合作，应该超越在这个复杂而充满挑战的世界上共同相处、共同生存这一简单的层面，应对气候变化、海洋环境污染、跨国大气污染等问题，都离不开国家之间的通力合作。人类社会的快速发展带来了日益丰富的物质财富，也带来越来越多的国际问题，世界已经进入到"风险世界"。从最初的强调本国发展的同时要兼顾他国的利益，到越来越多的人类共同利益、共同责任和共同调整出现，旧的挑战尚未消弭，新的挑战又层出不穷。在这样的严峻形势之下，国家之间"命运共同体"理念需要我们从共处，向共治、共享甚至共进发展。

二、气候变化治理是全球生态文明建设的突破口

气候变化不仅仅只是导致地球大气升温，将气候变化称为全球变暖简化

了气候变化的诸多不利影响。联合国政府间气候变化专门委员会（IPCC）曾深刻地指出，"自20世纪50年代以来，许多观察到的变化在几十年到几千年中都是前所未有的。"通过改变地球大气的化学浓度，人类社会正在这个复杂的行星系统中引起深远的、往往是不可逆转的变化。这些变化的性质和范围，以及它们对我们作为一个文明和物种所造成的后果，是无法确切预测的。目前还不确定地球上的生命是否能够适应温室气体浓度的实质性快速变化及其深远影响。权威和主流的科学研究表明，气候变化的不利影响会波及整个地球生态系统。中共十九大报告明确指出，"引导应对气候变化国际合作，成为全球生态文明建设的重要参与者、贡献者、引领者"，这为我们指出了应对气候变化可以成为推动全球生态文明建设新的突破口和着力点：通过在气候变化治理方面全面践行全球生态文明建设，在机制建设上积极参与，发挥引导引领作用。

在2014年底的《中美气候变化联合声明》中，中美两国元首准确地指出，"气候变化这一人类面临的最大威胁"。这一最大的威胁为我们进行全球生态文明建设提供了突破口。习近平总书记指出，人类是命运共同体，建设绿色家园是人类的共同梦想。我国生态文明建设的理念和实践，已得到国际社会的广泛认同和支持。面对生态环境挑战，人类是一荣俱荣、一损俱损的命运共同体，没有哪个国家能独善其身。唯有携手合作，我们才能有效应对气候变化、海洋污染、生物保护等全球性环境问题，实现联合国2030年可持续发展目标。只有并肩同行，才能让绿色发展理念深入人心、全球生态文明之路行稳致远。

习近平总书记指出："保护生态环境，应对气候变化，维护能源资源安全，是全球面临的共同挑战。中国将继续承担应尽的国际义务，同世界各国深入开展生态文明领域的交流合作，推动成果分享，携手共建生态良好的地球美好家园。"党的十八大以来，我国顺应时代发展潮流，在解决国内环境问题的同时，深度参与全球生态环境治理，积极引导应对气候变化国际合作，为解决世界性的生态危机提供了中国智慧，贡献了中国力量，成为全球生态文明建设的重要参与者、贡献者、引领者。我们要以习近平生态文明思想为指导，切实把党中央关于生态文明建设的决策部署落到实处，为建设美丽中国、维护全球生态安全作出更大贡献。

生命共同体的提出为我们处理人与地球大气环境的关系提供了新的指导。大气是生态环境的重要组成部分。气候变化[1]不仅影响着人类的生存与发展，也是一项人类与自然界共同面临的长期挑战。随着全球气温逐年上升，全球气候变暖使大陆地区，尤其是中高纬度地区降水增加，非洲等一些低纬度地区降水减少，这导致了极端天气气候事件，如厄尔尼诺现象、干旱、洪涝、雷暴、冰雹、风暴、高温和沙尘暴等出现的频率和强度增加。同时两极冰川融化态势严峻，北极的地区暖化情况比全球平均高出 1~3 倍，科学预测最早将在 2030 年，北冰洋将会迎来第一个无冰的夏天，同样的情况也将发生在南极，只是时间稍晚而已。如果两极冰盖融化殆尽，全球海平面将会上升约 70 米。[2]气候变化的不利影响也会给全球的动植物带来危害，研究表明地球历史上的四次物种灭绝都与气候环境有关，如果气候变化加剧，地球至少一半的物种会遭受灭顶之灾。并且全球气温变化直接影响全球的水循环，山脉上的冰盖消失会导致淡水资源流失，反常的旱灾和洪灾导致农作物减产，北极冰原融化的水汇入墨西哥湾，对墨西哥湾暖流造成破坏，欧洲西北部温度可能会下降 5~8℃，此现象及于全球，地球甚至可能面临一次新的冰河期。

人类命运共同体则指出了国际社会不同国家之间应对气候变化合作应当遵循的理念。人类的生活、生产乃至生存都无法离开大气，无论男女、长幼、贫富、贵贱，国家不分大小、强弱、贫富，古今中外概莫能外。良好的生态环境是最普惠的民生福祉，是最公平的公共产品，这一论断在大气环境这里得到充分的体现。作为公共产品的大气具有天然的流动性，这种流动性无法用人为的方式加以阻隔，也不会受到人类社会设定的疆界的阻隔。良好的生态环境，特别是良好的大气环境成为供给不同国家、不同族群最公平的公共产品。大气环境没有替代品，地球上生活的人类都必须生活在共同的蓝天之下。如果地球大气环境中的温室气体不断积聚的趋势不加以遏制，那么地球变暖、海平面升高、极端天气频发将会不断出现。气候变化的不利影响如果

---

〔1〕《联合国气候变化框架公约》第一条，"'气候变化'指除在类似时期内所观测的气候的自然变异之外，由于直接或间接的人类活动改变了地球大气的组成而造成的气候变化。"引起气候变化的原因包括：自然和人类活动，而国际法体系内的气候变化主要研究的是因人类活动引起的气候变化。——笔者注。

〔2〕 See Christopher B. Field et al., "Summary for policymakers", in Christopher B. Field et al. eds., *Climate Change：Impacts，Adaptation，and Vulnerability*, Cambridge University Press, 2018, pp.49-51.

不加以应对，会使地球变得不适合人类生存。由于全球气候变暖导致的海平面上升，部分小岛屿国家面临着国土被海洋淹没的危险，岛上居民不得不被迫做好举国搬迁的准备。除了小岛屿国家带来的气候移民问题之外，气候变化也可能是历年来战争冲突的根源之一，温度的变化和农业产量的降低可以在很大程度上解释世界各地同时期频繁的战争。且气候变化和因此而产生的生态资源短缺甚至可能成为未来战争冲突和国际社会动荡不安的根源。美英中三国科学家仔细对比分析了全世界关于粮食价格、人口水平和战争冲突的历史记录，明确指出全球气候变化与冲突战争之间存在确实且密切的联系，即使其并非战争爆发的唯一因素，也起到了难以忽视的加剧作用。温度异常会带来农业减产，从而产生食物价格上涨、饥饿死亡威胁增加、社会张力增大的连锁反应，进而加剧暴力冲突。

地球大气环境是自由流通的，没有国家和个人能健康地生活在与外界隔绝的大气环境里。应对气候变化，防止极端天气的出现，不仅对个人有利，是普惠的民生福祉，也对国家的生存和发展有利。在实践中，我国坚持全球生态文明建设，以解决影响人类社会生存发展的突出气候变化问题，不断满足我国和世界各国人民正常气候条件下生活的需要。早在 20 世纪 60 年代，著名国际法专家弗雷德曼（Friedman）就提出国际法的整体结构正处于变化之中，强调国家之间避免重大利益冲突，实现共同生存的传统国际法体系正在逐渐走向衰亡，旨在强调国家间更好地合作实现更高位阶的价值目标的合作国际法正在逐渐形成。我国经过七十多年的发展，综合国力已经有了实质性提高，可以在国际治理中发挥更大的作用。应对气候变化国际合作可以为生态文明理论在我国域外提供践行的场所。

三、全球生态文明理论与气候资金机制

在气候资金机制的完善与发展上，全球生态文明理论可以起到理论指导作用。具体而言可以从生命共同体理念看待大气环境、以正确的义利观看待气候资金需求和以严格的制度、严密的法治推动气候资金机制建设等三个方面来发挥作用：

（一）从生命共同体理念看待大气环境

全球生态文明理论在处理人与自然的关系上，提出了生命共同体理念，

试图实现人与自然和谐共生。坚持把人与自然是生命共同体的理念落实到应对气候变化合作上，根本宗旨在于强调尊重自然、顺应自然，不再将自然组成部分的大气单纯视为人类排放温室气体的场所，而是将大气与人类一样视为生命共同体的组成部分，置于与人类共生的关系。这一定位正确地指出了人类离不开大气，人类与大气相互依存、紧密互利的关系。人与大气环境在内的大自然是生命共同体的提法直接提升了大气环境的地位。

大气环境不仅仅能够给人类带来丰厚的物质财富，巨额的经济利益，还直接与人类的健康问题相关，甚至能够影响人类的生死命运。人类与大气环境是命运共同体，我们不应像在工业文明时代一样视大气环境为客体，认为其可以容纳人类工业生产排放的各种物质。随着人类社会对气候变化不利影响认识的深入，投入更多的资金减缓气候变化的不利影响及逐步适应难以减缓的不利影响已经成为多数国家和民众的共识。

坚持人与自然生命共同体理念，还要反对极端片面的生态中心说。面对人类社会发展过程中出现的气候变化及其不利影响，我国向来坚持气候变化是环境问题，也是发展问题。气候变化在发展过程中产生，也将通过经济社会的绿色发展、可持续发展得以解决。罗马俱乐部提出了"世界性灾难即将来临的预测"和"零增长"的对策性方案。[1]罗马俱乐部式的人与自然的关系已经被证明是不正确的，我们保护自然是为了更好地发展。人与自然是生命共同体，不能片面强调保护自然，不能"为泼脏水把孩子也泼出去"，要尊崇自然，敬畏自然，实现绿色发展，要实现人与自然的和谐相处和共生。

（二）以正确的义利观看待气候资金

正确义利观是习近平总书记于 2013 年 3 月在访非期间提出并于中共十八大以后确立的治国方针理论。坚持正确义利观体现了新时期中国外交的核心价值观，反映了新形势下中国处理国际事务的基本取向，是实现中国梦和构建和谐世界的重要思想保证和实践准则。[2]正确义利观的提出是当代中国新

---

〔1〕 参见［美］丹尼斯·米都斯：《增长的极限》，李宝恒译，四川人民出版社 1983 年版，第 2 页。

〔2〕 参见秦亚青："正确义利观：新时期中国外交的理念创新和实践原则"，载《求是》2014 年第 12 期。

型环境外交与建设全球生态文明所需要的价值观，对于全球气候治理，特别是气候资金机制的建设、健全和完善具有现实的指导作用；气候资金机制的建设上践行正确义利观也丰富了正确义利观的实践领域。

正确义利观是我国优秀传统文化的继承发展，是马克思主义义利观的科学概括和升华。我国传统文化一向强调正确处理"义"和"利"的关系，"义利之辩"是中国古代思想史中的一个核心命题。历史上曾先后出现了很多对义利关系的经典总结，"重义轻利""见利思义""以义制利"等思想体现了历代思想家对"义"与"利"的理性思考。马克思主义主张个人利益与集体利益的辩证统一、人与自然利益的辩证统一，实现义与利的辩证统一。正确的义利观是对中华民族优秀传统义利观的全面总结与扬弃，对马克思主义义利观和社会主义义利观的科学概括和全面阐述。正确义利观重视道义与责任，也不否认利益的追求，是中国特色社会主义外交的一个鲜明特色。

在气候变化治理领域，气候治理何谓义、何谓利？合作应对气候变化所带来的正面惠益是在消费或使用上具有非竞争性、在受益上具有的非排他性的公共产品，我们可以称之为义。国家和某些群体不顾迫在眉睫的气候变化不利影响，坚持进行环境效益丧失或严重不足的经济建设所片面追求的经济利益是利。全球气候变化治理领域，出现了非常严重、片面而极端的义利之争，一些国家和个人片面追求国家利益，被国家利益中心主义的浮华所蒙蔽。还有许多国家极端追求生态环境利益，陷入了严重的生态中心主义的泥潭。目前很多气候治理问题的症结是没有摆正义与利的关系。

某些发达国家片面强调本国经济利益，大力鼓吹"本国利益至上""某国第一""气候变化是谎言"，为了追求部分行业和某些群体的经济利益，不惜对日益严重的气候变化不利影响和逐渐恶化风险视而不见，陷入了严重的经济利益中心主义，被学界认为出现了认识论谵妄（epistemological delirium）。[1] 自从 20 世纪 90 年代全球合作应对气候变化的大幕正式拉开以来，为了片面追求国家利益，某些国家和组织毫不掩饰商人资本家式对商业利益的急切追求。一再印证了马克思在《资本论》中对资本家疯狂逐利性的深刻描写。

还有一些国家和群体则过于强调生态保护中心主义，排斥正常的经济发

---

〔1〕　See Elizabeth Fisher, "Unearthing the Relationship Between Environmental Law and Populism", *Journal of Environmental Law*, Vol. 31, No. 3., 2019, p. 383.

展需要，提出高额的不切实际的气候税费征收计划，为限制排放不惜停产停运停航，甚至通过片面夸大气候变化不利影响的危害恐吓民众，提出不切实际的、过高的温室气体减排计划，企图尽快实现零排放。他们宣称"世界正在燃烧""人类走向灭绝"。坚持人类命运共同体理念反对极端、片面追求国家利益的观点。中国经济的快速发展过程中出现了一定程度的温室气体排放增加，国外一些舆论曾出现了"中国引起全球变暖""中国搭便车""中国破坏全球气候协议"等负面论调。中国重视经济利益和生态环境利益并重，坚持在推动经济增长的同时积极减少温室气体排放。据生态环境部的 2019 年报告统计，2018 年全国碳排放强度比 2005 年下降 45.8%，提前两年实现 2020 年温室气体减排目标。[1] 相比之下，某些发达国家为追求国家经济利益视国际条约为儿戏，动辄退出，温室气体排放不降反升出现逆增长。在现实的气候外交实践中，需要强调坚持生命共同体和正确义利观，在气候治理、反贫困、可持续发展等各个全球性问题突出的领域，发出中国声音，贡献中国智慧，践行中国方案，向世界表明中国是人类命运共同体中不可缺少的重要成员，是积极参与全球气候治理的负责任大国。

在气候资金机制的建设中，要运用新的理念提升气候资金治理能力，完善气候资金治理体系。在气候资金方面，《巴黎协定》要求发达国家缔约方为发展中国家缔约方减缓和适应气候变化提供资金，"并进一步加大提供的力度"。与此同时，还规定"鼓励其他缔约方自愿提供或继续提供这种支助。"美国是当今世界最大的发达国家，理应提供最多的气候资金。2017 年 6 月，新当选的美国总统特朗普宣布退出《巴黎协定》并停止提供气候资金。发达国家在履行气候资金义务的时候也存在大量问题。气候资金提供上的乱象，造成发达国家与发展中国家间的信任缺失，严重影响了合作的推进。[2] 我国虽然在现行的应对气候变化国际体系之下没有法定的提供气候资金的义务，但是我国坚持正确的义利观，在"哥本哈根气候大会"上就宣布不会以发展中国家的身份要求获得发达国家提供的气候资金，并在 2011 年设立南南合作专项资金。在巴黎气候大会上，中国宣布于 2015 年 9 月设立 200 亿元人民币

---

〔1〕 参见"新闻办就《中国应对气候变化的政策与行动 2019 年度报告》有关情况举行发布会"，载 http://www.gov.cn/xinwen/2019-11/27/content_ 5456146.htm，最后访问日期：2021 年 8 月 8 日。

〔2〕 参见龚微："论《巴黎协定》下气候资金提供的透明度"，载《法学评论》2017 年第 4 期。

的中国气候变化南南合作基金，2016 年决定在发展中国家建立 10 个低碳示范区，100 个减缓和适应气候变化的项目和 1000 个应对气候变化培训名额的合作项目。[1]在中国的鼓励推动下，已有 8 个发展中国家承诺向绿色气候基金注资，提供援助资金用于发展中国家应对气候变化的减缓和适应活动。

气候资金的投入应以国家提供和市场激励并重，以国家提供的公共资金为主，以市场机制筹措的私人资金为辅。通过市场机制吸引更多的公司、企业、团体和个人参与到气候治理当中，通过征收适当税费为气候资金机制提供资金。在环境治理中，国家管制与市场激励是两种重要的基础手段。理论研究和实践调查研究表明，生态环境治理上，监管良好的市场机制比国家管制更有效率。《京都议定书》的气候变化资金机制曾经涉及市场机制，《巴黎协定》的资金机制应当适时引入市场机制。通过良好、明确的市场制度建构，给相关的参与者以明确的信号，吸引市场主体的参与，确保参与气候治理产生的生态效益可以通过制度转化为经济利益，才能激励市场机制的发展，为资金机制提供更多的资金来源。

（三）以严格的制度和严密的法治推动气候资金机制建设

取代《京都议定书》的《巴黎协定》已经生效，协定在应对气候变化国际合作当中具有里程碑式的意义，引入了大量新的机制、制度和规则。《巴黎协定》具有框架性，其实施细则还在制定当中。气候资金机制的实体和程序性规则还需要进一步完善。在生态文明理论引领下，我国国内生态环境保护制度建设也取得了巨大的成就。可以说中国推动生态文明建设，积极应对气候变化既对《巴黎协定》缔结、生效产生了积极的意义，体现了中国的贡献，发挥了中国的引领作用，同时也在践行《巴黎协定》的新原则、新精神。这些新原则、新制度和新规则对中国而言是挑战也是机遇。其要求在许多方面与中国国内进行的生态文明建设有类似之处。中国需要面对挑战，抓住机遇，积极进行发展转型，在国内和国际两个层面上推动用制度和法治来应对气候变化不利影响的挑战。

---

〔1〕 习近平："携手构建合作共赢、公平合理的气候变化治理机制——在气候变化巴黎大会开幕式上的讲话"，载 http://news. xinhuanet. com/world/2015 - 12/01/c_1117309642. htm，最后访问日期：2020 年 3 月 21 日。

目前一些国家出现了气候民粹主义，一些团体和个人为了达到目的不惜煽动大规模激进游行示威，鼓动持续性的全社会罢课罢工罢市，不惜人为制造社会恐慌。民粹式的政治风格"对法治不耐烦"。[1]这些极端化应对气候变化的主张是非常片面和有害的，如果不以严密的法治加以引导，将会造成严重的负面后果，阻滞人类社会合作应对气候变化，甚至带来倒退。

---

[1] See Sanja Bogojevic, "The Erosion of the Rule of Law: How Populism Threatens Environmental Protection", *Journal of Environmental Law*, Vol. 31, No. 3., 2019, p. 392.

第三章

气候资金机制的基本法律原则

法律原则作为高阶规则，有助于理解低阶条约条款。国际法上的原则通常是国际法的各主体在为实现国际法所确定的目标和履行国际法各项规定而采取行动时所应当遵循的指导。在《气候公约》谈判之初，大多数发展中国家就主张为公约拟定原则，要求公约单独列入一项关于原则的条款，认为这样的条款可以发挥北斗星或指南针一样的作用，指导缔约方实施和发展公约。[1]气候资金及其相关机制是在《气候公约》《京都议定书》《巴黎协定》等国际社会应对气候变化的法律文件指引下诞生、发展并日益壮大的国际法制度和规则，也必然要受到这些重要法律文件所蕴含的精神和所载原则的指导和引领。随着国际形势的变换和应对气候变化的需要，国际社会已经对国际法的规定进行相应调整，我们也应当对这些原则进行新的解读，以适应新形势对气候资金机制的新要求和挑战。

第一节 不损害域外环境原则

一、气候变化国际法中不损害国外环境原则的源流

气候变化国际法中的不损害国外环境原则来自国家主权原则，是国家主权原则的发展和延伸。《气候公约》在序言中首先"回顾各国根据《联合国宪章》和国际法原则，拥有主权权力按自己的环境和发展政策开发自己的资源，也有责任确保在其管辖或控制范围内的活动不对其他国家的环境或国家

---

[1] See Daniel M. Bodansky, "The United Nation Framework Convention on Climate Change: A Commentary", *Yale Journal of International Law*, Vol. 18, 1993, p. 501.

管辖范围以外地区的环境造成损害",并进一步指出,"重申在应付气候变化的国际合作中的国家主权原则"。"不对其他国家的环境或国家管辖范围以外地区的环境造成损害"可以简称为不损害国外环境原则,或简称为不损害原则。

可以说公约的诞生离不开不损害国外环境原则,气候治理的制度规则也是在国家不损害国外环境原则的指引之下发展壮大。《气候公约》在肯定了国家有权利根据自身的生态环境条件和自然禀赋,制定符合自身条件的经济社会发展政策之后,也明确指出,各国有责任确保自身根据国家主权原则获得的权利进行各种活动不能损害其他国家和国际公共区域的环境。关于公约在强调国家主权规定之后,又对国家有责任不损害本国主权范围之外的环境进行规定,已经超出了国家主权原则之组成部分。[1]对于不损害国外环境原则,应理解为单独的原则,而不仅仅是对主权原则的限制。国内外多个学者都提出了不损害原则的主张,澳大利亚的梅耶博士认为,"不损害原则的具体应用涉及整个国际社会的义务,即不损害公海,大气层或气候系统等全球环境共同体。"[2]通过补充国家与国家之间的义务关系,每个国家对"整个国际社会"负有一定的义务。

关于原则在国际环境保护领域的重要性,从国际环境法诞生之初就一直受到高度重视,被给予了突出的地位。1972年在瑞典斯德哥尔摩召开了首次联合国人类环境会议。会议通过的《联合国人类环境会议宣言》在其原则中有关于不损害国外环境的规定,其文字表述的内容和方式完全被《气候公约》所承袭。该宣言还在国家主权原则之后继续指出,"各国应进行合作,以进一步发展有关他们管辖或控制之内的活动对他们管辖以外的环境造成的污染和其他环境损害的受害者承担责任赔偿问题的国际法。"类似的规定还出现在1992年巴西里约热内卢召开的联合国环境与发展会议。这是继1972年6月瑞典斯德哥尔摩联合国人类环境会议之后,环境与发展领域中规模最大、级别

---

〔1〕 也有学者将该部分内容称为"不损害规则",主张该部分规定是独立的规则,不是来自于国家主权原则的组成部分而是对国家主权的限制。认为不损害规则性质上不是国际法原则,将其视为国际习惯法的规定。Daniel M. Bodansky, Jutta Brunnée and Lavanya Rajamanni, *International Climate Change Law*, Oxford University Press, 2017, pp. 41-42;Benoit Mayer, *The International Law on Climate Change*, Cambridge University Press, 2018, pp. 113-116.

〔2〕 Benoit Mayer, "State Responsibility and Climate Change Governance:A Light through the Storm", *Chinese Journal of International* Law, Vol. 13, No. 3. , 2014, p. 553.

最高的一次国际会议。在此次会议上签署了包括《气候公约》《生物多样性公约》在内的两个重要公约，发表了包括《环境与发展宣言》《二十一世纪议程》《关于森林问题的原则声明》（本声明全称为"关于所有类型森林的管理、保存和可持续开发的无法律约束力的全球协商一致意见权威性原则声明"）在内的三个重要文件。在被称为"地球宣言"的《环境与发展宣言》中，包含了 27 项原则，其中原则 2 规定了国家主权方面的内容，在前述国家主权原则的表述上的基础上进一步强调了各国的国家主权是"至高无上的权利"。原则 13 则继续对《联合国人类环境会议宣言》中规定的国家在其主权管辖或控制范围之内的环境污染对他国主权管辖或控制范围之内的环境造成损害和带来的不利影响负责并赔偿，还强调了"各国还应迅速并且更坚决地进行合作"。

这些关于国家不应损害国外环境原则的内涵和精神在《京都议定书》《巴黎协定》等气候变化条约中得到了进一步的具体规定。如《京都议定书》附件 B 中规定了历史上和现实中排放温室气体较多的发达国家缔约方应率先各自承担具有法律约束力的温室气体减排比例；《巴黎协定》第 13 条则直接提及国家主权，要求"以促进性、非侵入性、非惩罚性和尊重国家主权的方式实施，并避免对缔约方造成不当负担"。

不损害国外环境原则中所强调的为对本国主权管辖或控制范围以外地区造成的环境损害，应对不利影响负责并赔偿的国家责任法之编纂基本上已经停滞，形式上还处在草案阶段。欲对国家在其主权管辖或控制范围之内的环境污染对本国主权管辖或控制范围之外的环境造成损害和带来的不利影响追究责任的一般规则短期之内还不会出台。一般性的责任规则的缺位并不妨碍我们在气候治理的过程中，贯彻不损害国外环境原则的相关内容，在制度建构和规则制定中体现该原则的精神，要求国家对其排放对他国和国际区域的环境所造成的不利影响有所行动。

二、不损害域外环境原则的内涵分析

根据《气候公约》的规定，"国家……也有责任确保在其管辖或控制范围内的活动不对其他国家的环境或国家管辖范围以外地区的环境造成损害"。该规定在《气候公约》诞生之前早就存在。在国际环境法上非常著名的"特雷尔冶炼厂案（Trail Smelter Case）"就是国际环境法中关于不损害国外环境原则的一个非常重要的案例。在该案中，位于加拿大英属哥伦比亚省特雷尔镇附近的一个铅锌冶炼厂距离美国加拿大边界十余英里。该厂从 1896 年建成以来，释放的大量硫化物使附近的美国华盛顿州北港镇的庄稼、树木、牧场、牲畜和建筑物遭受严重损害。在初期，美国污染受害者曾向该冶炼厂提出过多次私人赔偿要求。在以其他方式解决争端的尝试失败后，两国政府决定将争端提交仲裁，并于 1935 年 4 月签署仲裁协议。仲裁庭于 1938 年和 1941 年两次作出裁决。仲裁庭的裁决要求加拿大应当对美国受害者的损失负责并进行赔偿，同时停止在该国特雷尔地区排放有毒气体。[1]在 1941 年第二次裁决中，仲裁庭作出一项著名的声明："任何国家都无权使用或允许使用其领土，使另一领土或领土内的财产或人员受到烟雾的严重伤害。"[2]正是因为这一主张而使本案成为国家不损害国外环境责任的第一个重要司法判例。

科孚海峡案（Corfu Channel Case）是另一个与国家主权管辖下的领土不能被用于损害他国权益有关的案例。1946 年两艘英国军舰在阿尔巴尼亚北部的科孚海峡触雷，后英国以阿尔巴尼亚有义务警告靠近的英国船只附近海域有水雷为由在联合国国际法院起诉阿尔巴尼亚。1949 年 4 月国际法院判决阿尔巴尼亚对阿尔巴尼亚海域发生的爆炸以及随后发生的损害和生命损失负有国际法责任。法院认为，阿尔巴尼亚政府应当知道其领海内有水雷，即使损害不是阿尔巴尼亚政府直接造成，阿政府也有义务不让他人利用其领土侵害他国权益。[3]科孚海峡案虽然不是环境案件，但是国际法院对该案的判决也支持了国家有义务确保其主权管辖或控制下范围内的活动不对他国权益造成损害的法理。

"不损害国外环境责任原则"是国际环境法中的一项极其重要的原则，其内容最早出现在特雷尔冶炼厂案和科孚海峡案这两个著名案例之中。[4]这两

---

〔1〕 See Catherine Prunella, "An International Envionmental Law Case Study: The Trail Smelter Arbitration", https://intlpollution. commons. gc. cuny. edu/an-international-environmental-law-case-study-the-trail-smelter-arbitration/ (last visit May 21, 2020).

〔2〕［德］马克斯·普朗克比较公法及国际法研究所：《国际公法百科全书（第二专辑，国际法院、国际法庭和国际仲裁的案例）》，陈致中、李斐南译，中山大学出版社 1989 年版，第 460~461 页。

〔3〕 See Corfu Channel (United Kingdon of Great Britain and Northern Ireland v. Albania), https://www. icj-cij. org/en/case/1, (last visit May 21, 2020).

〔4〕 参见张磊："论不损害国外环境责任原则的形成——以评述特雷尔冶炼厂案和科孚海峡案为视角"，载《内江师范学院学报》2014 年第 9 期。

个国际法上案例的判决在后来的多个国际环境条约和国际环境法律文件中得到体现。国际法院也先后在多个案例中确认该原则。1996 年就威胁使用或使用核武器合法性的咨询意见中指出，"各国确保其管辖和控制范围内的活动尊重其他国家环境或国家控制范围以外地区的一般义务，现已成为有关环境的国际法的组成部分。"〔1〕随后的国际法院的多个案例中，如 1997 年盖巴思科夫-拉基玛洛大坝案和 2010 年乌拉圭河纸浆厂案中均有重申和认可。

从这些司法实践的案例中，我们可以总结出国家主权原则在国际环境治理中适用应当包含的两个方面内容：第一，防止义务。正如在特雷尔冶炼厂案判决中所指出的，采取适当的措施防止损害其他国家的环境和国家管辖之外领域的环境。该义务也可以视为源自国家在其领土上的应有义务，是国家主权上所包含的注意义务的体现。其在国际法上则有人权保障和国家现代化建设的双重需要，即不仅仅采取适当的规则和措施，而且也要对这些规则和措施的实施保持谨慎，并对公私运作者进行有效管理。

第二，预防义务。传统上看，不损害原则在已知或客观证明重大环境损害风险的情况下适用。〔2〕预防义务提出了高标准，其如何实施也存在一定争议。主张积极应对气候变化的欧洲国家在预防义务的适用方面进行了一些尝试。如欧盟法中提出了最佳可用技术标准（Best Available Technology Standard）。因电厂的建设被第三方评估未能符合最佳可用技术标准，捷克一家电厂被要求采取"补偿措施"，在电厂的另外一个项目抵销没有采取最佳可用技术的项目所产生的温室气体多余排放。〔3〕预防义务是在人类已经步入风险社会的背景下出现的，预防气候变化的重大风险是当代世界的人类进行"底线思维"的要求。气候变化治理上的预防义务是国家主权上所包含的注意义务的拓展，气候变化国际法上的风险预防义务规范体系应包括"监测-评估-控制"的规范形态。

从范围上看，不损害国外环境原则的适用范围既包括外国主权管辖和控

---

〔1〕　ICJ, Legality of the Threat or Use of Nuclear Weapons（Advisory Opinion）, ICJ Rep. 1996, para. 29.

〔2〕　See Patricia W. Birnie, Alan E. Boyle and Catherine Redgwell, *International Law and the Environment*, Oxford University Press, 2009, p. 153.

〔3〕　See Daniel M. Bodansky, Jutta Brunnée and Lavanya Rajamanni, *International Climate Change Law*, Oxford University Press, 2017, pp. 47-48.

制下的范围，也包括了不受任何国家主权管辖和控制下的国际公共区域。这一表述是非常准确的，因为地球的大气层具有共通性，人类活动所排放的温室气体排放到地球大气层后，不会只停留在某个固定位置，可能会在大气层当中做水平、垂直方向流动，或形成环流。人类活动所排放的温室气体造成的损害也不会仅限于一国境内。

三、不损害域外外环境原则在资金机制中的适用

现代科学研究的成果表明，气候变化不利影响与人类活动之间存在因果关系，这一点已经为多家顶级研究机构的权威研究报告所证明。国际法在国家责任问题上存在理论和实践上的滞后性，使得关于一国的温室气体排放在国家主权管辖范围以外造成损害的问题，目前还难以落实到具体的国家责任上。在这种状况下，根据《气候公约》中的原则和规则，特别是在历史上和现实中排放温室气体较多的发达国家可以为其在国家主权管辖和控制范围之外造成的损害采取一些措施，如为发展中国家提供气候资金和环境友好技术进行补偿。气候资金及其机制的出现在一定程度上对发展中国家所遭受的温室气体排放造成的损害进行补偿。气候资金机制不仅仅只是《气候公约》内设的一个气候资金筹措机制，更是利益分配机制、激励机制和协调机制。资金机制的补偿作用的发挥，可以从性质和数量两方面进行分析。

从性质上看，气候资金有多重属性。在《气候公约》之前，发达国家为发展中国家提供发展援助。从法律性质上看，这些发展援助往往被视为自愿援助，不具有法律义务。英国学者波义耳（Birnie）等人使用"团结援助"一词作为跨国环境资金的通用术语。[1]团结援助的用法表明发达国家提供资金是为了吸引发展中国家参与国际治理合作，提供一定援助以达到国际社会大团结的效果。"经济援助是使发展中国家参与调节国际环境进程战略的一部分"。[2]不可否认，发展中国家获得的环境援助资金在吸引发展中国家参与国际环境治理合作，解决发展中国家环境治理资金的匮乏方面确有一定作用。

---

〔1〕 Patricia W. Birnie, Alan E. Boyle and Catherine Redgwell, *International Law and the Environment*, Oxford University Press, 2009, p. 133.

〔2〕 Patricia W. Birnie, Alan E. Boyle and Catherine Redgwell, *International Law and the Environment*, Oxford University Press, 2009, p. 133.

但是在气候变化治理领域，温室气体具有长期性和流动性，气候变化国际法上的主体排放的温室气体很容易就对域外的生态环境造成损害，这些鲜明的特性决定了气候变化治理是全球公共产品，确立不损害域外环境原则对于改变对气候资金法律性质的不正确认识具有重大意义。

早在《气候公约》谈判期间，"发达国家就已经认可为参与应对气候变化不利影响的发展中国家提供气候资金技术是义务而不是慈善"，[1]《气候公约》也对附件二缔约方规定了一般性气候资金义务。某些发达国家在提供气候资金方面仍然心存芥蒂，典型的例子如美国，在特朗普当选美国总统后，宣布退出《巴黎协定》，在其退出的法律行为尚未正式生效之时就迫不及待地宣称停止提供气候资金。将不损害域外环境原则确立为气候变化国际法所确立的气候资金机制的基本原则，有利于强化发展中国家获得气候资金的法律约束力。从性质上将其从发展援助、团结援助等带有自愿性质的认定，转化为具有法律拘束力的法定义务。

在决定气候资金的提供数量上，不损害域外环境原则也可以提供新的思路。从不损害域外环境原则出发，对于已经发生的损害可以采取措施、提供资金防止其损害继续。该原则的防止义务可以用于减缓气候变化资金的筹措。对于尚未发生而可能发生的气候变化损害，该原则的预防义务可以用于气候变化适应资金的筹集，指导相关国家提供更多气候适应资金。

第二节　共同但有区别的责任原则

一、共同但有区别责任原则的产生

所谓共同但有区别责任（common but differentiated responsibilities）是指，"由于地球生态系统的整体性和各国导致全球环境退化的各种不同作用，它们对保护全球环境负有共同但有区别的责任"。共同但有区别责任原则是国际环境法的特有原则。共同但有区别责任原则在20世纪60年代至70年代的一些国际法文件之中可见端倪，但在此期间文件中并没有明确使用"共同但有区

---

〔1〕　Daniel M. Bodansky，"The United Nation Framework Convention on Climate Change：A Commentary"，*Yale Journal of International Law*，Vol. 18，1993，p. 536.

别责任"这一术语。相关文件只是强调"共同责任"即国际社会整体的保护和改善全球环境的责任。如 1959 年《南极条约》的序言指出："……承认为了全人类的利益，南极应永远专为和平目的而使用，不应成为国际纷争的场所和对象"。又如 1967 年《关于各国探索和利用包括月球和其他天体在内外层空间活动的原则条约》的序言指出："……确认为和平目的的发展探索和利用外层空间，是全人类的共同利益"。随着气候变化问题及其不利影响一再被科学研究的结论所证实，在联合国的组织下，20 世纪 70 年代至 80 年代开始国际社会对此进行了多轮的协商和谈判。发达国家以大气生态环境中的温室气体来自世界各国的历史上和现实中的共同排放为由，希望全人类，包括所有的国家共同承担保护大气生态环境、减少温室气体排放的责任。而发展中国家则强调大气环境中的温室气体主要来自发达国家自从工业革命以来产生的排放，发展中国家工业发展起步迟、水平低，产生的温室气体排放主要是满足人民生活需要的排放，而且发展中国家还面临着发展经济改善民生的艰巨任务，不应该也不可能与发达国家承担同样的责任，发展中国家应该承担区别于发达国家的责任。在 1992 年里约联合国环境与发展大会上，发达国家和发展中国家的观点在会议通过的《环境与发展宣言》中都有所体现，反映为第七项原则，即共同但有区别的责任原则。该原则明确规定："各国应本着全球伙伴精神，为维护、保护和恢复地球生态系统的健康和完整进行合作。鉴于导致全球环境退化的各种不同因素，各国负有共同但有区别的责任。"

此次大会还签署了《气候公约》，具体体现了"共同但有区别责任原则"。《气候公约》在第三条正式列明了公约的原则，第一项原则就是共同但有区别责任原则，公约规定，"各缔约方应当在公平的基础上，并根据它们共同但有区别的责任和各自的能力，为人类当代和后代的利益保护气候系统。"由此，共同但有区别责任原则得以基本确立。

二、共同但有区别责任原则的内涵

气候变化国际法将"共同责任"与"区别责任"作为一个对立统一的有机联系的整体呈现在世界面前，人类社会以高超的智慧、巧妙的手法，灵活地处理了应对气候变化及其不利影响挑战和经济社会发展两种貌似不可协调的矛盾。共同责任是不可推卸的，在气候变化及其不利影响的应对问题上，理想的责任承担方式是要全人类共同行动起来，同舟共济，共同努力。共同责任的确立是建立在地球大气生态系统的统一性基础之上，从保护大气生态系统的有效性出发，需要全体人类社会的所有国家共同行动。然而，现实的状况是复杂的。大气环境中的温室气体来源主要是发达国家自工业革命以来的历史排放和现实中发达国家工业化生产的大量排放。为了吸引发展中国家参与合作，也需要公平地考虑各国在历史和现实中排放的温室气体数量和国力有大小发展不平衡的现实。发展中国家与发达国家必须分担各自的责任，然后在此基础上建立全球伙伴关系共同应对气候变化。共同但有区别责任原则的提出正是基于国际社会复杂的现实，兼顾发展中国家与发达国家的不同诉求，将貌似矛盾的共同责任与区别的责任联系起来，寻找不同国家之间内在的联系，以期推动全球合作应对气候变化的挑战。

（一）区别的责任

发展中国家要求在应对气候变化的国际合作中承担区别责任。其主张是以公平为基础，考虑发达国家此前数代人的行为所造成的历史损害和发达国家当代人排放仍然数量较多的现实。发达国家当代人虽然排放在逐步减少，某些发达国家的人均温室气体排放甚至少于全球人均排放，但是不可否认的是发达国家的当代人从前代人的大量排放温室气体产生的物质成果和精神智力成果中直接获得惠益。现行法律体系中的一般法律规定并不认可对历史上排放损害大气的法律责任，但是生态环境保护的法律制度不同于以往的法律，其在一定条件下可以允许法律溯及既往。在许多国家的司法实践中，"法不溯及既往"是一个重要原则，但并非绝对的法律原则。基于环境保护的公共利益，一些国家或地区都规定土壤污染防治法律溯及既往。[1]可见，基于保护生态环境的公共利益，从土壤污染防治相关的法律理论和司法实践当中都出现了超越"法不溯及既往"的溯及既往。在应对气候变化的国际合作中，大气环境中的温室气体的长寿命是公认的事实，发达国家工业革命以来的排放仍然在对气候变暖产生推动，为了体现公平，相关的国际立法应当对此有所

---

[1]　参见翁孙哲、陈奇敏："土壤污染防治法律溯及既往问题研究"，载《广西社会科学》2018年第9期。

体现。

从现实排放的角度来看，虽然发展中国家的温室气体排放总量有所上升，中国、印度等发展中大国已经进入全球温室气体排放榜单的前十位，甚至超过了许多老牌发达国家的温室气体排放总量，但是中国、印度等发展中大国的人口众多，排放的大量温室气体是基于民众生活需要的生存排放。且按照人均温室气体排放计算，中国、印度等发展中大国的排放量还是远低于美国、日本等发达国家。一般发展中国家的温室气体排放无论在总量还是人均上均远低于世界平均水平。可见基于公平的考量，发达国家与发展中国家在温室气体减排上承担区别责任是有历史和现实基础的。

区别责任在《京都议定书》所确立的"自上而下"的减排模式中得到了认可和实施。1997 年缔结的《京都议定书》不仅在议定书全文当中多次提到"共同但有区别的责任"，而且很好地贯彻了共同但有区别责任原则的实质精神。1997 年的《京都议定书》附件二就温室气体的排放量对缔约国（主要是发达国家）做出了数量上的限定，这是国际环境法历史上首次对特定的污染物排放量做出数量上的限定。[1] 该议定书充分地体现了《气候公约》和历次气候大会的精神，通过各种法律制度和规则体现了区别的责任。《京都议定书》在其附件 B 当中为公约附件一的缔约方明确地列出了量化的限制或减少排放的百分比，发展中国家则无这样具体的削减温室气体排放的义务。这无疑是"共同但有区别的责任原则"最直接的体现，也成了议定书的核心义务。发达国家缔约方应承担更大、更多的全球温室气体的减排责任。附件 B 的 38 个发达国家缔约方在议定书有效的 2008-2012 年间要将温室气体平均排放量相较 1990 年的水平降低 5.2%。这一模式也为《京都议定书》第二承诺期所继承，将继续适用至 2020 年。

《巴黎协定》对区别责任的体现不同于《京都议定书》。区别责任在承担具体减排义务方的安排被改变了，所有国家，包括此前不承担温室气体减排责任的发展中国家均以"自下而上的"国家自主决定承诺的形式承担了应对气候变化的具体义务，并接受以五年为期的定期盘点总结。这一安排颠覆了此前的区别责任安排模式，使得区别的责任被严重压缩，仅剩下由发达国家

---

[1] 参见李扬勇："论共同但有区别责任原则"，载《武汉大学学报（哲学社会科学版）》2007 年第 4 期。

为发展中国家提供气候资金、气候环境友好技术和能力建设等方面支助。这种重要的支助方式中，气候资金最为重要，也最为直接。可以说，2009 年底"哥本哈根世界气候大会"上，发达国家集体承诺提供数额远远超过以往的气候资金，并非突然作出慈善之举，实则是改变区别责任安排模式的信号，以此为交换要求发展中国家承担具体的温室气体减排义务。

　　具有里程碑意义的环保组织 Urgenda 诉荷兰（Urgenda v. The Netherlands）案是国内法院第一次明确使用了共同但有区别的责任原则作为辅助工具来解释一个国家的气候上的法律义务。[1]案件判决在很大程度上适用了有关气候变化国际法和欧盟气候法律和政策的解释。[2]在该案中，荷兰海牙地方法院认为，核心争议围绕着荷兰政府被要求采取的减排水平的严格程度和紧迫性。原告诉称，为了履行其注意义务，荷兰必须在 2020 年底之前将其温室气体排放量在 1990 年的水平上至少减少 25%到 40%。荷兰政府则辩称，它有权决定温室气体减排的严格程度和紧迫性。经过双方辩论，法院判定气候变化的全球性质，以及应对这一危害所需的"共同风险管理"的集体性质，需要考虑《气候公约》和欧盟气候法规定的目标和原则。[3]法院认为，国际法和政策中的目标和原则与审判是相关的，以便确定"国家注意义务的范围和它有权享有的酌处权"。

　　海牙法院判决对国家气候变化应对责任的一个突破性的发展是其判决标志着国内法院首次明确使用国际环境法的共同但有区别责任原则作为辅助工具来解释一个国家的气候变化义务范围。法院在共同但有区别责任原则的核心要素中找到规范性内容：发达国家在气候行动中率先行动的"领导"作用。包括荷兰在内的《气候公约》缔约方已同意发达国家和发展中国家在应对气候变化方面负有共同但有区别的责任，这是基于它们历史和当前不同的排放

---

　　〔1〕　See Patrícia Galvão Ferreira, "'Common But Differentiated Responsibilities' in the National Courts: Lessons from Urgenda v. The Netherlands", *Transnational Environmental Law*, Vol. 5, No. 2., 2016, pp. 329–351.

　　〔2〕　See J. Lin, "The First Successful Climate Change Negligence Case: A Comment on Urgenda Foundation v. The State of the Netherlands（Ministry of Infrastructure and the Environment）", *Climate Law*, Vol. 5, No. 1., 2015, pp. 65–81.

　　〔3〕　Stichting Urgenda v. Government of the Netherlands（Ministry of Infrastructure and the Environment）, ECLI: NL: RBDHA: 2015: 7145, Rechtbank Den Haag, C/09/456689/HA ZA 13–1396（Urgenda）, p. i, Summary, para. 4. 55.

水平和能力。法院部分依靠共同但有区别责任原则，作为国际气候法律和政策的一部分，要求荷兰作为发达国家带头气候应对行动。2020 年的预计不足以满足其标准的注意义务。

附件一国家特设工作组在《坎昆协议》中明确指出，为了实现《气候公约》确立的稳定目标，必须将排放限制在 IPCC 指定的水平。[1]法院在分析荷兰具体减排目标时，认可 IPCC 第四次评估报告。特设工作组报告认为附件一国家的总排放量到 2020 年必须比 1990 年低 25%-40%。为了保持安全的浓度水平的温室气体，其余非附件一国家也需大大低于常规模式减少排放。

海牙法院判决使得共同但有区别责任原则在气候变化诉讼中得到正式认可，并作为辅助工具来解释发达国家缔约方的气候变化应对义务有了突破性意义，根据《气候公约》及其《京都议定书》和随后的缔约方会议决定，发达国家带头实施更严格的减排目标已经具有规范意义。虽然该判决并未直接涉及气候资金在内的支助的法律约束力，但是作为共同但有区别责任原则的另一部分，由于共同但有区别责任原则也开始产生司法上的作用，国内法院在促进国际条约的执行和对国际规范的演变的贡献在逐渐受到认可，其对发达国家缔约方在减排之外提供资金资源、技术转移和能力建设支持非附件一的发展中国家的司法约束作用也将在未来逐渐显现出来。在 2015 年底的巴黎气候变化大会上，区别责任的落实模式完成了转变，在国家间的温室气体减排义务上并无质的区别。区别的责任此后主要体现于气候资金、技术转让等支助。

（二）共同的责任

发达国家强调共同责任主要是基于全球合作应对气候变化应以效率为基础，为了当代人和后代人的长远利益进行合作减排。气候变化作为全球问题，已经超越了环境范畴，涉及政治、经济、法律、社会、文化等诸多领域。全球气候变暖的规模之大、影响范围之广、危害之烈、持续之久、发生机理之复杂，远非单个国家或少数国家的经济、技术和应对能力所能解决。气候变化也非当代人就能应对，还将会长期影响后代人的利益。因此，《气候

---

〔1〕 Decision 1/CP. 16, The Cancun Agreements: Outcome of the Work of the Ad Hoc Working Groupon Long-Term Cooperative Action under the Convention, UN Doc. FCCC/CP/2010/7/Add. 1.

公约》在开篇就直接指出，"气候的变化及其不利影响是人类共同关心的问题"。

大气环境是地球上生活的人类的公众共用物。[1]公众共用物（the commons），是指不特定多数人（即公众）可以非排他性使用的东西。用通俗易懂的日常用语来说，"公众共用物"就是每一个老百姓不经其他人（包括政府、组织、单位和个人）批准同意，也不需要额外花钱（即向他人交付专门使用费），而可以自由地、直接地、非排他性使用的东西或物品。[2]公众共用物在人类社会发展和人类文明演进的过程中一直受到广泛关注。人类对公众共用物的态度和行为在人类社会发展和文明形成的早期就已经成为公众关注的焦点，并一直持续至今。人类向大气环境中排放温室气体是长期存在的现象，还将在可以预见的将来继续下去。

大气环境是一种典型的、代表性公众共用物。大气的权利主体是不特定的多数人，权利行使形式是由不特定的多数人非排他性地、自由平等地使用。由于大气的使用具有非排他性，任何人都可以自由使用大气。人类活动向地球的大气环境排放各种污染物，超过了大气环境的容量，造成了气候变化的不利影响的一再出现，并有愈演愈烈之势。这种自由使用带来的不利后果往往是由于人们开发利用管理公众共用物不当而产生的。公众共用物的不良变化及其影响公众生活质量进而不利于经济社会文化的发展的各种现象层出不穷。这些现象的出现是因为对大气这一公众共用物的滥用，如不能及时扭转这一趋势，将会导致学界先贤们所警示的人类社会和公众共用物两败俱伤的"悲剧"一再出现。

学界的研究和社会实践指出，对此"悲剧"有两种基本解决方法：第一，明确公众共用物的所有权。在目前及相当长的一段时间内，由于空气具有的流动性，大气的循环使得对地球大气环境及其污染物确定所有权几乎是不可能的。第二，加强管理，强化共同的责任。对于无法明确所有权的东西，如大气、海洋、卫星运行轨道等，必须由国家政府让渡一定权力，让国际社会

---

〔1〕　著名环境资源法学者武汉大学蔡守秋教授在我国首次提出"公众共用物（commons）"的概念，并指出公众共用物系指不特定多数人（non-specific most people）可以非排他性使用（non-exclusive use）的物（财产、环境要素和自然资源）。公众共有物的良法善治已经成为引起广泛关注的重大问题和学界讨论的热点话题。——笔者注。

〔2〕　参见蔡守秋：《生态文明建设的法律和制度》，中国法制出版社2016年版，第266页。

可以诉诸国际法上的权力加强管理。大气是所有人类生存发展、相互交往、人与自然交往的基本条件和物质基础。作为经济社会发展的物质基础和物质源泉的大气，其存在的重要性决定了其是影响人类生存和发展的重要物质基础，是当代人和后代人不可或缺的重要客体。在这些背景下，加强共同责任就成了必然的选择。保护和改善全球大气环境是国际社会面临的紧迫任务，是着眼于全人类的共同利益，世界各国，无论大小、贫富、种族、资源禀赋等方面的差别，都应当在承担保护和改善大气环境的世界性努力中承担一份责任。可见，共同责任要求发展中国家不应以经济发展水平低、科学技术落后、专业人员匮乏等为由，逃避、推脱自己应当承担的保护全球大气环境的责任。

从 20 世纪 80 年代国际社会开始合作应对气候变化及其不利影响的进程就是世界各国的共同责任逐渐增强的过程。这些共同责任在合作初期主要体现为信息通报。发展中国家提供各自的"各种源的人为排放和各种汇的清除的国家清单"、减缓适应气候变化的措施、各有关部门使用的防止减少温室气体排放的技术和做法、应对气候变化所致灾害的计划等等。随后，公约还在第 4.3 条规定发达国家缔约方应支付为提供有关履行信息的义务而招致的全部费用。《京都议定书》在大量条款强调附件一缔约方的各种义务之后，对于发展中国家的义务继续强调"不对未列入附件一的缔约方引入任何新的承诺"，发展中国家的共同责任主要体现在国家信息通报、参加清洁发展机制、出席缔约方会议等数个方面。《巴黎协定》的出现，大为增强了发展中国家的共同责任。通过国家自主决定承诺形式而出现的发展中国家应对责任，在减缓气候变化的核心责任上与发达国家缔约方已经没有实质性区别，共同责任得到了极大的、甚至根本性的加强。随着应对气候变化形式的变化，特别是以五年为期的盘点总结的时间点到来，共同责任还将继续从量上呈现强化的趋势。

（三）各自能力和不同国情

《气候公约》对共同但有区别责任原则的完整表述是，"各缔约方应当在公平的基础上，并根据它们共同但有区别的责任和各自的能力，为人类当代和后代的利益保护气候系统。"该表述往往被简称为共同但有区别责任原则，这种表述抓住了该原则的主要特征，但是也忽略了责任后面的各自能力。公约为何要在共同但有区别责任后加上各自能力？曾代表美国代表团全程参与《气候公约》谈判的著名学者丹尼尔·博丹斯基指出，各自能力的表述来自美国为代表的发达国家的坚持。发达国家，特别是美国反对发展中国家提出的气候变化问题的出现应由发达国家承担主要责任的说法，主张发达国家同意率先采取行动是因为"发达国家在资金和技术上有更大的能力"。[1]各自能力提法的出现，符合国际法不同于国内法，国际法的初级阶段性使得关于国家责任的立法和制度的发展还处于早期阶段。

无论在《环境与发展宣言》《气候公约》《京都议定书》《巴黎协定》约文还是气候变化大会的决议中，共同但有区别责任被反复提到，其对应的英文都是"responsibility"。在国际法委员会拟定《国际法不加禁止的行为所产生的损害性后果的国际责任条款草案》过程中，多位委员曾就责任一词的使用进行了深入讨论。通常认为，英文中"responsibility"既有被翻译为"责任"的时候，也有被翻译为"义务"的时候，其使用范围广泛，可以概况地指称所有的责任；而"liability"一般都被翻译为"赔偿责任"。[2]共同但有区别责任中的责任法律含义不足，更多地体现为一般意义上的责任，而非严格的法律意义上的赔偿责任。一些英美国家学者更是把该责任视为道德责任，把发达国家同意建立气候资金机制提供气候资金的行为视为促进国际社会团结而采取的举措。在共同但有区别责任之后加上各自能力，正是这一主张的具体体现。

将于《京都议定书》第二承诺期期满后实施的《巴黎协定》在各自能力的基础上引入了新的概念——不同国情，其完整的表述为"根据《气候公约》目标，并遵循其原则，包括以公平为基础并体现共同但有区别的责任和各自能力的原则，同时要根据不同的国情"。《巴黎协定》的这一新的表述有鲜明的中国特色。在 2015 年的巴黎气候变化大会之前，各国密集进行气候外交，积极召开气候会议，进行穿梭访问，协调彼此立场。2014 年 11 月 12 日中美元首在北京发布《中美气候变化联合声明》。该声明将全球气候变化定位为"人类面临的最大威胁"，中国和美国双方表达了致力于达成富有雄心、适用

---

〔1〕　See Daniel M. Bodansky，"The United Nations Frame Convention on Climate Change：A Commentary"，*Yale Journal of International Law*，Vol. 18，1993，p. 503.

〔2〕　参见龚微："气候变化国际合作中的差别待遇初探"，载《法学评论》2010 年第 4 期。

于所有缔约方、具有法律约束力的 2015 年协议的决心。声明要求协议"体现共同但有区别的责任和各自能力原则，考虑到各国不同国情。"[1]在 2015 年底的巴黎气候变化大会前夕，2015 年 11 月 2 日时任法国总统奥朗德访问北京，与习近平主席会谈后，双方发表《中法元首气候变化联合声明》。双方赞同达成一项富有雄心、具有法律约束力的巴黎协议。该协议考虑 2℃ 以内全球温度目标"以公平为基础并体现共同但有区别的责任和各自能力原则，考虑到不同国情"。[2]这两个联合声明中在对共同但有区别责任和各种能力原则进行表述时，均在后部加上了"不同国情"的表述。中文的国情在《现代汉语大词典》中的含义为"一个国家的社会性质、政治、经济、文化等方面的基本情况和特点"，词典进一步指出，"也特指一个国家某一时期的基本情况和特点。"显然，两个联合声明和《巴黎协定》中的国情是指后一种含义。强调国家在某一时期的基本情况和特点在应对气候变化国际合作中有何种含义？本课题组认为，在体现共同但有区别责任和各自能力原则之后加上各自国情，为各国按照公约缔约方会议决议的要求提供各自的国家自主决定贡献奠定了基础。《巴黎协定》改变了《京都议定书》自上而下的分配减排义务的方式，改由各国自下而上地提供国家自主决定贡献。缔约方会议的决议为这些自主决定贡献的提供规定了基本框架和模板，各国可根据各自国情进行提交工作。正是由于各国在巴黎气候变化大会之前的不懈努力，《巴黎协定》得以顺利诞生。

各自能力和不同国情的提出，对共同但有区别责任原则进行了一定限制。这些限制是符合国际法发展状况的限制，体现了国际法以现实为基础，以价值、理念为引领的特点。共同但有区别的责任原则仍然适用，但已经改变。发达国家缔约方"应率先承担整个经济体的绝对减排目标"。"根据不同国情"一语结合考虑不同的能力，发展中国家缔约方将会随着时间的推移朝着范围更全、力度更大的减排目标迈进。通过对这两个概念的分析也有利于我们更好地理解气候变化国际法及其资金机制出现的变化，及其今后随着发展

---

[1] "中美气候变化联合声明（全文）"，载 http://www.gov.cn/xinwen/2014-11/13/content_2777663.htm，最后访问日期：2021 年 8 月 8 日。

[2] "中法元首气候变化联合声明"，载 http://www.xinhuanet.com/world/2015-11/02/c_128386121.htm，最后访问日期：2020 年 3 月 20 日。

中国家减排力度和范围增大而进一步增强的特点。

三、共同但有区别责任原则与资金机制

共同但有区别责任原则对应对气候变化国际合作产生了深刻而全面的影响，也极大地影响了气候变化资金机制。《气候公约》《巴黎协定》没有就为发展中国家提供资金和技术支助规定任何原则。国际条约法上的原则通常是各缔约方在为实现条约所确定的目标和履行条约各项规定而采取行动时所应当遵循的指导。共同但有区别责任原则在指导气候资金机制及其气候资金的实体和程序规则建构运行时，有如下方面的体现：

1. 发达国家缔约方提供气候资金

《气候公约》中虽然没有直接规定关于气候资金机制的原则，但是在公约第 3 条对原则进行规定之后，公约的第 4 条在承诺部分规定了发达国家缔约方应当提供气候资金的义务。在第 4.3 条附件二所列的发达国家缔约方和其他发达缔约方应提供新的和额外的资金的范围包括公约第 12.1 条所规定提供信息通报所产生的全部费用、支付发展中国家应对气候变化的减缓适应活动和资金机制采取措施的全部增加费用。这些提供气候资金的义务只限于公约附件二所列的发达国家缔约方和其他发达国家缔约方，并不涉及任何发展中国家缔约方。

在提供气候资金的实践中，有资格通过气候资金机制获得资助的国家是非附件一的发展中缔约方。气候资金机制资助对象主要是缓解活动，兼顾适应活动。根据第七次缔约方会议所通过的决定，缓解活动包括编制国家信息通报和国家行动方案、能力建设、技术转让、宣传教育和发展中国家的自愿减排项目。适应活动主要包括收集气候变化信息、对气候变化造成的影响和应对措施的评估。[1]据统计，全球环境基金最大部分气候变化资金资源分配给了发展中国家的长期缓解项目。[2]气候资金机制的气候资金流动，是共同但有区别责任原则的具体体现之一。

《巴黎协定》关于资金的规定重申了缓解和适应是未来气候行动的主要基础这一事实。协定第 9.1 条指出，发达国家缔约方应为发展中国家缔约方提

---

〔1〕 《气候变化公约》第七次缔约方会议第 5/CP.7 号决定。

〔2〕 参见龚微：《发展权视角下的气候变化国际法研究》，法律出版社 2013 年版，第 104 页。

供缓解和适应方面的资金资源。这是强制性规定。《巴黎协定》扩大了资金提供者的圈子，从原来的附件二国家扩大为所有发达国家缔约方，也鼓励其他各方自愿提供支持。

2. 发展中国家缔约方承担减排义务后获得更多资金

《京都议定书》所确立的发达国家缔约方独自承担温室气体减排义务的安排取得的减排成效不彰，美国也以发展中国家不参与为理由拒绝批准《京都议定书》。很多西方学者也对《京都议定书》忽视了正在成长的发展中国家给环境造成的压力进行批判，认为发展中国家根本不承担减排温室气体义务的制度安排是有缺陷的。[1]从 2008 年至 2012 年，年均将要排放的温室气体量相对于 1990 年的排放量，不但没有减少反而增加了 1.7%。[2]发达国家理论和实务界对《京都议定书》所确定模式的批判之音不绝于耳，发达国家也对发展中国家整体和个别施加强大压力，要求发展中国家承担具体的温室气体减排义务。在 2009 年的"哥本哈根世界气候大会"上，为了使发展中国家同意制定取代《京都议定书》的新协议，发达国家集体承诺提供数量空前的气候资金。经过六年努力，2015 年底的巴黎气候变化大会前夕，发达国家缔约方为吸引发展中国家缔约方的积极参与，纷纷表态提供更多气候资金。如法国在《中法元首气候变化联合声明》中重申所承诺的到 2020 年将每年现有 30 亿欧元资金支持提高到 50 亿欧元以上。巴黎气候变化大会的决议也载明了发达国家缔约方将提供超过此前数量的更多的气候资金。

3. 资金机制的表决制度上体现发展中国家缔约方的要求

《气候公约》设立了资金机制，只是安排全球环境基金临时充当机制的经营实体，主要原因在于发展中国家缔约方对全球环境基金的不信任。全球环境基金是世界银行组建的，尽管其 1994 年进行了改组，其决策机构理事会的表决系统由一美元一票表决改为双重加权的多数。这种表决方式仍然深受世界银行决策方式的影响，在全球环境基金的表决中，既要在所有成员方的总

---

〔1〕 See Michael Weisslitz, "Rethinking the Equitable Principle of Common but Differential Responsibility: Differential Versus Abosulte Norms of Compliance and Contrabution in the Global Climate Change Context", *Colorado Journal of International Environmental Law and Policy*, Vol. 13, No. 2., 2002, p. 492; Christopher D. Stone, "Common but Differentited Resposibilties in International Law", *American Journal of International Law*, Vol. 98, No. 2., 2004, p. 299.

〔2〕 参见谷德近：《多边环境协定的资金机制》，法律出版社 2008 年版，第 108 页。

数占 60% 多数又要占总捐资额的 60% 多数。[1] 这一表决方式实质上是换汤不换药，发达国家凭借其在出资额上的优势继续获得主导性的决策权。在发展中国家的强烈要求之下，新建的资金机制经营实体——绿色气候基金，其理事会表决机制只有对成员方数量的要求并无捐资额的比例要求。气候资金机制的实体性和程序性的规则制定上还有多次体现发展中国家要差别待遇，向发展中国家倾斜的做法。绿色气候基金也将成为气候资金机制的主要经营实体。

4. 损失损害对责任的影响

一些发展中国家要求应对气候变化国际合作的谈判引入"损失与损害"概念。2007 年达成的《巴厘岛行动计划》中首次出现"气候变化的损失与损害"（loss and damage associated with climate change impacts）的表述。经过 2010 年 11 月坎昆气候变化大会建立的《坎昆适应框架》之后，2013 年在波兰华沙气候变化大会上建立了"气候变化影响相关损失和损害华沙国际机制"。[2]《巴黎协定》第 8 条 [3] 强调，缔约方认识到避免、尽量减轻和处理与气候变化极端气候事件和缓发事件在内的不利影响相关的损失与损害的重要性，以及可持续发展对于减少损失与损害的作用。损失与损害国际机制包括相关职能和运作模式，试图解决特别脆弱的发展中国家受气候变化影响相关的损失与损害问题。

发达国家缔约方普遍强调损失与损害问题的共同性。美国提出损失与损

---

〔1〕 参见龚微：《发展权视角下的气候变化国际法研究》，法律出版社 2013 年版，第 106 页。

〔2〕 2013 年第十九次缔约方会议上做出了机制安排，要求建立一种国际机制，包括建立相关职能和运作模式，以便解决特别脆弱的发展中国家与气候变化影响相关的损失与损害问题，在《坎昆适应框架》内，建立华沙损失与损害国际机制即"华沙机制"。

〔3〕 《巴黎协定》第 8 条规定，一、缔约方认识到避免、尽量减轻和处理与气候变化（包括极端气候事件和缓发事件）不利影响相关的损失和损害的重要性，以及可持续发展对于减少损失和损害的作用。二、气候变化影响相关损失和损害华沙国际机制应置于作为本协定缔约方会议的《气候公约》缔约方会议的权力和指导下，并可由作为本协定缔约方会议的《气候公约》缔约方会议决定予以强化和加强。三、缔约方应当在合作和提供便利的基础上，包括酌情通过华沙国际机制，在气候变化不利影响所涉损失和损害方面加强理解、行动和支持。四、据此，为加强理解、行动和支持而开展合作和提供便利的领域包括以下方面：（一）早期预警系统；（二）应急准备；（三）缓发事件；（四）可能涉及不可逆转和永久性损失和损害的事件；（五）综合性风险评估和管理；（六）风险保险机制，气候风险分担安排和其他保险方案；（七）非经济损失；（八）社区、生计和生态系统的复原力。五、华沙国际机制应与本协定下现有机构和专家小组以及本协定以外的有关组织和专家机构协作。

害问题是包括发达国家在内的所有国家共同面临的问题，强调在国家主导的原则下，由各国自行加以应对和解决，强调损失与损害问题在科学上仍然存在不确定性，损失与损害概念的界定与范围不明确，现有研究无法区分气候变化和非气候变化因素带来的损失与损害。[1]欧盟与美国持基本相似的观点，同时强调通过多种渠道共同应对损失与损害问题，如引入私人资本和其他资金资源，且特别突出保险等商业行为的重要性，[2]并提出"具有同等能力"的国家出资的建议。北欧国家挪威则积极提出可以帮助最脆弱的发展中国家适应气候变化，提供科学、认识和经验方面的共享。[3]在华沙气候大会中，美国、挪威和英国等国政府承诺将为华沙损失损害国际机制提供2.8亿美元支持，但并没有为其承诺的经济资助提出落实时间表，也没有对极端气候灾害损失补偿机制提出相应的配套措施。同时，近几年来发达国家一直强调所有国家在气候变化面前都是脆弱的，各国应自己负责自己的问题，不愿意为此承担更多的责任和减排义务，更不愿提供更多的资金和技术支持。

在华沙机制的谈判过程中，发达国家坚决反对损失与损害作为与减缓和适应平等独立的第三要素单独成为条款。《巴黎协定》的谈判亦如此，发达国家认为损失与损害应当在适应气候变化项下，并且反对任何明示或暗示补偿责任的段落、反对在损失与损害条款中提及《气候公约》的原则和条款，反对成立损失与损害的新机构，反对提及气候移民安置问题。发达国家缔约方还提出，损失与损害条款下必须要有补偿责任豁免段落，否则会影响其国内对《巴黎协定》的正式批准和认可。[4]最终，巴黎气候变化大会的相关决定中明确认定《巴黎协定》中的损失与损害条款不涉及且不能作为补偿责任的

〔1〕 USA, Views and information on elements to be included in the work programme on loss and damage. Submissions from Parties and relevant organizations. FCCC/SBI/2011/MISC8, September 21, 2011 (last visit May 12, 2020).

〔2〕 EU, Views and information on elements to be included in the work programme on loss and damage. Submissions from Parties and relevant organizations. FCCC/SBI/2011/MISC8/add1, November 14, 2011 (last visit May 12, 2020).

〔3〕 Norway, Views and information on elements to be included in the work programme on loss and damage. Submissions from Parties and relevant organizations. FCCC/SBI/2011/MISC1, April 19, 2011 (last visit May 12, 2020).

〔4〕 参见陈敏鹏等："《巴黎协定》适应和损失损害内容的解读和对策"，载《气候变化研究进展》2016年第3期。

基础。

损失与损害问题在《坎昆适应框架》的内容中仍然作为适应问题的一部分被规定。然而损失与损害并不适合作为适应的一部分存在。损失损害与适应的侧重点不同。适应的重点在于各国自主提供资金、技术和建设能力的支持以帮助发展中国家适应气候变化。而损失与损害主要是通过制定规则，帮助遭受气候变化损害的国家和个人得到其应有的补偿与赔偿。其中可以被避免的损害也许能够通过适应的方式得以避免，而不可避免的损失部分是无法通过适应气候变化的手段解决的，损失与损害问题被独立成章写入协定更突出损害补偿赔偿的意义。损失与损害应当与适应有着同等的地位与重要性。

华沙气候大会建立的华沙机制虽说是为了处理气候变化不利影响相关的损失与损害，但其内容并未涉及如何处理这种损失损害。这就表明如果发展中国家遭受因全球气候变化引起的自然灾害，受损国能够通过此机制的规定得到拨款，但这笔款项不同于"补偿"，只是在灾害来临时得到外界援助。在《巴黎协定》第8条中，损失与损害作为气候变化领域的重要部分被单独写入规定。《巴黎协定》搭建了2020年后全球损失与损害制度安排的基本框架，督促缔约方增强对气候变化不利影响导致的损失与损害问题的理解、行动和支持，其相关领域包括：早期预警系统、应急准备、缓发事件、可能涉及不可逆转和永久性损失损害的事件、综合风险评估和管理、风险保险机制、气候风险分担安排和其他保险方案、非经济损失以及社区、生计和生态系统的恢复力。[1]但基于发达国家的极力反对，在缔约方会议决议中的损失与损害部分明确了《巴黎协定》损失与损害条款不涉及任何责任或者赔偿，也不为任何责任或者赔偿提供依据，并邀请华沙机制的执行委员会设立保险和风险转移的信息交换所以及处理气候移民问题的工作组，以促进缔约方制定和实施综合风险管理战略并避免、尽量减少和处理与气候移民相关的问题。[2]

损失与损害得以在《巴黎协定》中单成章节独立规定，是气候变化领域的重要发展，也可以视为共同但有区别责任及各自能力原则的新动向。自此，

---

〔1〕　UNFCCC, Adoption of the Paris Agreement (Decision 1/CP. 21), FCCC/CP/2015/L. 9/Rev. 1, December 12, 2015 (last visit May 15 2020).

〔2〕　UNFCCC, Adoption of the Paris Agreement (Decision 1/CP. 21), FCCC/CP/2015/L. 9/Rev. 1, December 12, 2015 (last visit May 17, 2020).

损失损害与减缓、适应并列为气候变化领域的三大支柱，成为完善气候变化所致影响的应对措施。限于《巴黎协定》的局限性，协定继续沿袭了长期以来发达国家的思路，对气候变化损失与损害问题限于原则性的规定和倡导，并未深入涉及此规定的实现路径、归责体系及实施效力等具体问题。小岛屿国家和最不发达国家难以通过气候变化国际法相关条款追究发达国家的责任，华沙机制虽说是为了处理气候变化相关的损失与损害而建立，但并未涉及对于这些行为后果的责任的定性、分配规定。

由于发达国家集体的坚持，气候变化损失与损害问题的责任并没有被认定为由国际不法行为引起的国家责任，甚至不被发达国家承认为国际损害赔偿责任，只是以补偿的名义对受损害严重的国家进行"人道主义的援助"。弱势的发展中国家虽然已经在公开场合多次要求发达国家承担其应当承担的历史责任、现实责任，但国家的政治经济实力是国际话语权的直接体现，弱势国家在表达自身需求的同时，仍然在各个方面受到发达国家的掣肘，在补偿与赔偿的落实工作中难以持续推进。鉴于损失与损害问题的快速发展，在现行气候变化国际法的体系下进一步从赔偿责任的角度落实损失与损害问题难度很大。《巴黎协定》第 8 条将损失与损害与减缓、适应并列的处理方式，也使得建立气候变化损失损害基金成为可能，即用专项基金的形式为易受气候变化极端不利影响的小岛屿国家、最不发达国家等提供资金。

第三节　考虑发展中国家特殊需要原则

一、考虑发展中国家特殊需要原则的源流

1972 年于瑞典首都斯德哥尔摩通过的《联合国人类环境会议宣言》强调了人类对环境的共同责任后，在第 12 项原则又规定："应筹集资金来维护和改善环境，其中要照顾到发展中国家的实际情况和特殊性，照顾到他们由于在发展计划中列入环境保护项目而产生的任何费用，以及应他们的请求而供给额外的国际技术和财政援助的需要。"《气候公约》也在第 3.2 条明确规定，"应当充分考虑到发展中国家缔约方尤其是特别易受气候变化不利影响的那些发展中国家缔约方的具体需要和特殊情况"。

关于发展中国家的特殊需要原则紧随这共同但有区别责任原则被安排在

第 2 款。公约在一般性提及发展中国家缔约方之后，明确地强调了易受伤害的发展中国家缔约方。气候公约中"易受影响（vulnerable）"一词先后 4 次出现，1 次在序言，3 次在正文，分别是第 3 条原则 1 次，第 4 条承诺 2 次。其中序言和原则中的表述比较宏观，第 4.4 条则明确指出，"附件二所列的发达国家缔约方和其他发达缔约方还应帮助特别易受气候变化不利影响的发展中国家缔约方支付适应这些不利影响的费用。"这里明确地指出了，帮助特别易受伤害的发展中国家缔约方支付适应不利影响的费用。《巴黎协定》也对发展中国家的特殊需要有所规定。在序言中分别提到，"尤其是那些特别易受气候变化不利影响的发展中国家缔约方的具体需要和特殊情况"和"充分考虑到最不发达国家在筹资和技术转让行动方面的具体需要和特殊情况"。

通过上述梳理我们可以发现，考虑发展中国家特殊需要原则的关注对象从《联合国人类环境会议宣言》一般性的泛泛所指所有发展中国家到逐步地细化，在《气候公约》中将易受不利影响的发展中国家从一般性的发展中国家当中剥离出来，在《巴黎协定》中除了强调易受不利影响的特别脆弱的发展中国家之外，还增加了最不发达国家。

二、考虑发展中国家特殊需要原则的内涵

对发展中国家进行分类一直是发达国家的主张，不仅仅在联合国主持的应对气候变化国家合作当中，也在多边世界贸易体制、发达国家的普惠制等多个领域得到体现。《气候公约》并未对发展中国家进行界定，在公约附件一列出的国家名单之外的国家通常被认为是发展中国家。这些国家的数目在 150 个左右。《气候公约》采用了"发达国家"与"发展中国家"两大阵营的基本分类方法。[1] 由于发展中国家阵营内部成员众多，彼此间不可避免地就不少问题存在着一定的矛盾和分歧，但在以中国、巴西、印度、南非、墨西哥等为代表的发展中大国的努力协调之下，也往往能够就发展中国家关心的问题基本达成一致意见，以一个整体阵营的形式出现。

随着气候变化国际谈判进程的深入，发展中国家阵营内部的立场也开始出现分化，意见不完全一致，一些发展中国家主张，发展中国家也应拿出具

---

〔1〕 See Daniel M. Bodansky, "the United Nations Frame Convention on Climate Change: A Commentary", *Yale Journal of International Law*, Vol. 18, 1993, p. 506.

体减排措施来，如帕劳、马绍尔群岛等四十多个小岛屿国家组成的小岛屿国家联盟（AOSIS）[1]。这些小岛屿国家和最不发达国家一道积极主张和要求所有发展中国家，改变在《京都议定书》中不承担减排承诺的现状，在新一轮的气候变化谈判中承诺减排温室气体，以应对全球变暖带来的海平面上升及其灾难性后果。在2015年底巴黎气候大会上出现了一个由发达国家和发展中国家共同组成的新集团，里面包括欧盟、美国和79个非洲、加勒比海和太平洋国家，自称为"雄心壮志联盟"（High Ambition Coalition）。这个联盟的出现，改变了以往气候变化国际谈判中，发展中国家往往聚集在"77国加中国"的旗帜下出现，集体为发展中国家争取权益的局面。

虽然发展中国家内部小集团一直存在，[2]但发展中国家与欧盟、美国等发达国家组成气候变化谈判集团的做法从根本上改变了以往发达国家与发展中国家两大阵营的基本分野，使得发展中国家分类成为现实。按照《巴黎协定》的安排，发展中国家可以分为三类，第一，对气候变化不利影响特别脆弱的发展中国家。[3]如小岛屿国家联盟包括的那些发展中国家。这些岛国生态环境脆弱、国土面积狭小、易受海平面上涨侵蚀且自身工业不发达，温室气体的排放总量和人均排放量都非常低，故其迫切要求尽快降低全球温室气体的排放，阻止全球气候的进一步变暖；第二，最不发达国家。最不发达国家的概念最初出现于1971年的联合国第2768号决议案，联合国经济及社会理事会每三年根据发展政策委员会的建议对"最不发达国家名单"作一次审查。目前，全世界经联合国批准的最不发达国家总共有47个，[4]主要分布在

---

〔1〕 小岛屿国家联盟（AOSIS）官方网站，https://www.aosis.org/，最后访问日期：2019年9月21日。

〔2〕 基础四国、小岛屿国家联盟、最不发达国家、雨林国家联盟等一样都是应对气候变化国际合作中的发展中国家内部的小集团。中国、印度、巴西和南非四个主要发展中大国组建了"基础四国"机制。该机制的正式组建于哥本哈根气候大会前，四国负责气候变化的部长首次在北京共商参加哥本哈根气候大会的基本立场，准备"基础四国"案文，宣布了"基础四国"磋商机制正式成立。参见柴麒敏等：《"基础四国"：从哥本哈根到巴黎的气候之路》，中国计划出版社2016年版，第3~6页。

〔3〕 《气候公约》在序言中列举了易受气候变化不利影响的国家类型，包括地势低洼国家和其他小岛屿国家、拥有低洼沿海地区、干旱和半干旱地区或易受水灾、旱灾和沙漠化影响地区的国家以及具有脆弱的山区生态系统的发展中国家等。鉴于小岛屿国家在气候变化国际合作中具有一定代表性，本文集中讨论小岛屿国家。——笔者注。

〔4〕 联合国官方网站，https://www.un.org/ldcportal/least-developed-countries/，最后访问日期：2019年12月6日。

非洲、亚洲、大洋洲。一些最不发达国家同时也是小岛屿国家。第三，一般发展中国家。主要包括剔除前两类国家之后剩下的发展中国家。

发展中国家的特殊需要从逻辑上分析，可以包括具体的减排义务、资金、技术和能力建设支助等诸多方面。在《气候公约》及《京都议定书》时代发展中国家的特殊需要以不承担具体温室气体减排义务为主，提供气候资金、技术和能力培训为辅。在《巴黎协定》时代，通过双边和多边渠道为易受气候变化不利影响的发展中国家提供更多的资金成为考虑发展中国家特殊需要的主要方式。

三、考虑发展中国家特殊需要原则与资金机制

考虑发展中国家特殊需要原则与资金机制提供气候资金有着愈发紧密的联系，在考虑发展中国家特殊需要原则指引之下的气候资金机制应当主要从以下几个方面入手：

（一）特别脆弱的发展中国家和最不发达国家的需要适应资金

提供气候资金给气候变化不利影响下"易受影响"的发展中国家。"易受影响"的概念本身就暗示涉及的资金应是适应资金。然而，事实上气候变化国际法相关的公约和协定所确定的目标是控制气温升高幅度在 1.5℃-2℃之内。为实现这个目标需要具有全球效益的温室气体减排。升温目标的存在使得气候资金的主体部分是减缓资金。控制全球升温目标的实现主要依赖于减少温室气体的排放或通过技术手段减少大气中的温室气体，用于发展中国家减缓温室气体排放的项目和行动的减缓资金与该目标直接相关。而适应资金通常认为是帮助发展中国家适应气候变化的不利影响，对造成气候变化的温室气体排放并无直接影响。发达国家一般只认可适应资金具有当地效益，而不认可其具有全球环境效益，对提供适应资金的兴趣不高。

气候资金机制应当注重对适应资金的提供，改变一直以来过于关注减缓资金的状况。目前在《京都议定书》之下专门设立的适应基金，资金主要来自清洁发展机制的收益，由全球环境基金经营。随着《京都议定书》第二承诺期于 2020 年期满，清洁发展机制何去何从还不确定，适应基金的主要来源也可能面临断供的危险。全球环境基金一直重视减缓资金，适应基金今后的发展需要引起发达国家的重视。新设立的绿色气候基金，非常重视适应资金。

对适应资金的提供曾经提出过与减缓资金同等数量提供的目标。这样的目标安排很吸人眼球，但是其最终效果如何还有待进一步观察。

最不发达国家的特殊需要也有类似问题。按照联合国发展政策委员会确定的最不发达国家三项识别标准，其中人均收入标准、经济脆弱性标准两项与经济有关。最不发达国家缺乏工业的现状也说明其温室气体排放量非常有限，对气候资金的需求也主要表现在适应资金方面。为了满足最不发达国家的特殊需要，气候公约第七届缔约方大会设立了最不发达国家基金，以提供适应资金为主要任务。[1]该基金也是由全球环境基金经营，面临着筹集适应资金的难题。

（二）气候资金的提供转向发展中国家需求导向

气候资金机制的建构、运行受到发达国家主导，发达国家对气候资金分配设定了复杂的实体和程序规则，其最大特点是基于表现的导向。只有以满足发达国家通过气候资金机制设置的各种条件，方可获得气候资金。无论是全球环境基金还是绿色气候基金，虽有所区别，但基本上皆是如此。《巴黎协定》对发展中国家需求的特殊强调，明确了应对气候变化国际合作要求不仅仅追求降低全球气候升温，也需要考虑发展中国家的需要，特别是在适应资金方面的需要。气候资金的提供从满足发达国家需要以结果为导向，转为考虑发展中国家特殊需要。

（三）气候资金的分配还要考虑发展中国家的发展战略的需要。

发展中国家中的最不发达国家和特别易受气候变化不利影响的国家与一般发展中国家的需要有所区别。一般发展中国家还具有一定经济基础，面临着继续发展本国经济社会文化的战略需求，通常都会制定本国的发展战略。这些经济社会发展战略会根据国家的差异有所不同，因此，气候资金机制在提供气候资金的时候，应考虑发展中国家的发展战略所确定的重点发展方向，努力寻找气候资金机制的提供标准与发展中国家的发展战略之间的交集和共同点。以便在实现减排温室气候目标的同时，更好地实现符合发展中国家自身定位的发展。

---

〔1〕 FCCC, Decision 27/CP7.

第四章

气候资金机制的实体性制度与规则

实体性制度与规则是指调整法律关系主体权利义务的规定。这些制度和规则在《气候公约》及《京都议定书》《巴黎协定》中比比皆是，占据主要内容。通过对气候变化资金机制相关国际法理论、原则的阐述和具体条款规定的分析，我们可以明确各缔约方、国际组织在资金机制之下的权利和义务。气候资金机制有关的制度规则分为实体性制度和的程序制度。虽然通常认为，气候资金法的实质性和程序性部分是共同发展的，但事实上它们可以有相当独立的发展进程。从《气候公约》条款规定的顺序上也可以说，广义上的实质性权利义务规则可以预先存在于详细的程序规则之前。

第一节　资金机制的实体规则的流变

气候资金有关的实体性条约条款首先是在《气候公约》中出现。《气候公约》第 4.3 条对于气候资金承诺的规定，在第一章中进行了详细讨论，这里不必再赘述，该条提到"资金流动需要充分和可预测性以及发达国家缔约方之间适当分担负担的重要性"。这显然是一项关于气候资金重要的实质性条款。《气候公约》第 11.3（d）条是一项部分实质性规定，它要求缔约方会议与全球环境基金合作，以便"以可预测和可认定的方式确定履行本公约所必需的和可以得到的资金数额，以及定期审评此数额所应依据的条件"。技术转让（第 4.5 条）与气候资金有关，学界有时也将其视为其中一种；它是另一个实质性规定，也是"应该"性质的条款。《气候公约》第 4.7 条规定了发展中国家履行其承诺，以发达国家气候资金承诺的"关于有效履行"为条件。它也属于实质性调控范畴。同时，公约第 12.4 条规定，"发展中国家缔约方可在自愿基础上提出需要资助的项目"。这是 2009 年哥本哈根会议之前盛行的"自愿主义"的文本基础之一。

在公约缔约方会议随后通过的决议中，这些实质性规定得到了进一步的阐述，在 2009 年"哥本哈根世界气候大会"达成《哥本哈根协议》之前没有重大进展。在 2010 年坎昆会议上，《哥本哈根协议》被修改后纳入了会议通过的《坎昆协议》和其他决定中。最后，在《气候公约》的实质性类别中，第 11.1 条建立了"在赠款或优惠基础上提供资金资源的机制"。实质性内容是，气候资金的性质是一项赠款或一项具有（未指明的）赠款等价部分的工具。

在此之前，《哥本哈根协议》试图成为《京都议定书》第一承诺期（2008-2012 年）结束后和新的全球气候变化条约（2013-2020 年期间）开始实施之间的桥梁。签署协议的国家同意在公平的基础上，将全球气温上升控制在 2℃以下。这是气候国际法实体规则的一个重大发展。以下段落包含了《哥本哈根协议》关于气候资金的大部分实质性条款的内容：

> 应根据公约的有关规定，向发展中国家提供扩大规模的、新的和额外的、可预测的和充足的资金，并改善获得资金的机会，以便能够和支持加强缓解[和]适应方面的行动。……以加强公约的执行。发达国家的集体承诺是提供新的和额外的资源，包括林业和通过国家间机构进行的投资，2010-2012 年期间接近 300 亿美元，在适应和缓解之间进行平衡分配。……在采取有意义的缓解行动和提高执行透明度的背景下，发达国家承诺到 2020 年每年共同筹集 1000 亿美元，以满足发展中国家的需要。[1]

它给出了 2013-2020 年期间"必要资金"数额的数字表示，同时继续让这些资金负担分担问题悬而未决。然而，与过去气候资金提供相比较，其重大突破是消除了自愿性，明确规定了"应向发展中国家提供[用于]加强缓解行动"的资金是指应采取减排行动的资金。《哥本哈根协议》没有明确规定哪个发达国家将提供多少气候资金，同样也没有明确规定哪个发展中国家将承担多少减少温室气体排放的指标。该规定还隐含的实质性要求是，气候资金应用于普遍缓解行动。与此同时，提供气候资金的强制法律义务的障碍——自

---

〔1〕 FCCC, Decision 2/CP.15 (2009), Copenhagen Accord, FCCC/CP/2009/11/Add.1, para. 8.

愿主义，也没有被完全清除，在此被部分保留下来。

随后公约缔约方大会在坎昆会议上决定采纳《哥本哈根协议》的内容，用了三个单独段落来说明发展中国家采取缓解行动的必要性。[1]这只是一项"自愿"义务，其规定"发展中国家缔约方将采取适合本国的缓解行动"。尽管如此，作为发达国家提供气候资金的对等行动而存在，仍然足以说明气候资金自愿主义的终结。

2015年底通过的《巴黎协定》在气候资金上的实质性规定主要体现在协定第9.1条。该条规定体现了连续性，而不是变更气候资金提供国的国家义务："发达国家缔约方应为协助发展中国家缔约方减缓和适应两方面提供资金，以便继续履行在《气候公约》下的现有义务。"第8条采用《气候公约》的资金机制不变。第9.3条要求各国在调集气候资金方面"超过先前的努力"，该规定体现了实际改变，要求增加提供气候资金的数额。尽管要在气候资金的提供上要付出更多的努力，但其规定体现了连续性。《巴黎协定》在提供气候资金义务的主体上，超出了《气候公约》附件二国家的范围，将其表述为发达国家集团。自坎昆会议以来，这一国家集团一直是资金义务的非正式主体。坎昆会议在敦促各国提供气候资金或提供更多气候资金时，通常将其作为提供的主体，非正式地取代了《气候公约》所偏爱的范围固定的附件二国家，从而悄悄地将提供气候资金的义务扩大到所有发达国家。

在巴黎召开的气候变化大会上通过的决定包含了一个增加气候资金提供量的规定："发达国家打算在有意义的减缓行动和实施透明的情况下，继续通过2025年的现有集体动员目标；2025年之前，《巴黎协定》各缔约方会议应在每年1000亿美元的基础上制定一个新的集体量化目标。"《巴黎协定》第13.11条本身规定，"各缔约方应参与促进性的多方审议，以对第九条下的工作以及各自执行的实现国家自主贡献的进展情况进行审议"。《巴黎协定》关于气候资金供应的主要条款提高了气候资金筹措强度，其计划是在希望各缔约方在同侪压力下自愿认捐。

概而言之，发达国家有义务在气候资金的提供方面继续率先采取行动。

---

　〔1〕　FCCC（2010），Decision 1/CP. 16, The Cancun Agreements: Outcome of the Work of the Ad Hoc Working Group on Long-Term Cooperative Action under the Convention, FCCC/CP/2010/7/Add. 1, paras 2 (d), 48, 52.

2020-2025 年，每年至少 1000 亿美元的气候资金目标总体不变。这表明，在下一个五年之前，气候资金提供的规模基本保持不变。由于缺乏实现 2020 年气候资金目标的具体途径，各方只是被敦促制定一个"具体路线图"。每年 1000 亿美元的目标是《哥本哈根协议》中的一种上限，现在已经成为一个底线，但没有一个新的高目标作为补充。正如《巴黎协定》所述，气候资金的继续提供和加强提供取决于发展中国家所采取措施的意义和透明度，而不是提出其他新的标准。因此，可以说关于气候资金的提供，连续性大于变化。

《巴黎协定》并没有推动关于气候资金国家间分担义务这一实质性问题的法律规定。到 2020 年以后每年继续提供至少 1000 亿美元的目标，并将其保持在至少至 2025 年，这一气候资金提供目标并未在发达国家之间进行分摊，也没有任何迹象表明将有任何具体方式可以分担总数确定的气候资金负担。在《巴黎协定》之外的巴黎气候大会上的决定曾概括性地提出发达国家对发展中国家减缓努力提供资金的一种以承诺为基础的机制。

2℃ 的升温极限也可以视作是另一个与气候资金相关的实质性法律问题。在"哥本哈根世界气候大会"之前，《气候公约》缔约方没有承认气候资金与温室气体排放目标之间的联系。"哥本哈根世界气候大会"之后，新设立的 2℃ 限制开始被提及与气候资金有关。在《巴黎协定》的基础上，为支持发展中国家的减缓气候变化的努力而筹集的气候资金与商定的气候变暖上限之间，首次正式建立了联系。协定第 2 条，要求将全球平均气温的上升保持在远低于 2℃ 的水平，同时使气候资金流动符合温室气体低排放和气候适应型发展的路径。

《巴黎协定》根据《气候公约》及其后续缔约方大会所作决定的内容和精神确定条约文本，它的生效提升了有关气候资金的实体法制度和规则的水平。《巴黎协定》肯定了"哥本哈根世界气候大会"后的主流想法，认可气候资金对于避免"危险的"全球升温至关重要。由于该协定终止了公约附件一与附件二国家之间的区别，因此先前的实质性义务已被扩大，开始正式适用"发达国家"的范畴。然而，在提供的气候资金数额或各国如何分担气候资金负担方面，几乎没有什么新的进展。2013-2020 年期间《京都议定书》第二承诺期所建立的气候资金提供制度仍在继续，只是通过提出"促进性的、多边的进展考虑"这样的字眼从形式上予以加强。关于在气候资金中提出的将减缓优先于适应的问题，《巴黎协定》还是采用了旧的模式，在第9.4条规定"实现适应与减缓之间的平衡"。

巴黎气候大会的决定设立特设工作组，推动协定实施细则的制定。在2018年底波兰卡托维兹举行的气候大会上，协定缔约方根据所谓的《巴黎协定》工作方案（PAWP）通过详细的决定，详细说明其如何执行。涉及气候资金的主要内容是气候资金的总量和气候资金提供的透明度规则。[1]

第二节　关于气候资金认定标准的争议

一、气候资金的认定标准问题

《气候公约》及其它法律文件共同构成了当今世界各国应对气候变化的法律体系，有大量条款涉及气候资金及其额外性。《气候公约》第4条是关于各缔约国承诺的规定，其中第3款规定："附件二所列的发达国家缔约方和其他发达缔约方应提供新的和额外的（new and additional）资金，以支付经议定的发展中国家缔约方为履行第十二条第1款规定的义务而招致的全部费用。它们还应提供发展中国家缔约方所需要的资金。包括用于技术转让的资金，以支付经议定的为执行本条第1款所述并经发展中国家缔约方同第十一条所述那个或那些国际实体依该条议定的措施的全部增加费用。"并在《气候公约》第11条规定了资金机制。学界公认，资金机制是气候谈判的核心议题，其关键博弈点主要体现在三个方面：资金的来源、资金的规模及资金治理机制。[2]但《气候公约》及其相关法律文件对于气候资金目前并没有直接界定，鉴于私人气候资金来源太广，在追踪、统计上难度很大，私人也不是气候变化国际法的主体，发达国家提供的公共资金又构成《气候公约》下气候资金的主要部分，本文讨论气候资金的来源，也就是如何保证发达国家提供的公共气候资金。

《京都议定书》第11.2条、《巴厘岛行动计划》第1（e）部分、《哥本哈

---

〔1〕　See Ralph Bodle and Vicky Noens, "Climate Finance: Too Much on Detail, Too Little on the Big Picture?", *Carbon & Climate Law Review*, Vol. 12, No. 3., 2018, pp. 248-257.

〔2〕　参见潘寻等："中国在气候变化谈判资金机制演变进程中的挑战及应对"，载《中国人口·资源与环境》2013年第10期。

根协议》第 8 段、《坎昆协议》第 2. d 条等都提到了发达国家应当提供"新的和额外的"气候资金给发展中国家。由于气候资金的重要性，在《哥本哈根协议》中，发达国家承诺在 2010-2012 年每年向发展中国家提供"快速启动"资金 100 亿美元；在 2013-2020 年间，每年提供 1000 亿美元"长期"资金。"在联合国气候变化谈判中发达国家给出明确的资金支持数额，这还是第一次"，[1]却未明确各个发达国家将出资多少以及这些资金的具体来源。《坎昆协议》虽正式明确了发达国家集体的气候资金承诺，赋予其法律约束力，但在明确气候资金数额的同时，也只笼统规定了调集、提供"新的、额外的、比例增大的、可预期的和可持续的财政资金帮助发展中国家减缓和适应气候变化"，在相关重要术语的界定上没有进展。

（一）新的气候资金

《气候公约》及其相关规定在提到气候资金的时候，通常都是以"新的、额外的"这样的词汇加以限定。如能对这两个修饰语加深理解，就能达到明确气候资金含义、理顺发达国家与发展中国家权利义务的目的。根据《牛津现代高级英汉双解词典》，新的有"未有过的"之含义。协议中所说"新的"是指那些相对于过去的和已经存在的与气候变化相关的资金不同的气候资金。

在《哥本哈根协议》中，发达国家承诺在 2010-2012 年每年向发展中国家提供"快速启动"资金 100 亿美元；在 2013-2020 年间，每年提供 1000 亿美元"长期"资金。这些气候资金虽然未能明确具体国家的出资比例，但是其来自发达国家缔约方是没有疑义的。发达国家缔约方所集体承诺的气候资金相较于此前提供的气候资金在数量上明显提升了一个数量级。这些增加的气候资金自然属于"新的"气候资金。

从气候资金机制的经营实体上看，于哥本哈根气候大会之后成立的绿色气候基金独立于已经存在的全球环境基金。绿色气候基金所提供的气候资金是不同于以往通过双边途径提供和通过全球环境基金提供的气候资金，显然符合"新的"气候资金的标准。

---

〔1〕 参见曾文革："《哥本哈根协议》的国际法解析"，载《重庆大学学报（社会科学版）》2010年第 1 期。

（二）额外的气候资金

关于额外的气候资金，根据《牛津现代高级英汉双解词典》"额外的"是指"外加的、附加的、另加的"。我们认为，气候资金的额外性，在实践当中主要指为应对气候变化而筹集的资金是在早已存在的、用于经济和社会发展的官方发展援助资金和其他生态环境资金之外另加的。

2009 年哥本哈根大会之后，发达国家史无前例地承诺将提供总数多达数千亿美元的气候资金。这些承诺相对于此前已经提供的气候资金而言可能是"新的"，但是是否符合"额外的"则问题颇多。《气候公约》的缔约方目前还没有形成清晰、确定的关于"额外的"的认识。"额外的"一词固有的复杂性在于在确定发达国家是否把一直存在的按照千年发展目标提供的官方发展援助也算成了气候资金。气候资金的额外性与不同缔约方的权利和义务密切相关，直接影响到发展中国家参与应对气候变化国际合作的意愿，也关系到国际发展资金的提供。

二、气候资金额外性的认定

气候资金没有严格的界定。在目前的国际实践中，不同国家、各种组织、机构从各自立场出发使用不同的定义，导致气候资金与发展援助混同，额外性难以确定。这在《气候公约》的资金常设委员会 2014 年底第一次发布的《气候资金流动双年度评估和总览》中得到充分的体现。例如，官方发展援助的定义者和主要提供者——经济合作与发展组织发展援助委员会，其成员都是发达国家。这些国家也把其提供给发展中国家的某些的双边援助以所谓的"与气候有关的发展援助"（Climate-related ODA）的名义报告给了《气候公约》下的资金常务委员会，统计到发达国家所承诺提供的气候资金当中。如发展援助委员会成员所资助的以气候变化减缓为"首要"目标的项目从 2007 年的 22 亿美元增长为 2010 年的 135 亿美元；以适应气候变化为目标的项目投入资金从 2010 年的 85 亿美元增长为 2012 年的 101 亿美元；这期间投入以减缓和适应气候变化为共同目标的项目资金则价值在 36 亿美元–42 亿美元。[1] 这

---

〔1〕　经济合作与发展组织发展援助委员会官方网站，http://www.oecd.org/dac/development-assistance-committee/，最后访问日期：2019 年 12 月 9 日。

部分资金首先是发展援助，由经合组织的发展援助委员会统计，显然这些发展援助又以气候资金的名义被资金常务委员会重复统计到发达国家所作出的资金承诺当中。

在理论上，气候资金与发展援助二者之间存在广泛联系。在发达国家目前的实践当中，气候资金与发展援助存在大量的交集。关于官方发展援助，经济合作与发展组织（OECD）的发展援助委员会（DAC）有个明确的定义。所谓官方发展援助是指"发达国家为发展中国家提供的，用于经济发展和提高人民生活的，赠与水平25%以上的赠款或贷款。"官方发展援助的主旨在于通过提供外来援助的方式来帮助受援国解决在自身发展过程中所面临的经济、社会、政治、环境等方面的各种问题，推动减少贫困。《联合国千年宣言》要求工业化国家"提供更为慷慨的发展援助"。2002年的蒙特雷发展筹资问题国际会议、可持续发展世界首脑会议以及2015年的亚的斯亚贝巴发展筹资问题国际会议都重申了这一呼吁，世界各国领导人承诺"做出切实的努力，实现将国民总收入的0.7%用于官方发展援助的具体目标"。这些目标还在不同的国际会议和场合得到了重申。

（一）上述情况的出现，使得气候资金的额外性在确认上存在大量问题

1. 目标

二者存在大量交集。发展援助的目标广泛。2000年9月，在第55届联合国大会举行的千年会议上，189个国家正式签署《联合国千年宣言》（联大第55/2号决议），列出了8大关键目标，既包括了发展和消除贫困，也包括保护共同的环境。美国国务院和国际开发署在2010年发布首份的《四年外交与发展评估报告》中指出美国在六个领域强调受援国的发展，分别是：可持续经济增长、粮食安全、全球卫生、气候变化、民主治理和人道主义援助。气候变化只是其中的援助目标之一。

气候资金的使用在目标上相对集中，主要是用于气候变化的减缓和适应。这些活动的开展与发展援助资助的活动有很多的重合之处。许多气候变化的不利影响如海平面上升、极端的天气、持久干旱等在全世界都开始频繁出现，对相对贫困、落后的发展中国家影响更大。气候变化的不利影响也对这些国家反对贫困的努力带来更多威胁。许多发展中国家本身就具有的治理能力低下、高贫困率和制度缺失等问题，使得气候变化的不利影响对他们而言影响

更甚。而上述这些领域都是发展援助的针对目标，因此，在气候变化不可避免的情况下，发展也是应对气候变化能力不可缺失的组成部分。

2. 提供方式

《气候公约》之下的资金机制包括了全球环境基金、气候变化特别基金、最不发达国家基金和适应基金等，新的绿色气候基金也于 2010 年诞生，正在快速地成长。这些资金机制之下的基金，是独立于国家的。特别是新成立的绿色气候基金，被发展中国家寄予厚望，逐渐成为多边气候资金的主渠道。但发达国家基于国家影响力的考虑，更愿意以双边形式提供气候资金。如绿色气候基金，2015 年初经过不懈努力终于筹集了 100 亿美元。美国奥巴马政府为绿色气候基金的认捐气候资金金额超过其他国家总和，但是 2017 年特朗普政府上台后撤销了 20 亿美元供资承诺，并且拒绝进一步提供气候资金。气候资金常务委员会的报告中，也认为双边形式提供的资金占据了比公共气候资金更高的比例。双边的提供方式也为发达国家在提供过程中将气候资金与发展援助混同提供了空间。

二者都是双边为主，多边为辅。发展援助主要是通过双边的方式，由发达国家自行向发展中国家提供；世界银行集团内的国际开发协会（IDA）提供的多边援助，也属于发展援助。自 1960 年成立以来，共发放了 1520 亿美元的信贷和赠款，近年来平均每年发放 70 亿美元-90 亿美元。经济合作与发展组织（OECD）发展援助委员会（DAC）发布 2014 年成员国的官方发展援助（ODA）净额总计为 1352 亿美元。[1]

（二）气候资金与发展援助的性质区别

气候资金的提供，从性质上讲，具有法律约束力。在《气候公约》及《京都议定书》中都提到了气候资金，并建立资金机制。尽管发达国家关于 2009 年每年 100 亿美元快速启动资金和 2012 年后每年 1000 亿美元长期资金的承诺最先出现在不具有法律约束力的《哥本哈根协议》当中，但是很快被具有法律约束力的《坎昆协议》以及后来的气候协议所确认。目前气候资金最大的问题是法律约束力还需要进一步增强的问题，需要明确其适用的条件和方式，增强其透明度，减少其模糊性。

---

〔1〕　经济合作与发展组织官方网站，http://www.oecd.org/，最后访问日期：2019 年 12 月 1 日。

对于官方发展援助，外交的政策目标是统帅和灵魂，其中的经济成分是实现外交政策目标的物质载体。[1]总体上看，发展援助提供主要取决于国家意志，政治性较强。规定提供发展援助的多为一些国际组织的宣言和决议，对其进行规定的国际协议都没有直接的法律约束力，体现国家的一种姿态，性质上讲是一种道德义务，至多构成一种"软法"，尚不具备直接的法律约束力。

可见，正是由于二者在提供主体、目标和方式等形式方面的诸多相似之处，而区别则主要表现在法律性质上。气候资金机制法治建设的滞后使得实践当中，同一笔资金既被当作发展援助也被当作应对气候变化的资金的实例多次出现，甚至可以用常见来形容。这些状况的出现有制度缺失的漏洞所致，也有保持模糊刻意为之，这都使得发达国家的资金承诺大打折扣。

三、主要国家在额外性上的实践

气候资金常设委员会为制作报告收集、汇总和分析来自不同国家和不同方面的信息，遇到了大量挑战，如这些信息来源在提供气候资金相关的信息时都使用自身定义、提供的报告有自己的体系和方法。这些提供渠道和工具的广泛性对量化、评估气候资金构成了挑战。发达国家当中的欧盟及其成员国和美国在气候变化国际谈判领域是两股主要领导力量，二者在气候资金额外性上的做法形成了各自的特色，颇具代表性，值得我们关注。

（一）欧盟及其成员国

欧盟及其成员国是发展中国家气候资金最大的捐助方。[2]在气候变化与千年发展目标国际谈判当中，欧盟都已经并将要发挥重要的领导作用。对于气候资金额外性的界定，欧盟率先进行了一定探索，值得我们关注。欧盟一直以推动气候变化国际合作的旗手自居。早在里约地球峰会上形成1992年《气候公约》之初和随后推动《京都议定书》谈判、签署、批准和生效的过程中，欧盟都发挥了积极领导作用。欧盟自认为是全球应对气候变化的最主

---

〔1〕　参见周永生："官方发展援助的政策目标"，载《外交学院学报》2002年第4期。

〔2〕　European Commission, "International Climate Finance", https://ec. europa. eu/clima/policies/international/finance_ en（last visit May 15, 2020）.

要推动力量。

2009 年"哥本哈根世界气候大会"给欧盟在应对气候变化国际合作中发挥领导作用的定位以极大的打击。尽管欧盟签署了《哥本哈根协议》，但其在最后的高级别谈判中被边缘化，并没有参加到美国和中国领导的主要排放经济体之间的最后谈判。欧盟坚持主张形成一个单一的具有法律约束的协议遭到了发展中国家，特别是基础四国的坚决反对。欧盟的气候战略被认为是太规范、僵硬和以欧洲为中心。欧盟想要其他国家接受减少排放目标但缺乏讨价还价的筹码，如提供"额外的资金和贸易措施"。"哥本哈根世界气候大会"之后，欧盟进入了对其国际气候谈判方式反思的时期。为了保持和扩大影响，欧盟在提供对外气候资金方面加大了力度。

欧盟及其成员国在 2007 年后开始使用"混合（blending）"资助政策工具，其将给予援助和贷款联系起来。欧盟 2014-2020 年预算的一个主要变化是其承诺将至少 20% 的资金用于气候相关的活动。而且，气候行动将会被整合进所有欧盟的政策，包括官方发展援助（ODA）。该举措被评价为"这是气候行动总司的一个战略性成就，因为其涉及整个欧盟预算，也包括欧盟发展基金预算。"气候资金要提供给主题性和地域性的项目。气候资金的主体通过双边项目分发给伙伴国和区域国际组织。

欧盟、欧盟成员国（包括英国）和欧洲投资银行是发展中国家提供公共气候资金的最大贡献者，2019 年为 232 亿欧元，比 2018 年增长 6.9%。不包括英国在内的总额为 219 亿欧元，比 2018 年欧盟 27 国的总额增长 7.4%。[1]欧盟保持过去十来年里气候资金提供方面向上的趋势。

（二）美国

自从民主党的奥巴马政府 2008 年上台之后，美国改变了共和党政府在气候变化问题上的保守立场。积极参与应对气候变化国际合作的谈判，与欧盟争夺领导权。在 2009 年 12 月，奥巴马总统和世界各国的领导人达成的《哥本哈根协议》第一次实现了主要经济体，共同同意采取有意义的措施来减少排放，其中包括发达国家和发展中国家。此外，《哥本哈根协议》包括了支持

---

〔1〕　European Commission, "International Climate Finance", https://ec. europa. eu/clima/policies/international/finance_ en（last visit May 8, 2021）.

发展中国家，特别是贫穷和易受气候变化不利影响的国家向低碳和气候变化耐受型经济转型的措施。在提供气候资金方面，美国与其他发达国家缔约方共同承诺，从会后的 2010-2012 年，每年提供快速启动资金 100 亿美元；此后至 2020 年间，每年提供 1000 亿美元。

根据美国国务院网站公布的"2010-2012 财政年度美国快速气候资金纲要"（Summary of U. S. Fast Start Climate Finance in Fiscal Years 2010-2012），美国通过多种不同资金工具兑现快速启动气候资金的承诺。三年间美国已经提供了 75 亿美元，其中 47 亿美元是国会拨款援助，20 亿美元是发展资金（Development Finance），7.5 亿美元是出口信贷（Export Credit）。美国政府认为，这期间年平均提供的气候资金 6 倍于 2009 年之前提供的数额，美国已经实现快速启动气候资金承诺。

对于"额外性"，在美国提供给《气候公约》资金常设委员会的双年度报告中，美国的态度是："自从'新的和额外的'第一次出现在《气候公约》之后，美国批准了公约。美国的国际气候资金从 1992 年的零增加到 2010-2012 快速启动资金期间年均 25 亿美元。美国的气候援助在对外援助预算总体增加的背景下也在增加。"[1]从报告提供的这些内容来看，美国已经认识到气候资金与额外性的关系，但是仍将气候资金与对外援助放在一起表述，显示了美国目前并没有明确"额外性"含义的意愿。在气候资金引发广泛关注的背景下，美国主导的世界银行集团与其他多边发展银行一道，在积极推动为追踪（track）气候资金制定原则。

做出承诺是简单的，把承诺转化为实实在在的资金则耗时费力。2012 年底的多哈气候变化大会，发达国家也多次宣称 300 亿美元快速启动资金承诺已超额兑现。但是，许多发展中国家对此持怀疑和反对态度。一些发展中国家的代表和组织尖锐指出，"一些发达国家把同一笔援助资金贴上多个标签，或者把哥本哈根会议前各国就已承诺的拨款算作'快速启动资金'，甚至把其他种类的援助视为应对气候变化的项目。"根据国际援助组织乐施会（Oxfam）发布的研究报告，发达国家所承诺的"快速启动"资金，最多只有 24% 的资金属于"额外增加"的金额。[2]在代表共和党的特朗普政府上台之后，美国

---

[1] 参见龚微："论《巴黎协定》下气候资金提供的透明度"，载《法学评论》2017 年第 4 期。
[2] 参见龚微："论《巴黎协定》下气候资金提供的透明度"，载《法学评论》2017 年第 4 期。

在应对气候变化问题上大幅退步，不仅提出退出《巴黎协定》，而且在退出申请尚未正式生效之时便停止履行减排义务和气候资金的提供。

四、气候资金额外性界定的分析

自从《气候公约》第一次正式规定了气候资金的额外性之后。现有的应对气候变化的相关国际协议和决议一直都未能对发达国家实现资金承诺的方式、途径等做出更为具体的规定。《气候公约》体系之下试图明确额外性含义，以便更好地保障应对气候变化所需资金的努力就一直存在，到了最近出现了密集的实践。

通过广泛地分析了气候资金的现状、相关的法律文件，我们可以发现目前存在的主要障碍是关于"额外"的气候资金没有共同同意的定义，也缺乏一个共同的系统来报告和追踪各国的气候资金，导致了发展援助资金流向气候变化项目或重复计算。发达国家在气候资金问题上的做法引起了发展中国家和一些国际组织的广泛质疑。对于外界的批评，欧盟率先在其内部启动了关于气候资金额外性的定义讨论。欧盟委员会于2013年要求所有成员国公布他们提供的快速启动资金及其适用的"额外"的标准，试图在欧盟内部形成一个共同认可的定义。欧盟理事会的经济与财政委员会（EFC）和经济政策委员会（EPC）共同工作组就提出共同接受的定义来对"额外的"气候资金进行评估，目前有四种观点：

1. 气候资金也属于发展援助，"额外的"是指超过0.7%的官方发展援助的那部分援助。任何对气候变化的资助应当是额外于0.7%的国民收入，在符合发展中国家需要并被确认用于应对气候变化。这一定义受到挪威和荷兰的支持。

2. 在2009年用于气候变化的官方发展援助数量之上的那部分增加就是"额外的"。这个定义暗示2009年的官方发展援助用于气候变化的部分参考基准线。任何新的用于气候变化的官方发展援助就是额外的。如某国2009年有1亿元用于援助外国应对气候变化，2010年提供了2.5亿元，那么1.5亿元就应当被认为是额外的。德国支持这个定义。

3. 提高官方发展援助的数量使其包括气候资金，但气候资金限定于特定的比例。该定义认为气候资金应当成为传统发展援助的一部分，但应当限定于某个比例。英国的做法是，规定官方发展援助最多 10% 被用于气候变化，其他非官方发展援助的资金用于气候变化就是满足需要的额外气候资金。

4. 与官方发展援助无关的气候资金的增加。这个定义在官方发展援助与气候资金之间做了完全的区分。这一方法认为官方发展援助仍是传统的发展活动，用于气候变化活动的资金不应当被归类为官方发展援助。

第一个定义，回避了对气候资金进行定性的矛盾，在发展援助和气候资金的数量上予以保障。满足了广大发展中国家财政上的需求，但是对于二者在性质上的区别予以回避。有其进步性，但其不足之处也很明显。支持该定义的主要是那些已经达到千年发展目标规定提供发展援助要求的发达国家，如挪威和荷兰等国家。可以保证发展援助与气候资金的提供，但是他们也缺乏进一步明确二者之间关系的内在动力。他们是广大发展中国家可以争取的对象。

第二个定义将《哥本哈根协议》通过的 2009 年作为参考基准，以此为基础来提供符合要求的气候资金。其进步性在于能保证具有法律约束力的气候资金，但其不足之处在于不仅没有从性质上区分发展援助和气候资金，而且在数量上也只能保证气候资金，对于发展援助是否符合千年发展目标的规定不予考虑。为实践中将发展援助改换气候资金，事实上为减少发展援助埋下伏笔。

第三个定义没有区分发展援助和气候资金，但是将气候资金对发展援助的侵蚀限制在 10% 的比例之内。其进步之处在于将发展援助对气候资金的侵蚀限制在一定的比例，但是比例如何确定没有客观依据，主观性较强。

第四个定义最受发展中国家支持，虽然其在一定程度上忽视了气候变化活动与千年发展目标的重合之处，但有利于发展中国家获得最大限度的帮助。当然这也对发达国家的公共财政提出了更高的要求，可以说是最为理想主义的定义，目前难以获得发达国家支持，其实现有一定难度。

总体上看，发达国家大多不愿对气候资金和发展援助的区分在性质上进行明确表态，迫于压力只愿保证气候资金的数量，实质上利用气候资金与发展援助目前存在的交集，模糊二者之间的区别，采用各种方式和手段更换标签，将同一资金贴上不同标签，既充作气候资金也算成发展援助，使二者之间相互重叠，甚至重复计算。发达国家虽然提供了一定的气候资金，但许多发达国家只是改头换面地把原本应该提供给发展中国家的发展援助更换标签，实质上的效果大打折扣。

四个定义虽然不同，对发展援助与气候资金的关系认识不一，但是有三个都主张将二者区分开来，可见欧洲国家内部主流的意见是将气候资金与发展援助明确区分开来。发展中国家普遍主张明确额外性的定义，既是从性质上气候资金与发展援助存在交集，也应将二者分开计算，不能重叠。

可以在《气候公约》及其议定书的体系下进一步明确气候资金额外性的含义，并在此基础上建立报告、追踪、核实等系统。因此，要对二者进行区分，首先从具有法律约束力的气候资金入手，明确其额外于发展援助的具体标准，对于厘清二者之间的关系，确保发达国家提供《气候公约》下所承诺的资金具有积极意义。

欧盟各成员国的回答多种多样，总体来说，成员国仍不愿意认可一个共同的内部"额外性"定义。[1] 对气候资金"额外性"的确定不仅仅是一个法律问题，也是一个政治问题，受到预算约束和成员国实现国内生产总值0.7%的官方发展援助承诺和国际气候资金目标压力的影响。目前来看，多数发达国家仍不主张将气候资金与官方发展援助完全分开，美国甚至直接回避这个问题。气候变化与发展援助从目标上讲有联系，从性质上讲是有区别的。发展援助的法律约束力不强，提供发展援助更多地被认为是一种道德义务而非法律义务。而气候资金已经为多个应对气候变化的国际法律文件所肯定，目前所面临的问题主要在于如何进一步明确标准，推进执行。

被寄予厚望的《巴黎协定》及其后续谈判在气候资金的认定标准上也未能取得进展。最新的发展是在2019年底马德里举行的气候变化大会上，发展中国家要求气候资金常设委员会被授权制定一个各方都同意的气候资金定义。最终达成一致的工作计划只是要求常设委员会可以对气候资金的操作性（operational）定义征求各方意见。

---

[1] Knoke and Duwe, "Climate change financing: The concept of additionality in the light of the Commission proposal for a Development Cooperation Instrument (DCI) for 2014 – 2020", https://www.europarl.europa.eu/thinktank/en/document.html? reference=EXPO-DEVE NT（2012）433785（last visit May 12, 2020）.

第三节　气候资金的需求制度

发展中国家的经济社会发展水平不足，国内的资金主要用于本国的经济社会发展和解决民生问题。无论是根据历史排放责任，还是现实国家实力和国情，多数发展中国家都需要从国外获得气候资金，以推动本国的气候变化减缓和适应活动。发展中国家的气候资金需要量一直没有能够得到准确的评估，理论界和实践部门都有专家学者各自提出了一些估算的数据。如联合国环境规划署 2014 年 12 月发布的评估报告显示，即使能在 20 世纪末把全球气温升幅控制在 2℃ 以内，到 2050 年，发展中国家每年仍可能需要 2500 亿美元至 5000 亿美元的资金，以应对气候变化所导致的海平面上升、暴风雨、干旱等极端天气问题。这一评估结果远高于此前 700 亿美元到 1000 亿美元资金缺口的估计。该报告还预测，如果到 2050 年全球气温升幅达 4℃，发展中国家面临的资金缺口将会翻倍。[1]国际能源署（IEA）的预测表明，为实现《巴黎协定》的温控目标，能源领域在 2015-2030 年需投入资金 16.5 万亿美元。[2]国务院参事、科技部原副部长刘燕华分析认为，"据测算，要实现目标，每年需要 3000 亿到 10 000 亿美元左右的资金"。[3]这些对气候资金需求总量估算的数据标准不同、算法各异，结果上差异较大，但是它们的一个共同点，都认为气候资金需求量很大，远超目前的各国承诺提供的数量。

这些说法和估算难以为气候资金的筹集提供准确的依据。随着《巴黎协定》的生效，协定相关的文书已经具有正式的、可实施和可评估的效力。这就为气候资金需求总量的确定提供了可能，也为气候资金需求制度的建构提供了基础。

一、基于国家自主贡献文件的气候资金需求

（一）气候资金需求的出处

《巴黎协定》要求发达国家缔约方具有提供气候资金的义务，并制定了一

---

〔1〕　参见龙明洁："热点问答：应对气候问题挑战　发展中国家资金缺口有多大"，载环球网，https://world. huanqiu.com/article/9CaKrnJRPDa，最后访问日期：2021 年 8 月 8 日。

〔2〕　参见崔莹："全球气候融资进展"，载《金融博览》2019 年第 2 期。

〔3〕　参见董欣："应对气候变化，能源行业要如何变革?"，载《中国能源报》2018 年 10 月 15 日，第 2 版。

系列的制度和规则以落实这些法律义务，但协定本身的制度和条款并未直接涉及气候资金的需求。气候资金需求是通过国家自主贡献文件提出来的。

通常认为，2013 年底召开的"华沙气候变化大会"首次提出国家自主决定贡献（Intended Nationally Determined Contributions，简称 INDC）的概念，大会的决议规定"邀请各缔约方在不损害公约法律基础的情况下，开始或强化各国对于其国家自主决定贡献的准备工作"。[1]2014 年底的"秘鲁利马气候变化大会"正式将"国家自主决定贡献"纳入大会决议。[2]会议决议要求各缔约方在 2015 年"巴黎气候变化大会"之前制定并提交 2020 年后的国家自主决定贡献，以期为《巴黎协定》的达成提供基础。国家自主决定贡献由缔约方自主提供，其出现代表了以"自下而上"方式推进全球气候治理制度构建，改变了《京都议定书》"自上而下"式的气候治理模式，各主要缔约方都按照该决议的规定进行了提交。发展中国家缔约方基本都在各自的国家自主决定贡献当中提交了减缓、适应目标。为了实现这些目标，多数发展中国家缔约方也提出了来自国外的气候资金和技术的需求，我们可以把这些国家缔约方的国家自主贡献称为有条件的国家自主贡献。2015 年底的巴黎气候变化大会通过了《巴黎协定》，正式确立了以国家自主贡献（Nationally Determined Contributions，简称 NDC）机制为核心的全球应对气候变化制度的总体框架。[3]《巴黎协定》的迅速批准生效来自于各国的广泛信任和支持。这种支持和信任的重要表现就是各缔约方迅速地按照缔约方会议决定的形式和内容提交的国家自主贡献文件。正是国家自主贡献文件的广泛性，奠定了《巴黎协定》确定的"自下而上"模式的普遍性。据统计截至 2019 年底，已经有 184 个缔约方提交了第一次国家自主贡献文件，有 1 个缔约方提交了第二次。[4]

通过发展中国家提交的文件，我们可以了解和掌握目前气候资金需求的

---

〔1〕　Decision 1/CP. 19, http://unfccc. int/resource/docs/2013/cop19/eng/10a01. pdf，最后访问日期：2020 年 4 月 29 日。

〔2〕　Decision 1/CP. 20, http://unfccc. int/resource/docs/2014/cop20/eng/10a01. pdf，最后访问日期：2020 年 4 月 29 日。

〔3〕　参见陈艺丹等："国家自主决定贡献的特征研究"，载《气候变化研究进展》2018 年第 3 期。

〔4〕　《联合国气候变化框架公约》网站，https://www4. unfccc. int/sites/NDCStaging/Pages/All. aspx，最后访问日期：2020 年 4 月 29 日。

基本情况。在这些文件中，非附件一国家提交的有 84 份明确涉及资金内容，这些对气候资金的要求分别出现在绝对减排、相对减排、碳强度减排、政策行动及其他五种模式下，分为涉及资金内容、提出资金需求数额和明确减缓/适应资金需求三种需求方式。下图明确直观地表明了来自发展中国家的这种气候资金需要状况。

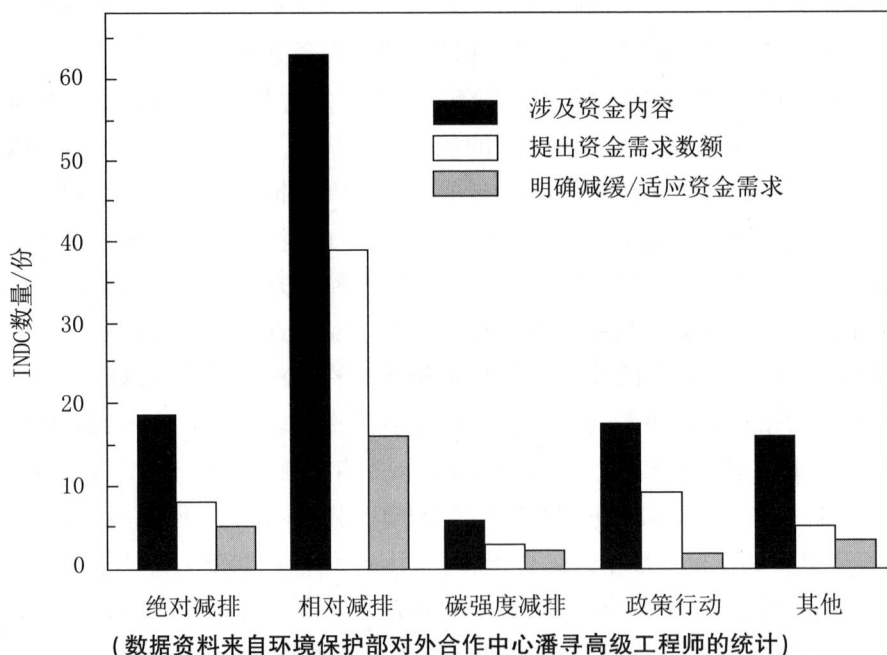

（数据资料来自环境保护部对外合作中心潘寻高级工程师的统计）

已有超过半数的缔约方提交的 84 份文件中对其实现自主贡献目标以及实现更高水平的减缓贡献所需要的气候资金进行了量化的预估，明确地提出了各自气候资金的所需数量。从具体的气候资金需要数量上看，环境保护部对外合作中心潘寻高级工程师的统计表明，2030 年前，提出具体气候资金需求的缔约方中，以印度 10 400 亿美元、伊朗 9275 亿美元和南非 8985 亿美元分别位列气候资金需求量的前 3 位；以瑙鲁 0.8 亿美元、圣多美及普林西比 0.9 亿美元和格林纳达 1.6 亿美元分别位列气候资金需求量的后 3 位。[1]

―――――――――――

〔1〕 参见潘寻："基于国家自主决定贡献的发展中国家应对气候变化资金需求研究"，载《气候变化研究进展》2016 年第 5 期。

中国科学院的洪炜君博士研究团队通过对提出具体资金需求的 84 个发展中国家的自主贡献文件进行总结研究，初步总结出这些国家的自主贡献资金需求及分布特点。研究发现，151 个发展中国家中有 84 个国家提出具体的国家自主贡献资金需求，其国家自主贡献时间框架内的资金需求总值达 4.4 万亿美元，年均 2900 亿美元。[1]上述研究是众多关于发展中国家通过国家自主贡献文件所表达的气候资金需求成果当中具有代表性的两例。通过上述分析，可以发现发展中国家的气候资金需求数量巨大。无论按照哪种统计计算方式，也无论是总量或年均都高于发达国家目前和计划提供的气候资金。这些需求还显示，缔约方越来越有兴趣加强合作，通过多边应对共同实现气候变化应对的相关目标，并在今后加大力度。特别是，缔约方强调需要为气候行动加强资金、技术转让和能力建设方面的支助，作为建立扶持型环境合作和扩大行动的方式。

在发展中国家总体的气候资金需求方面，绝大多数发展中国家在其提交的国家自主贡献文件中只列明本国的气候资金需要，对发展中国家的整体气候资金需求的满足没有关注。发展中国家只关注本国气候资金需要，不利于在应对气候变化国际合作中以整体合作的姿态突出气候资金的重要性。目前，只有中国在国家自主贡献文件中明确要求"明确发达国家 2020-2030 年提供资金支持的量化目标和实施路线图，提供资金的规模应在 2020 年开始每年 1000 亿美元的基础上逐年扩大"[2]。在气候资金需求方面，虽然我国作为发展中国家缔约方有资格也可以要求获得国际气候资金，但中国的国家自主贡献文件对此并无要求，只强调了本国进一步加大财政资金投入力度，积极创新财政资金使用方式，探索政府和社会资本合作等低碳投融资新机制。中国在气候资金需求上的上述做法，体现了中国在应对气候变化国际合作中一个负责任大国的形象。

---

〔1〕　参见洪炜君等："基于发展中国家自主贡献文件的资金需求评估"，载《气候变化研究进展》2018 年第 6 期。

〔2〕　中国国家发展与改革委员会应对气候变化司："强化应对气候变化行动——中国国家自主贡献"，载 https://www4. unfccc. int/sites/ndcstaging/PublishedDocuments/China% 20First/China% 27s% 20 First%20NDC%20Submission. pdf，最后访问时间：2020 年 4 月 29 日。

二、气候资金需求的法律性质

气候资金需求是发展中国家国家自主贡献文件的重要组成部分。发展中国家缔约方的国家自主贡献文件可以称为有条件的国家自主贡献，这些文件包含数量化的国家减排承诺，也包含为了落实国家的减缓、适应目标而提出的气候资金需求。国际自主贡献文件是具有法律约束力的，国际自主贡献文件也是具有整体性的。这些特点也就赋予了包含其的气候资金需要具有法律拘束力的地位。虽然从形式上看，气候资金需求并没有如同气候资金提供义务或气候减排义务那样直接在相关的国际条约的正文或附件当中出现，但是以单方面声明的形式出现的国际自主贡献文件是具有法律拘束力的，这是受到国际法长期以来的理论和实践所认可的。我们可以从历史和现实等多个维度进行回顾和分析。

（一）单方面声明的国际法性质

单方面声明被很多学者视为可以在国际层面上产生法律后果的国际法主体做出的意思表示。与条约、习惯和一般法律原则一样，单方面声明长期以来被公认为国际法的渊源。[1]瑞士联邦外交部法律顾问在审查单方面声明时指出，"一国的单方声明在如下情况对该国有约束力：该国愿意在法律上作出承诺，同时，其他有关国家知道这一承诺。"[2]国际法委员会（ILC）于1996-2006年进行了一项由维克托·罗德里格斯·塞德尼奥（Víctor Rodríguez Cedeño）领导的研究，阐明了能够产生国际法义务的单方面声明制度。在《适用于能够产生法律义务的国家单方面声明的指导原则》中，国际法委员会认为：声明必须由一名合格的国家工作人员作出，并"表明……受约束的意愿"，为声明的内容、文本和随后的反应所证明；声明"可以口头或书面形式提出"，但必须"以明确和具体的措词加以表述"；而且声明可以"面向整个国际社会、一个或几个国家或其他实体"。[3]

---

〔1〕 See Przemyslaw Saganek, *Unilateral Acts of States in Public International Law*, Brill Nijhoff Press, 2015, pp. 2-5.

〔2〕 Victor Rodrigues-Cedeño, Third Report on Unilateral Acts of States, International Law Commission, A/CN. 4/505, 2000, p. 13.

〔3〕 See ILC, "Guiding Principles applicable to unilateral declarations of States capable of creating legal obligations, with commentaries thereto", *Yearbook of the International Law Commission*, 2006, Vol. II, part Two.

在国际法的实践当中也存在大量关于单方面声明法律性质的案例。在关于东格陵兰法律地位的案件中，作为常设国际法院成立后的首个领土争端案，法院对丹麦和挪威（Denmark v. Norway）关于格陵兰岛东部特定地区的主权归属问题进行裁判。法院认为，挪威外交大臣在给丹麦公使的信中曾单方面承诺不反对丹麦对整个格陵兰的主权要求，"国际法义务是由外交部长的答复产生的另一国代表的事务。"[1]同样，在澳大利亚诉法国（Australia v. France）核试验一案中，国际法院表示，"众所周知，以单方面行为作出的声明……可能具有产生法律义务的效果"。[2]根据国际法上的诚实信用原则，国际法院指出，"有关国家可以承认单方面声明并对其信任，并有权要求遵守由此产生的义务"。国际法院坚持认为，"为了具有法律效力，不需要（单方面声明）针对某一特定国家，也不需要任何其他国家接受"。正如国际法院在后来的布基纳法索和马里之间（Burkina Faso v. Republic of Mali）的领土争端案中所指出的那样，此类声明肯定具有对以国家名义发表声明的国家构成法律义务的效力，但是只有在发表声明的国家意图受自己的条件约束时才具有此种效力。[3]对于那些愿意承担义务的国家来说，单方面声明是一种选择工具，且不仅仅是针对一个或几个其他国家，而是对整个国际社会。

《巴黎协定》在第 3 条指出，作为全球应对气候变化的国家自主贡献，所有缔约方将保证并通报其关于减缓、适应、资金支助、技术转让、能力建设和透明度方面需要作出的努力，并强调"需要支持发展中国家缔约方，以有效执行本协定"。无论是国家自主决定贡献（INDC）还是国家自主贡献（NDC）都符合国际法上单方面声明的构成条件和内涵。对此，《气候公约》秘书处的一份综合报告指出，"大多数缔约方明确提出了缔约方会议要求的关于缓解行动的信息要素"。[4]尽管许多模式仍有待通过正在进行的协定实施细则的谈判加以确定，许多国家的自主贡献的条款措辞仍十分明确和具体，足

〔1〕　Legal Status of Eastern Green/and（Denmark v. Norway），Judgment，1933，P. C. I. J.，Series A/E，No. 53，p. 71，para. 192.

〔2〕　Nuclear Tests（Australia v. France），I. C. J. Reports 1974，p. 253，para. 43.

〔3〕　Case concerning the Frontier Dispute（Burkina Faso v. Republic of Mali），I. C. J. Reports 1986，p. 573，para. 39.

〔4〕　UNFCCC Secretariat，Synthesis Report on the Aggregate Effect of the Intended Nationally Determined Contributions（30 Nov. -11 Dec. 2015），UN Doc. FCCC/CP/2015/7，para. 8.

以表达有意义的承诺。类似的，国家自主贡献关于适应、技术、资金的规定也是这些贡献文件的组成部分，具有不可分割的意义。

（二）国际义务的对等

一个国家向《气候公约》秘书处通报其国家自主贡献的原因，正是为了让其他国家相信，他将努力履行国家自主贡献文件所载的应对气候变化的承诺，从而鼓励其他国家采取类似步骤和举措。而且，许多发展中国家缔约方强调需要为气候行动加强资金、技术转让和能力建设方面的支助，作为进行应对气候变化国际合作和扩大减缓气候变化行动的对等方式。发展中国家缔约方的国家自主贡献文件可以称之为有条件的国家自主贡献，这些文件包含数量化的国家减排承诺，也包含为了落实国家的减缓、适应目标而提出的气候资金需求。

国际支助是一个可以很容易地列入明确和具体规定的领域，以便为发达国家建立明确国际义务，促进发展中国家的减缓行动。然而，迄今为止，承担提供资金义务的发达国家缔约方不愿意在其国家自主承诺中列入关于气候资金、技术转让或能力建设的任何明确或具体规定。一些缔约方如美国、欧洲国家组成的欧盟强调气候资金提供的集体责任，在其单独提交国家自主贡献中完全避免涉及支助行动，不提及气候资金、技术转让或能力建设，而其他发达国家如日本，也只包含非常模糊的条款。发达国家缔约方在气候资金提供问题上的消极立场，使得发展中国家缔约方不得不在自身提交的国家自主贡献文件中突出和强调自身的气候资金需求，以为自身的减缓气候变化的举措和行动获得对等的支助。

气候资金需求的法律拘束力也来自于在应对气候变化合作方面国际义务的对等性，充分体现了《气候公约》《巴黎协定》等国际法文件所一直强调的"增强对发展中国家缔约方的支助，将能够加大它们的行动力度"。这实际上在发展中国家缔约方应对气候变化的行动力度与发达国家缔约支助行动的强度之间建立了对等关系。这种发展中国家的减排承诺与发达国家的资金支助之间的对等关系需要保持和激励积极的对等，消除消极的对等。

三、定期总结的气候资金需求

公约秘书处对所收到的国家自主决定贡献文件进行了统计和研究，形成了《关于国家自主贡献预案总合效果的综合报告》。报告发现所有缔约方在国家自主贡献预案中提出的气候行动的力度都比通报的 2020 年之前时期的力度大。缔约方强烈认识到为实现《气候公约》目标加强全球行动的必要性，以及在多边层面上这样做的承诺。[1]在此背景下通过的《巴黎协定》及其巴黎气候大会决议也规定了定期进行全球总结的制度和规则。

《巴黎协定》第 14 条规定，"缔约方会议应定期总结本协定的执行情况，以评估实现本协定宗旨和长期目标的集体进展情况"，协定的中文文本将其称为"全球总结"。[2]全球总结的目的在于评估应对气候变化的主要工作，推动这些工作以全面和促进性的方式开展。全球总结的内容要考虑减缓、适应问题以及执行和支助的方式问题，全球总结在方式上顾及公平和利用现有的最佳科学。作为气候支助重要组成部分的气候资金也是全球总结的重要对象。《巴黎协定》规定每五年进行一次全球总结。面对发展中国家的气候资金需求，以及今后将会日益增长的需求趋势，发达国家提供的气候资金存在的不平衡与不充分等问题，已经并将继续成为当前气候资金议题的主要矛盾，在进行全球总结的时候，也是满足气候资金需求的重要契机。

《巴黎协定》的缔约方会议于 2018 年底在波兰的卡托维茨已经在各缔约方之间举行一次促进性对话，评估各缔约方在实现长期目标方面所作的集体努力，并为下一轮国家数据中心的筹备工作提供信息和准备。从 2023 年开始进行正式的全球总结，然后每五年一次，将对各缔约方对协定的各方面的执行情况进行盘点，以评估在实现协定宗旨及其长期目标方面取得的集体进展和需求，其中也包括气候资金需求问题。全球总结的结果将为后续国家数据中心的准备工作提供信息，以便推动各缔约方履行义务和增加气候行动，实现《巴黎协定》的宗旨及其长期目标。

---

〔1〕 "《关于国家自主贡献预案总合效果的综合报告》（FCCC/CP/2015/7）"，联合国气候变化框架公约秘书处载 https://unfccc.int/resource/docs/2015/cop21/chi/07c.pdf，最后访问日期：2020 年 4 月 29 日。

〔2〕 也有机构和学者将全球总结（global stocktake）称为全球盘点。——笔者注。

通过在具有法律拘束力的国家自主贡献当中提出气候资金需求，然后通过新设立的总结制度，每五年一次对包括气候资金需求满足程度在内的各项气候变化合作义务进行盘点，气候资金需求制度得以初步建立。根据协定要求"所有缔约方的努力将随着时间的推移而逐渐增加"，气候资金需求制度具备了后续发展的空间和可能。作为一个新生的制度，气候资金需求制度规则还有缺失，其实施还有待完善，但是气候资金的重要性确保了需求制度必然要逐步发展起来，并在实践当中实现制度化。

第四节　气候资金的提供制度

发展中国家积极参与应对气候变化国际合作，积极进行气候治理，存在着明示和默示的各种前提条件，获得外界支助是不可或缺的，其中也包括气候资金在内。通过发展中国家提供的国家自主贡献文件，上一节我们分析了气候资金的需求制度，也了解到对气候资金的巨额的需求量，如何确保这些气候资金的提供就成为横亘在国际社会面前亟待解决的问题。

一、气候资金的提供主体

发达国家具有强制的出资义务是基于其经济社会发展对地球环境造成损害的历史责任，也是基于其以破坏环境为代价进行发展获得的资金和技术上的能力优势。这些国家的出资义务既符合应对气候变化国际合作基本原则的精神，也是 20 世纪 90 年代以来国际气候治理的长期实践。相对的对导致气候变暖历史责任弱的发展中国家，不仅承受了发达国家工业革命大量排放温室气体带来的气候问题还要参与治理，所以基于公平正义的理念和对这些国家发展权的保障，应对其提供资金和技术上的援助。《二十一世纪议程》第33 章就曾明确地指出"向发展中国家提供财政资源和技术等有效手段（如果没有这些手段，发展中国家就很难全面履行他们的承诺）"，该表述代表了资金缺乏、技术相对落后的发展中国家的意愿。发达国家的资金资助直接关系到发展中国家参与全球环境保护行动的效果。因此要求发达国家作为主要的强制性出资主体，并进行相应的制度设计是必要的。这一特点在气候变化国际合作的重要公约、条约、协定和决议中都有大量体现。《巴黎协定》第 9 条要求发达国家缔约方继续履行在《气候公约》下的现有义务，应为协助发展中国家缔约方减缓和适应两方面提供资金。

关于气候资金的提供主体，在实践中也形成了一定共识。一些西方国家的代表和学者提出发展中国家也应提供气候资金，并试图淡化发达国家的法定出资义务，这一观点是对气候治理基本原则、制度和规则的选择性忽视，遭到了发展中国家的坚决反对。在气候治理中是可以鼓励发展中国家提供资金，但是绝不意味着这样就可以使得发达国家免于承担法定的出资义务，也不能改变发达国家应通过公共财政提供气候资金的义务。[1] 下面以全球环境基金和绿色气候基金为例，分析气候资金的提供主体。

在 1994 年里约峰会期间，全球环境基金进行了重组。目前全球环境基金的运行在其纲领性文件——《重组后全球环境基金通则》（Instrument for the Establishment of the Restructured Global Environment Facility）的附件 C——《全球环境基金信托基金：增加资金的财务规定》中进行了详细规定。全球环境基金资金主要来源于各成员国的捐资，旨在通过提供赠款，支持发展中国家开展对全球有益的环境保护活动。[2] 全球环境基金信托基金将国家分为三组，分别是不受援捐款国、受援捐款国和其他捐款国。[3] 全球环境基金信托基金根据捐资承诺每 4 年增资一次。国家的捐资承诺也是每 4 年一个周期。基金可用于增资讨论会上确定的全球环境基金重点资助领域的各项活动，包括气候变化领域。自成立以来，全球环境基金信托基金共接收了来自 39 个捐资国的资金。《重组后全球环境基金通则》也重视国家以外主体的作用，规定了向公众发布信息、接受公众咨询和利益相关方参与的必要性。

《绿色气候基金治理导则》（Governing Instrument for The Green Climate Fund）由联合国在德班举行的气候变化大会于 2011 年通过。导则是其作为气

---

〔1〕　由发达国家政府履行出资义务所捐赠的资金又称"公共赠款"，主要来源是国家财政预算，且是无附加任何条件的无偿赠与。参见田丹宇：《国际应对气候变化资金机制研究》，中国政法大学出版社 2015 年版，第 34 页。

〔2〕　参见王爱华等："全球环境基金管理机制的借鉴及启示"，载《环境保护》2016 年第 20 期。

〔3〕　Instrument for the Establishment of the Restructured Global Environment Facility, Annex C–Attachment l.

候资金机制经营实体的基本章程。[1]该导则对气候资金的出资主体规定是以发达国家为主，其他来源为辅。这一特点有明确的规定，如《绿色气候基金治理导则》第 4 条第 29 款规定了"该基金将从《气候公约》的发达国家缔约方获得资金投入"，也即表明了绿色气候基金的主要出资主体是发达国家。《绿色气候基金治理导则》随后在第 4 条第 30 款也规定了"基金也可以从各种其他来源，公共、私人来源，包括替代来源获得资金投入"，由此我们可以看出绿色气候基金的出资制度规定的出资主体包括：发达国家缔约方、其他缔约方、国际组织、城市、私营部门和个人。

作为发展中国家缔约方并无提供气候资金的法律义务，但也有一些发展中国家自愿通过双边或多边的渠道为他国应对气候变化的活动提供资金。随着我国经济社会的快速发展，我国在全球环境治理中的地位也开始变化，形成了独特的局面：既是受到环境污染和气候变化严重不利影响的国家，也是向环境中排放污染物和温室气体较多的新兴工业化国家。这一双重身份使得我国在气候资金的提供上面临特殊的挑战。中国在气候变化巴黎大会之前提交的国家自主贡献文件中提出，中国建立应对气候变化南南合作基金，为小岛屿发展中国家、最不发达国家和非洲国家等发展中国家应对气候变化提供力所能及的帮助和支持，推进发展中国家互学互鉴、互帮互助、互利共赢。这一表示体现了为人类命运共同体理念执行，基于建设全球生态文明的需要，中国愿意提供资金、技术和能力建设培训帮助发展中国家应对气候变化，但是南南合作基金所涉及资金的法律性质是发展中国家之间以互利共赢为目的的相互合作和帮助，不是《气候公约》及其相关法律文件所规定的气候资金。我国在国际法上并不承担气候资金提供义务的状况并未改变。

二、出资义务在各方之间分担存在的挑战

《气候公约》第 4.3 条对于气候资金承诺的规定，在第一章中进行了详细讨论，此处不再赘述。该条提到"这些承诺的履行应考虑到资金流量应充足和可预测的必要性，以及发达国家缔约方间适当分摊负担的重要性"。这显然

---

[1] FCCC/CP/2011/9/Add.1.

是一项关于气候资金分担的重要的实质性条款。在 2001 年《气候公约》第 7
次缔约方会议上，一致认为"需要制定附件二所列缔约方分担负担的适当模
式"。[1]但是，没有具体规定制定这种模式的时间框架，自那时以来，在各发
达国家缔约方之间如何进行分担的模式还处在形成当中。根据相关公约、协
定和决议等法律文件的一贯规定和国际实践，发达国家提供气候资金的义务
是集体作出的承诺，这些义务在发达国家之间如何分担？缔约方会议决议要
求的"适当的模式"尚未形成。全球环境基金的资金主要来源于各成员国捐
资，对于成员国如何分配气候资金的出资义务，全球环境基金本身并无明确
规定。绿色气候基金的出资主体包括发达国家缔约方、公约其他缔约方、国
际组织，也增加了城市、私营部门和个人等，但绿色气候基金也没有对发达
国家如何出资进行明确规定。

　　绿色气候基金面临运作上的挑战，这不仅是因为它作为国际基金的地位
相对较新，而且也是因为美国特朗普政府宣布退出《巴黎协定》的同时停止
对绿色气候基金提供气候资金。2016 年，在巴拉克·奥巴马政府的领导下，
美国积极参与协定的谈判，并随后签署、批准了《巴黎协定》。同时，美国成
为绿色气候基金的一个捐款国，并根据与绿色气候基金缔结的捐款协议，向
绿色气候基金信托基金支付了 10 亿美元。[2]特朗普政府宣布退出《巴黎协
定》，这给绿色气候基金带来了若干治理挑战，其中最为重大的挑战就是严
重影响基金的充分资本化。根据 2016、2017 年的捐款安排，美国同意向绿
色气候基金的信托基金支付 30 亿美元，其中 10 亿美元由奥巴马政府支付。
然而，美国的特朗普政府拒绝履行先前的承诺，造成了绿色气候基金 20 亿
美元的资金缺口。除了美国之外，绿色气候基金的其他主要提供者是欧盟和
日本。没有一个提供者宣布，他将弥补由于美国违背其承诺而造成的气候资
金短缺。

　　这一变故使得本来就筹措乏力的气候资金雪上加霜，同时也引发了气候
资金的提供义务如何落实的问题。绿色气候基金的绝大多数出资国都与基金

　　[1]　FCCC (2001), Decision 7/CP.7, Funding under the Convention, FCCC/CP/2001/ 13/Add.1,
para.1 (d).

　　[2]　See Megan Browman and Stephen Minas, "Resilience through interlinkage: the green climate fund
and climate finance governance", *Climate Policy*, Vol.19, No.4., 2018, pp.342-353.

签署了"出资协议（Contribution Arrangement）"。这些出资协定是根据绿色气候基金信托基金捐款的标准条款制定的。[1]该标准条款9.1段规定，"基金、受托人和出资人应尽可能努力迅速、友好地解决出资协议的解释和适用问题以及任何出资协议引起的或与之相关的任何争议、争论或索赔。"9.2段规定，如果"争议、争端或索赔"未以这种方式解决，"如果该出资协议中规定了任何此类争端解决机制，则应按照适用出资协议中规定的机制解决"。使用"出资协议"名称的目的明显是降低该文件的法律约束力。重要的是，与大多数出资协议不同，绿色气候基金与美国签署的出资协议没有规定任何争议解决机制。因此，绿色气候基金无法诉诸任何具体的争端解决程序来追回美国承诺的20亿美元气候资金。

气候资金难以筹措是目前各国际气候资金经营实体都面临的问题，故《绿色气候基金治理导则》就规定了可以有其他来源以期弥补"公共赠款"的不足。一些有能力的发展中国家缔约方也可以为绿色气候基金提供资金，一方面补充了气候资金，另一方面也可以提升其在气候治理行动中的话语权。绿色气候基金的组织结构及其融资安排相当复杂，部分原因是它寻求确保项目提案和资金采用"国家驱动"的方法，这必然需要国际、国家、次国家和国际组织水平的参与者。非缔约方还可通过其外部事务司直接向基金捐款和成为绿色气候基金直接认可的实体，从而直接参与绿色气候基金的资金筹措过程。此外绿色气候基金还建立了私营部门工作机构（PSF），私营部门可以向由绿色气候基金私营部门工作机构负责的项目和计划提供资金。[2]以2013年为例，气候相关资金流量总计约为3310亿美元；其中42%的资金来自公共部门和中介机构，58%来自私人投资。[3]对于其他非公众和替代来源的捐款，秘书处将根据董事会批准的政策和程序进行尽职调查之后才考虑是否接受捐

---

〔1〕 Green Climate Fund, Standard Provisions Applicable to the Contributions to the Green Climate Fund Trust Fund, https://www. greenclimate. fund/sites/default/files/document/amended-and-restated-agreement-terms-and-conditions-administration-green-climate-fund-trust-fund. pdf（last visit May 18, 2020）.

〔2〕 See Stephen Minas and Megan Bowman, "Post-Paris/Post-Trump: The Green Climate Fund and Climate Finance Governance in the Eye of the Storm", *Peking University School of Transnational Law Research Paper*, 2017, p. 17.

〔3〕 See B. Buchner, M. Stadelmann, J. Wilkinson, F. Mazza, A. Rosenberg and D. Abramskiehn, "Global Landscape of Climate Finance 2014,", http://climatepolicyinitiative. org/wp-content/uploads/2014/11/The-Global-Landscape-of-Climate-Finance-2014. pdf, p. IV（last visit May 18, 2020）.

款，审查的目的是为了防止对基金的声誉或其他利益造成损害。[1]私营部门的资金较多，是补充气候资金的一个有力的融资渠道，私营部门的加入可以推进环境保护的市场化，这样不仅可以推动环境保护项目的实施，而且私营部门从中获益后也更愿意向绿色气候基金提供资金资助。[2]在绿色气候基金的 49 家认证实体中，也有私营部门参与者，如跨国银行（德意志银行、汇丰银行、法国农业信贷银行）和金融服务公司（XacBank LLC）。[3]在城市出资方面，绿色气候基金于 2014 年启动了初步资源调动，并迅速获得了价值 103 亿美元的认捐，这些资金的出资主体除了发达国家，还有一些发展中国家、国内地区和城市（巴黎）。巴黎市政府已承诺出资 130 万美元，开创了城市出资的先河，为其他国家城市出资提供了很好的榜样效果。同时，绿色气候基金获取资金的来源还包括：绿色气候基金信托基金余额中的投资收入；来自贷款和其他金融产品的回流，包括利息和本金偿还（扣除偿还贷款的部分）。[4]

《绿色气候基金治理导则》中规定，除了发达国家缔约方，绿色气候基金还可从其他来源，如公共、私人和替代来源获得资金。具体而言其他来源主要包括：私营部门、国际碳市场、国际双边或多边合作等方式的资金来源。这些非缔约方利益相关者的参与对绿色气候基金扩大其资金来源是有利的，同时通过加强与包括城市和私营部门在内的非缔约方利益相关方的接触，还可以加强绿色气候基金影响力。但是这些非缔约方利益相关者出资主体中的地位如何应进行明确，尤其应明确其出资与发达国家缔约方根据气候变化国际法下承担的气候资金义务之间的关系。目前发展中国家主流的观点是，非缔约方的出资并不是发达国家出资义务的替代，并不能因为有这样的出资主体而弱化了发达国家的出资义务。《绿色气候基金治理导则》第 4 条第 29 款规定了"该基金将从《气候公约》的发达国家缔约方获得资金投入"，表明发达国家的缔约方是绿色气候基金的最主要出资主体，发达国家缔约方的公

---

〔1〕 GCF/B.08/45, Meeting of the Board 14-17, Annex XIX, October 2014.

〔2〕 参见李宗录：《绿色气候基金融资正当性研究》，吉林人民出版社 2016 年版，第 139 页。

〔3〕 GCF, https://www.greenclimate.fund/how-we-work/tools/entity-directory（last visit May 18, 2020）.

〔4〕 GCF/B.08/45, Meeting of the Board 14-17, Annex XIX, October 2014.

共资金是气候资金的主体，而其他资金来源主体仅仅是气候资金来源的补充，这一点是不仅是绿色气候基金的出资法律制度中所应当明确的，也是气候变化国际法的主流观点。发达国家具有强制的出资义务是基于其工业对环境造成损害的历史责任，同时也是共同但有区别责任原则的要求。发达国家应履行的出资义务并不能因为有其他来源而减免，绿色气候基金不能只关注筹资的总数达到了预定的筹资目标，还应区分其中多少是发达国家出资的，多少是其他来源。同时还应规定私营部门在绿色气候基金出资中所占的比例，因为私营部门大多以营利为目的，这与绿色气候基金建立的宗旨和目的是相悖的，为了保证基金运营的宗旨是应对气候变化这一全球公共利益，而不是营利，应对私营部门出资在绿色气候基金中所占的比例进行明确的规定。对于气候资金中属于私营部门出资的部分，由于其具有不稳定性，可以用于周期较短的项目，对于像低碳技术转移这样的周期性较长的项目提供资金还是应该使用来自发达国家缔约方官方的公共资金。

三、气候资金提供制度问题分析

目前发达国家通过气候资金机制给发展中国家提供气候资金的意愿不够强，积极性不够高。本书认为，可以从三个方面进行分析：

第一，国家责任制度存在的不足。

气候变化产生的原因具有复杂性，是人类活动排放的温室气体在大气层中逐渐累积的结果，具有长期性和综合性。人类排放温室气体的综合性表现在所有的国家和全体人类都是温室气体的排放者，这些温室气体的排放涉及人类的生产、生活的各个方面。发达国家在工业化革命之后曾经大量排放，但是发展中国家的排放也在逐渐增加。导致一个国家遭受气候变化的不利影响的温室气体很难具体区分开来，其中既有历史上的排放，也有现实的排放；既有其他国家排放的温室气体的影响，也有自身排放温室气体的原因。一个国家遭受气候变化的不利影响与他国排放的温室气体之间难以建立直接的因果关系，而直接的因果关系是确定法律上的环境损害责任所必需的。

鉴于温室气体排放及其不利影响的特点，我们无法将其直接等同于跨界环境损害。依据国际环境法中的不损害域外环境原则和国际法委员会制定的

《关于预防危险活动的越境损害的条款草案》《关于危险活动造成的跨界损害案件中损失分配的原则草案》要求发达国家为发展中国家承担气候变化的不利影响和后果，为发展中国家提供应对气候的所需的资金、技术等支助存在较大的难度。一方面是气候变化不同于普通的跨界环境损害，另一方面国际法委员会编纂的相关成果尚处于草案阶段，存在很大的不确定性，据此难以推出国家在提供气候资金方面的责任。

第二，发达国家更愿意通过双边机制提供气候资金。

相对于全球环境基金和绿色气候基金这样基于多边条约产生独立的经营实体，发达国家提供气候资金后，很难控制所提供气候资金的流向。而发达国家通过直接与发展中国家建立联系，特别是通过本国的对外援助的成熟渠道向发展中国家提供气候资金对发达国家更为有利。根据气候资金常设委员会的统计，双边气候资金的数额远高于多边气候资金。发达国家通常在其提供的双边气候资金中引入委托-代理制度，对气候资金的流向进行设定，并附加其他一些有利于自身的政治经济条件。通过双边机制提供的气候资金除了产生气候变化国际法所规定的减缓、适应气候变化的效果之外，还有大量的附带效应，这是多边的气候资金机制所难以比拟的。

第三，气候资金机制自身的不成熟。

《气候公约》第 11.3 条规定，缔约方会议和"受托管资金机制的那个或那些实体"有义务"以可预测和可认定的方式确定履行本公约所必需的和可以得到的资金数额，以及定期审评此一数额所应依据的条件。"但是，实践中从来没有充分发展出确定资金"需要"的这样一种特定安排。一个典型的例子是，《哥本哈根协议》中的气候融资额是"自发"产生的——它们没有通过任何特定的过程来决定。对于发达国家缔约方在气候资金提供上出现了拖沓、推诿甚至拒不认账的情况，应进一步强化在出资义务履行上的责任追究。绿色气候基金在接受出资时会与具有出资义务的发达国家签订出资协议，并在出资协议上载入争端解决条款，以避免在出资协议的履行过程中就出现上述的不良状况。例如美国特朗普政府 2017 年 6 月宣布将退出《巴黎协定》并将停止提供气候资金。美国作为绿色气候基金董事会成员国，其退出不仅使得基金会董事会成员将面临补选，还使得绿色气候基金的资金筹集将面临更严峻的形势。2016 年美国在奥巴马政府时期成为《巴黎协定》的缔约方，并

成为绿色气候基金的出资者。美国根据捐款承诺意向向绿色气候基金支付了
10亿美元。根据其捐款安排，美国同意向绿色气候基金的信托基金支付30亿
美元，在奥巴马政府时期美国已经支付10亿美元。[1]特朗普政府宣布退出，
并在退出并未生效的情况下就宣布停止提供气候资金，严重违反国际法上的
义务。[2]从目前国际上其他国家对《巴黎协定》的支持来看，会有更多的国
家退出《巴黎协定》的可能性并不大，但仅仅美国的退出也给绿色气候基金
的气候资金筹集造成20亿美元的气候资金空缺的严重影响。但是由于双方签
订的出资协议中并没有规定争端解决条款，因此绿色气候基金对于美国明显
违反协议的做法，也难以采取任何争端解决方式追回这些已承诺的几十亿美
元金额的气候资金。

第五节 气候资金的分配制度

根据发展中国家的气候资金需求，国际社会积极筹措了相对数量巨大的
气候资金。如何进行分配是一个重要的法律问题。从分配国数量上看，气候
资金的分配制度可以分为双边分配和多边分配。气候资金的双边分配通常由
出资国根据其国内法自行进行，属于国内法研究的范畴，因涉及国家众多，
限于篇幅本书暂不涉及。本部分主要关注气候资金的多边分配，即《气候公
约》资金机制所规定运营主体全球环境基金和绿色气候基金对于气候资金的
分配制度。这些分配制度主要涉及两个问题，第一是气候资金机制的运营主
体如何将气候资金在不同发展中国家之间进行分配，第二是气候资金机制的
运营主体如何确定气候资金流向减缓和适应领域的比例。

一、气候资金分配的模式

气候资金分配问题在气候变化国际法的公约、议定书、协定和决议中被

----

[1]　GCF, Status of Pledges and Contributions made to the Green Climate Found, http://www. greenclimate. fund/documents/20182/24868/Status_of_Pledges. pdf/eef538d3 - 2987 - 4659 - 8c7c - 5566ed6afd19 (last visit May 18, 2020).

[2]　根据《巴黎协定》的规定，退出协定需要在对成员生效的三年之后方能申请退出，且任何此种退出应自保存人收到退出通知之日起一年期满时生效，或在退出通知中所述明的更后日期生效。参见龚微、赵慧："美国退出《巴黎协定》的国际法分析"，载《贵州大学学报（社会科学版）》2018年第2期。

多次提及。对气候资金的分配标准实质上是共同但有区别责任原则中区别原则的进一步贯彻，从发展中国家可以获取资金，到要区别不同的发展中国家。那么，如何在数量众多的发展中国家间进行分配?《巴黎协定》第9.3条有关于国家驱动方法规定，"注意到公共基金通过采取各种行动，包括支持国家驱动战略而发挥的重要作用，并考虑发展中国家缔约方的需要和优先事项。"《巴黎协定》中也有规定基于结果的方法，即考察该适应或减缓项目所能带来的环境效益及经济回报，为基于成果的支付提供资金。[1]这一标准在有利于激励减少毁林和森林退化而增加的排放量方面得到大量运用，也开始在气候资金分配领域得到适用。

虽然全球环境基金和绿色气候基金都是作为气候资金机制的经营实体存在，但是实践中二者在如何将气候资金分配给发展中国家的模式从宏观的导向和具体的规则上都有较大区别。全球环境基金的资金分配框架（Resource Allocation Framework，RAF）上曾经有"筛选模式"和"单个国家分配模式"两种争论。所谓的筛选模式，就是根据对全球环境贡献值的大小以及国家绩效的好坏这两个指标，将受援国分为4类，并以分类为依据决定申请项目的额度。而单个国家分配模式就是把全球环境基金的资金预先分配到每一个国家。[2]筛选模式本质是基于受援国家表现的分配方式，受到发展中大国和欧洲国家的支持，被接受为全球环境基金认可的资金分配模式。全球环境基金的资源分配框架，以一个国家在生物多样性和气候变化重点领域产生全球环境效益的潜力指数和业绩指数为基础。[3]基于效益和业绩的分配模式更多地体现国际组织所倡导的目标和价值追求，忽视不同国家的需要和优先事项。该模式之下容易出现资金流向发展中大国，而发展中小国，特别是某些非洲国家和最不发达国家因自身治理体系和治理能力存在一定不足，再加上基础设施的匮乏，在争取全球环境基金的资金上往往处于劣势。

绿色气候基金是新出现的气候资金机制的经营实体，其《绿色气候基金

---

〔1〕《巴黎协定》第5.2条规定，"鼓励缔约方采取行动，包括通过基于成果的支付，执行和支持在《公约》下已确定的有关指导和决定中提出的有关以下方面的现有框架"。

〔2〕 参见郭晨星："全球环境基金与中国"，载《南京林业大学学报（人文社会科学版）》2008年第2期。

〔3〕 GEF Council, Joint Summary of the Chairs, Special Meeting of the Council, August 31–September 1, 2005（Oct. 18, 2005）.

治理导则》对于气候资金在发展中国家之间的分配也有新的和明确的规定，"基于结果的方法将是分配资源的重要标准；在分配适应资源时，董事会将考虑到特别容易受到气候变化不利影响的发展中国家，包括最不发达国家，小岛屿发展中国家和非洲国家的紧急需求，酌情为这些国家划拨最低的配置底线。董事会还将致力于实现适当的地域平衡。"根据上述规定可以看出绿色气候基金在发展中国家之间分配气候资金的分配标准主要有两方面，第一，基于结果的导向；第二，考虑受到气候变化不利影响的发展中国家。

从分配的宏观导向上看，绿色气候基金已经从基于受援发展中国家状况和表现的模式正式转型为基于结果导向的模式。从广义上讲，基于结果供资是一种分配资金的方式或办法，根据这种方式或办法，捐助者或投资者（也称为"委托人"）在取得预先商定的一套成果并对其进行独立核实后，向受款人（也称为"代理人"）支付资金。[1]基于结果导向供资与前期融资最明显的区别在于，基于结果提供资金的时间是事后的，而前期融资则是事前的。

注重结果的资金分配模式是卫生和教育部门中运用较多的方式，但在气候变化领域的资金分配上仍处于部署的早期阶段。如何将该分配方式落实到绿色气候基金的资金分配上去，还需要不断探索。从理论基础上看，与结果导向的分配模式相关的理论有两种，分别是委托代理理论（Principal-agent theory）和结构变化理论（Structural change theory）。

委托代理理论涉及二者关系中的信息不对称分布。一般的观点是接受资金方有更多关于要执行的特定任务或项目或要执行的产品的信息比提供资金的委托方的还多。接受资金的代理方可以利用这一信息优势导致委托人利益的损失；事实上，委托人无法保证代理人总是为了委托人的最大利益行事。支持国家驱动战略被认为是克服这一经典问题的有效方法，因为它实际上是协调委托人的目标和代理人的目标，通过向代理人提供激励，也就是让气候资金符合接受国的国家驱动战略来追求出资方作为委托人的目标。总之，委托代理理论下的资金适用的主要动因是其确保了接受者对资金符合成本效益

---

〔1〕 Differ, How Results-Based Financing Can Help the Green Climate Fund Achieve its Objectives, Report to the Norwegian Ministry of Climate and Environment, 2016 April.

地使用和受款人对结果导向资金使用的权限。[1]根据这一委托代理理论，基于国家驱动战略结果的气候资金分配将结果不可实现的财务风险从委托人转移到代理人，从而解决了信息不对称问题，并可能有助于增加支助的有效性和使用的成本效益。结构变化理论则在前者基础上不仅注重通过成果管理框架有效实现预期成果，而且还注重支持政策执行、市场创造和发展或进一步加强可测量、可报告、可核证建设。结构变化的基本原理有力地支持了将基于结果气候资金分配与前期融资结合起来使用。结构变化理论认为委托-代理理论逻辑错误地假设代理人没有内在地评价结果，或者至少没有达到与委托人相同的程度。他们认为，如果捐助国和国家系统内所涉及或追求的目标从一开始就不一致，就不太可能取得成功，特别是从长期来看更是如此。[2]国际法不同于国内法，基本不涉及一个国家经济社会结构的变化，或为国家设立经济社会发展目标。目前国际社会主权平等、不干涉内政等基本原则决定了委托-代理理论更符合国际社会的现实。

在具体分配时，绿色气候基金在气候变化国际法的基本原则的指导下制定了国家优先性标准和基于结果的分配方法。国家优先性标准是指优先考虑符合发展中国家社会经济发展的项目。[3]绿色气候基金确保发展中国家行使气候变化资金的所有权并将其纳入其自己的国家行动计划，由发展中国家确定一个国家指定机构（NDA）作为其政府与绿色气候基金之间的接口。这种国家驱动的方法确保绿色气候基金的活动与国家优先事项保持一致。绿色气候基金对适应和减缓项目进行资助的根本目的是为了治理气候变化，但是单单只是这一目的并不能促使发展中国家积极地实施项目，在项目审批时应当考虑该项目是否能给发展中国家带来利益，这样发展中国家也更愿意支持项目的实施，同时也实现了气候治理，平衡了全球气候治理利益和国家利益，实现了双赢。而且绿色气候基金还不是盲目地采用国家驱动的方法，在采用这种方法前其要先制定方法明确国家政策对气候治理行动的影响，从

---

〔1〕　FS-UNEP Collaborating Centre For Climate & Sustainable Energy Finance, Results-Based Climate Finance in Practice：Delivering Climate Finance For Low-Carbon Development, 2017.

〔2〕　FS-UNEP Collaborating Centre For Climate & Sustainable Energy Finance, Results-Based Climate Finance in Practice：Delivering Climate Finance For Low-Carbon Development, 2017, pp. 10-11.

〔3〕　参见李宗录：《绿色气候基金融资正当性研究》，吉林人民出版社 2016 年版，第 199 页。

而进行权衡取舍。

绿色气候基金对于极易受气候变化影响的发展中国家缔约方，区别于一般发展中国家缔约方对待，设定最低配置底线，旨在为特别脆弱的国家，包括最不发达国家（LDC），小岛屿发展中国家（SIDS）和一些非洲国家，不考虑其为全球气候变化减缓所作出的成果和国家驱动战略，直接提供确定比例的适应资金分配。此外，在资金的分配上还会考虑地域分布的平衡，寻求在全球范围内的地理平衡和合理公平的分配。

联合国环境规划署对代表性气候资金项目的实施进行分析，这些样本项目均分布在撒哈拉以南非洲地区、拉丁美洲和加勒比地区、东亚和太平洋地区。[1]这些项目不仅在低收入国家基于结果分配气候资金，也在中等收入国家得到应用。报告表明了基于结果的气候资金分配方法广泛应用的潜力，以及它能克服前期研究中指出的气候资金分配障碍几个问题，包括资金获取渠道有限和可测量可报告可核证制度建设薄弱等问题。

在一般性地规定发展中国家缔约方可以获取气候资金之外，《气候公约》还强调，气候资金应充分考虑提供给气候变化不利影响下"特别易受伤害（particularly vulnerable）"的发展中国家。《气候公约》中"特别易受伤害（particularly vulnerable）"一词，先后4次出现，1次在序言，3次在正文，分别是第3条原则1次，第4条承诺2次。其中序言和原则中的表述比较宏观，第4.4条则明确指出，"附件二所列的发达国家缔约方和其他发达缔约方还应帮助特别易受气候变化不利影响的发展中国家缔约方支付适应这些不利影响的费用。"该条规定明确地指出了，"特别易受气候变化不利影响的发展中国家缔约方"的"适应费用"应由"发达国家缔约方支付"。

这一强调也包含两个问题，第一，"易受伤害"的概念主要针对某些发展中国家缔约方在气候变化不利影响面前的悲惨状态，与这些国家是否积极应对气候变化、应对气候变化的贡献大小并无直接联系。第二，"易受伤害"的概念暗示涉及的气候资金应是适应资金，然而，事实上，实践中气候资金的主体部分是减缓资金。控制全球升温目标的实现主要依赖于减少温室气体的排放或通过技术手段减少大气中的温室气体，用于发展中国家减缓温室气体

---

[1] 参见李宗录：《绿色气候基金融资正当性研究》，吉林人民出版社2016年版，第1~2页。

排放的项目和行动的减缓资金与该目标直接相关。而适应资金通常认为是帮助发展中国家适应气候变化的不利影响，对造成气候变化的温室气体排放并无直接影响。

在没有明确规定的情况下，各发达国家缔约方往往采取了自行其是的做法。《气候公约》的发达国家缔约方挪威则在其提供给资金委员会的报告中指出，"对于哪些发展中国家缔约方是'特别易受伤害'，国际上没有公认的定义，在可预见的将来也难有可能出现这样的定义……因此，哪些国家特别易受伤害可由每一个出资国家自行认定。"[1]这种由出资国家或出资机构认定哪些国家可以获得气候资金的方式往往会与出资方的政策联系，与国家在国际交往中追求本国利益最大化的特点是一致的。

二、减缓资金与适应资金的投入量分配

减缓资金与适应资金的投入数量分配具有特定意义。在20世纪90年代缔结《气候公约》讨论资金承诺问题时，政府间谈判委员会的重心放在了为减缓气候变化采取措施提供资金上，而不是将重心放在建立适应基金制度上。因为缓解全球变暖的金融措施符合发达国家利益，这些措施具有全球利益。全球环境基金被赋予的任务是为弥补将一个具有国家效益的项目转变为具有全球环境效益的项目过程中产生的"增量"或附加成本，提供新的和额外赠款和优惠资助。[2]从该规定我们可以看到，全球环境基金强调其资助项目从具有国家效益转向具有全球环境效益。在此规定影响下，全球环境基金通常只对气候减缓活动提供资金。鉴于温室气体的流动性，发展中国家减少温室气体排放的活动，减缓了地球大气层中温室气体的积累，有助于防止温室效应的发生，也有利于世界各国免受气候变化不利影响，具有全球环境效益。而在发展中国家的适应项目，主要目的在于帮助当地居民适应气候变化的不利影响，如为了抵御海水泛滥而建造海堤、开发抗旱农作物、提高基础设施防洪标准等等。适应项目更多具有国家效益，有些只有当地

---

〔1〕　Government of Norway, Norway's Sixth National Communication under the Framework Convention on Climate Change, 2014, p. 162.

〔2〕　"全球环境基金"，载 http://www.gefchina.org.cn/qqhjjj/gk/201603/t20160316_24275.html，最后访问日期：2020年4月29日。

效益，全球效益不甚显著，全球环境基金对资助适应气候变化的项目兴趣不大。

所谓"适应"通常是指，"自然或人类系统对新的或变化的环境的调整。对气候变化的适应就是自然或人类系统为应对现实的或预期的气候刺激或其影响而作出的调整，这种影响能够减轻损害或开发有利的机会。"[1]适应资金则是指气候变化不利影响之下，各缔约方采取应对措施适应气候变化的增量成本。适应气候变化的项目虽然没有全球效益，但是对发展中国家的经济社会发展和当地人民的民生却意义重大。在发展中国家的强烈要求之下，全球环境基金在资助减缓活动的全球环境基金信托基金之外，又设立了最不发达国家基金、气候变化特别基金以及适应基金用于资助发展中国家的适应活动。全球环境基金信托基金主要资助减缓活动；最不发达国家基金和适应基金资助适应活动；气候变化特别基金的活动包括了缓解和适应两类活动。就其资金来源而言，全球环境基金信托基金、气候变化特别基金和最不发达国家基金属于公约附件二的发达国家缔约方根据公约的供资，适应基金则属于根据《京都议定书》的供资。[2]

《巴黎协定》在第9条要求发达国家缔约方继续履行在《气候公约》下的现有义务，并明确要求发达国家缔约方应为协助发展中国家缔约方在减缓和适应两方面提供资金。绿色气候基金作为新成立的基金，对减缓资金和适应基金的投入数量非常重视，在《绿色气候基金治理导则》中对减缓和适应资金的分配高度重视，规定"董事会将平衡基金下适应和减缓活动之间的资源分配，并确保为其他活动适当分配资源。"

在这种情况下，如何确定气候资金中缓解与适应资金之间的比例关系呢？在政治层面上，国家总是谨慎地将气候资金与单一义务——对发展中国家的"支持"放在一起，强调国家所提供的气候资金的总量。在涉及减缓与适应资金的比例时，他们往往解释其通过以"平衡"比例提供缓解和适应资金来履行义务。但是，正如我们前部分讨论的那样，从概念上讲，两种类型的资金具有完全不同的原理。因此，减缓气候变化的活动在减少或没有外部援助的

---

〔1〕　IPCC Working Group III: Climate Change 2001: Mitigation, Cambridge University Press, UK, 2001. http://www.grida.no/climate/IPCC_tar/wg3/index.htm（last visit May 18, 2020）.

〔2〕　参见龚微：《发展权视角下的气候变化国际法研究》，法律出版社2013年版，第102页。

情况下，难以进一步减少发展中国家缔约方的温室气体排放，其后果将直接遏制全球变暖的努力。适应资金可以应对发展中国家缔约方特定地区实际承受或预计发生的气候变化造成的破坏，但是对全球气候变暖无法修补或没有直接的影响。也有学者认为，适应资金可以补偿最贫穷的发展中国家，对其几乎没有任何温室气体排放的情况下正在面临或今后将要面临的损害采取措施来处理或避免那些其未造成损害的损害。总体来看，缓解和适应资金的基本原理几乎没有重叠。在气候资金分配的实践中，二者的比例一直是偏向减缓而忽视适应资金。

国际气候政策中心（CPI）自 2010 年连续 5 年对全球气候资金分布进行汇总整理，认为每年投入适应气候资金比例仅在 3.8%-6.4% 之间。另一个国际组织的统计的结果显示，2011-2014 年适应气候资金比例在 6.7%-18.4% 之间。[1]我国环境保护部对外合作中心的潘寻博士对发展中国家缔约方中提出减缓气候资金需求和适应领域资金需求进行了比较，其中南非、伊朗、印度 3 个发展中温室气体排放大国资金需求向减缓倾斜，减缓/适应资金需求比例分别为 19.7%、9.7% 和 4.0%。[2]现阶段，发展中国家缔约方中的大国更注重对减缓资金的需求，相形之下所提出适应资金需求较少。而发展中国家缔约方中的小国，则更为注重适应领域气候资金的需求。

根据对目前的国际气候资金投向的分析，之前国际气候资金的投资多倾向于减缓项目。经济合作与发展组织在 1000 亿美元路线图报告中指出，气候资金应尽量保持减缓资金与适应资金的平衡。《巴黎协定》要求发达国家缔约方提供资金的规模应在每年 1000 亿美元的基础上逐年扩大。绿色气候基金在气候资金的分配上也提出，要进一步强化适应项目的资金供给，随着时间的推移在减缓和适应气候资金投入上达到 50：50 的平衡。[3]实践当中绿色气候基金共分为三类项目，分别是：减缓类项目、适应类项目以及跨领域项目。根据绿色气候基金的理事会决议，基金的气候资金的投向除了实现不同投资

〔1〕 参见潘寻：“基于国家自主决定贡献的发展中国家应对气候变化资金需求研究”，载《气候变化研究进展》2016 年第 5 期。

〔2〕 参见潘寻：“基于国家自主决定贡献的发展中国家应对气候变化资金需求研究”，载《气候变化研究进展》2016 年第 5 期。

〔3〕 GCF, About the Found, https://www.greenclimate.fund/who-we-are/about-the-fund#p_p_id_56_INSTANCE_rDYHniAi9l43_ (last visit May 18 2020) .

项目之间的平衡，还要注重不同环境水平下国家投资的针对性，在考虑到地理因素平衡的基础上，要确保至少 50% 的气候资金用于支持环境脆弱的国家，这些国家主要包括最不发达国家（LDCs）、小岛屿发展中国家（SIDS）和非洲国家。强化绿色气候基金作为公约资金机制主要运营实体的地位将会逐渐增强，根据气候变化国际法的原则进行公平合理的气候资金分配，被发展中国家寄予厚望。

第六节　与气候资金机制有关的市场制度与规则

当前，环境保护受到广泛的重视，各种新的机制层出不穷。单纯由国家政府运用行政手段管制环境的做法已经开始嬗变。20 世纪 80 年代，西方工业国家应对环境危机的大讨论试图引导生态与经济的关系由"对立"转变为"并立"的"生态现代化"理论，主张以"市场机制"代替"命令-控制"机制应对环境问题。[1]国际环境法与国内环境法一样，受到这些影响。治理手段上涉及多个法律部门，这些法律部门既有公法，也有私法。当前，法律对环境的保护已进入全方位的多元治理阶段。由于环境问题的日益复杂和严重，以国家政府的行政管制为主导治理模式的弊端逐渐显现，因此，除了环境行政法，各国均采用以市场机制为本位的环境经济手段。这些正是民法的调整范围，并且民法的利益激励机制、补偿机制是其他公法手段所无法代替的。[2]本书认为，这一针对国内环境法的论述放在国际社会依然成立。从涉及的部门法上看，气候资金机制既受国际公法调整，也受国际经济法和国际私法调整；从资金来源上看，气候资金机制既有国家间的公共资金，也有国家资金撬动的市场资金；从性质上看，气候资金机制既属于国家间的管制手段，也属于市场化的利益激励手段。

一、私部门提供的气候资金

《气候公约》对气候资金来源没有明确地给出界定，但是公约要求资金应

---

〔1〕　See Gerts and Arthur, "Carbon Flows, Carbon Markets, and Low-carbon Lifestyles: Reflecting on the Role of Markets in Climate Governance", *Environmental politics*, Vol. 20, No. 1, 2013, pp. 175-177.

〔2〕　参见吕忠梅主编：《环境法原理》，复旦大学出版社 2017 年版，第 136 页。

当是基于"赠款和优惠贷款"、其性质应当是"新的"和"额外的"。从这些性质规定可以看出，公约对气候资金的来源，应当是以国家的公共资金为主。《京都议定书》在此问题上基本沿袭公约的规定与做法，但在第 12 条引入了清洁发展机制，允许私有和公有实体参与，并规定将该机制产生的收益提供给适应基金，供发展中缔约方的适应活动之用。《巴黎协定》也提到了发达国家缔约方继续带头，"从各种大量来源、手段及渠道调动气候资金"，随后才提到"通过公共基金采取各种行动"。显然已经不再强调气候资金的公共来源。在"巴黎气候变化大会"通过的缔约方会议决议中，则更为直接明确地表示，根据缔约方会议相关决定，资金的来源上"协调公共和私人"。可见来自私部门的气候资金已经在来源上取得了不亚于公共气候资金的地位。相对于气候资金机制的传统经营实体着重从公共部门筹措气候资金，绿色气候基金最大的特色之一就是增加了面向私部门的资金来源。

对于私部门提供的气候资金，有不同的统计渠道。2018 年的常设资金委员会的报告指出，私部门的气候资金数据具有大的不确定性。该委员会主要通过其他机构获得私部门的气候资金。通过多边发展银行报告的私部门的气候资金从 2015 年的 109 亿美元增长至 2016 年的 157 亿美元。经合组织则估计通过双边和多边机构 2012-2015 年筹措的私部门气候资金在 217 亿美元左右。[1]根据德国环境部资助的气候政策倡议组织 2019 年提供的"全球气候资金格局报告"指出，私部门提供的气候资金总量在 2017/2018 年平均每年达到 3260亿美元。[2]

2019 年的这份报告指出，在这些私部门提供的气候资金中，企业继续占了大部分，但商业金融机构的作用在逐渐提高，从 2015/2016 年到 2017/2018年，所提供的气候资金增加了 51%。这些私部门资金中 85%流向可再生能源，14%流向低碳交通，所有其他子部门的流量低于 1%。这种模式在一定程度上反映了私部门数据的局限性，但也符合私人投资者对更具商业可行性的可持续项目和行业的偏好。市场利率债务是 2017/2018 年用于引导最多气候资金

---

〔1〕　Standing Committee on Finance, 2018 Biennail Assessment and Overview of Climate Finance Flows, https://unfccc. int/sites/default/files/resource/SCF presentation. pdf（last visit May 18, 2020）.

〔2〕　Barbara Buchner, Alex Clark, Angela Falconer, Rob Macquarie, Chavi Meattle and Cooper Wetherbee, Global Landscape of Climate Finance 2019, https://climatepolicyinitiative. org/publication/global-landscape-of-climate-finance-2019/（last visit May 18, 2020）.

的金融工具，平均每年 3160 亿美元。70% 的债务是在项目一级提供的，其余 30% 是资产负债表借款。

市场利率债务的数据也说明了私部门气候资金的另一个大特点——市场导向。作为公共资金之外的气候资金，其提供、使用和管理是基于市场进行的，具有鲜明的市场性。对此，"巴黎气候变化大会"在一定程度上予以认可，在决议中指出"充分和可预测的资金，包括酌情为基于成果的支付提供资金"，随后在该段末尾继续重申"此类办法的非碳效益的重要性"。非碳效益的表述已经明确认可了市场机制的逐利性。这些规定显然是在气候变化国际法所规定的降低大气中人为排放的温室气体浓度、限制升温目标、可持续发展之外的效益。这种基于成果的市场导向资金，需要引导和强化监管。为了实现可持续发展目标需要大量私部门资金。官方机构需展现其利用稀缺公共资源所获影响，从定义和测量两个方面入手强化管理。[1]《巴黎协定》第 6 条规定了市场机制的基本内容，其实施细则未能在 2019 年底的马德里气候变化大会上通过，有待后续努力。

二、清洁发展机制

清洁发展机制正式出现在 1997 年底的《京都议定书》上。《京都议定书》第 12 条规定了清洁发展机制的设立目的、基本框架和主要内容，2001 年《气候公约》第 7 次缔约方会议决定通过第 17 号决定附件所载的方式和程序，为清洁发展机制的运作提供了具体的规则。与传统的给予发展中国家发展援助的方式——直接给予资金和技术等优惠不同，清洁发展机制是一种非传统的方式。它的出现借助市场手段的作用，使发达国家缔约方得到降低减排成本的实际好处，从而使其愿意提供资金和技术参与到发展中国家缔约方的经济发展活动中，在一定程度上弥补了《气候公约》中发达国家缔约方不愿提供资金、气候变化国际法资金机制的融资面临重重困难的不足，具有明显的双重效果。[2]清洁发展机制的出现亦可以看成发达国家与发展中国家对立

---

〔1〕 参见［美］杰夫·克尔斯基："如何量化动员私人资金的努力？"，曾一巳译，载《金融市场研究》2016 年第 11 期。

〔2〕 See Kevin A. Baumert, "Participation of Developing Countries in the International Climate Change Regime: Lesson for the Future", *George Washington International Law Review*, Vol. 38, 2006, p. 383.

意见调和的结果。该机制不同于寻常的市场手段，比起常规的国际投资有更高的要求；也不同于建立在赠款和优惠贷款基础上的发展援助和气候资金，试图在允许发达国家缔约方获取低成本减排方式的同时顾及发展中国家的可持续发展需要。

《气候公约》在第 3 条原则中已经对此有所规定，"考虑到应付气候变化的政策和措施应当讲求成本效益，确保以尽可能低的费用获得全球效益。为此，这种政策和措施应当考虑到不同的社会经济情况"，在该原则规定的后部则直接指出，"应付气候变化的努力可由有关的缔约方合作进行"。在《京都议定书》所规定的三大灵活机制中，清洁发展机制是唯一一个发展中国家可以参与的机制。截至 2019 年 10 月，清洁发展机制创造的激励措施促进了 111 个国家 8100 多个项目和活动方案的登记，并导致发放了约 2 016 262 000 份核证的排减量。[1]

清洁发展机制有两个方面的举措与气候资金有关：

第一，通过促进发达工业化国家政府和企业对气候友好的投资来帮助发展中国家实现可持续发展。通过减排项目，气候发展机制可以刺激来自议定书附件 B 的发达国家缔约方的公私实体带来国际投资，并为发展中国家缔约方的清洁经济增长提供必要的资金。

气候变化国际法明确规定，用于清洁发展机制项目的公共资金不得导致官方发展援助资金的转移，以确保发达国家用于清洁发展机制的公共资金额外于发展援助。对于私部门的资金则没有该限制。为了参加清洁发展机制，各国必须满足某些资格标准。通常，所有缔约方都必须满足三项基本要求：自愿参加清洁发展机制、建立国家清洁发展机制管理机构和批准《京都议定书》。此外，议定书附件 B 的发达工业化国家还必须满足若干进一步的规定：根据《京都议定书》第 3 条确定配量、建立国家温室气体估算制度、建立国家登记册、编制年度清单和建立销售和购买排减量的会计制度。据清洁发展机制的执行委员会统计，机制提供的激励带来超过 3000 亿美元的投资。[2]

发展中国家的受益不仅直接来自于外来投资流量的增加，而且受益于这

---

〔1〕　清洁发展机制官方网站，https://cdm.unfccc.int/index.html，最后访问日期：2020 年 4 月 29 日。

〔2〕　CDM Report 2001-2018，https://unfccc.int/documents/181797？（last visit August 8，2021）.

些投资促进可持续发展目标的要求。清洁发展机制鼓励发展中国家参与，承诺发展中国家缔约方的发展优先事项和倡议将作为一揽子计划的一部分加以处理。

第二，清洁发展机制的收益将被征税用于适应气候变化。清洁发展机制项目产生的核证的排减量将被征收 2% 的税，称为"收益份额"，这笔税将支付给新设立的适应基金，以帮助特别脆弱的发展中国家适应气候变化的不利影响。清洁发展机制是《京都议定书》适应基金的主要收入来源，该基金的设立是为了资助《京都议定书》发展中国家缔约方特别容易受到气候变化不利影响的适应项目和方案。

作为两种直接涉及资金的机制。学界对清洁发展机制与全球环境基金各自提供资金的项目进行了实证研究，使用印度和巴西 28 份全球环境基金和 233 份清洁发展机制项目文件的数据。[1]将两个机制实现的减排和成本与理论边际减排成本曲线进行的比较表明，这两种机制都侧重于负的和低成本的减排潜力，但在这一成本范围内仍有大量的理论潜力尚未发掘。清洁发展机制更有效地挖掘了工业气体和甲烷排放的减排潜力，而全球环境基金则更成功地瞄准了需求方能源效率和运输减排机会。在某些部门，特别是可再生能源，这两种机制重叠。上述的研究表明两种机制今后需要更好地协调。

《京都议定书》第一承诺期是 2008-2012 年，随后对时限进行了修订，将其适用延长至 2020 年。清洁发展机制虽满足了附件一缔约方低成本减排的诉求，但却忽视了非附件一国家和国际社会的整体利益，对可持续发展目标的重视不足。清洁发展机制今后的发展方向何在？各国根据《巴黎协定》履行其减排承诺，被称为"国家自主承诺"。一些缔约方希望，清洁发展机制的机构和工具可以在国家自主承诺未涵盖的部门释放减排投资。这些非国家自主承诺纳入的部门的排放量可能相当可观。一项新的分析表明，《巴黎协定》缔约方温室气体排放量的三分之一可能在国家自主承诺之外。如果不采取严格的规则来监测和核算这些部门的碳信用，可能会产生不正当的动机，让非国家自主承诺的排放激增。清洁发展机制是否能胜任这项任务仍不清楚。《巴黎

---

〔1〕 See Nicholas Tatrallyay and Martin Stadelmann, "Climate change mitigation and international finance: the effectiveness of the Clean Development Mchansim and the Global Environment Facility in India and Brazil", *Mitigation and Adaptation Strategies for Global Change*, Vol. 18, 2013, p. 903.

协定》第 6 条规定，"奖励和便利缔约方授权下的公私实体参与减缓温室气体排放"，并规定了由此产生的减缓收益也可以被输出计入其国家减排的贡献。《气候公约》缔约方会议和《巴黎协定》缔约方会议将在其职权范围内进行广泛讨论。协定相关规定的机理类似于清洁发展机制，新机制的设计吸取京都信用机制之教训，将"可持续发展"提升至与"减缓"同等地位。[1]一个新的，具备清洁发展机制特点、克服其不足的市场机制正在形成中。

三、林业碳汇制度

应对气候变化需要减少排放温室气体，世界的目光主要关注减排。从大气中清除温室气体也值得关注。《气候公约》在第 1 条中指出，"'汇'指从大气中清除温室气体、气溶胶或温室气体前体的任何过程、活动或机制。"通过植树造林、减少毁林、防止森林退化、森林可持续管理等举措可以吸收大量温室气体，被称为森林碳汇。林业碳汇的概念是指利用森林具有固碳然后排除氧气的功能，利用光合作用将大气中的二氧化碳固定于土壤或植物中，从而减少大气中的二氧化碳浓度。[2]也有很多研究林业碳汇的专著和论文将林业碳汇定义为"利用森林的储碳功能，通过实施造林再造林和加强森林经营管理、减少毁林、保护和恢复森林植被等活动，吸收和固定大气中的二氧化碳，并按照相关规则与碳汇交易相结合的过程、活动或机制。"[3]在应对气候变化的各种举措之中，森林碳汇被认为是成本最低的减排措施之一。[4]为了促进森林碳汇的发展，应对气候变化国际合作设有多种制度，主要有土地利用变更和森林（Land use, land use change and forestry，简称 LULUCF）和减少发展中国家毁林和森林退化（Reducing green house gas Emissions from Deforestation and forest Degradation in developing countries，简称 REDD+）两种。

通过土地利用变更和森林活动可以增大大气中温室气体的清除量，或者

---

〔1〕 参见曾文革、党庶枫："《巴黎协定》国家自主贡献下的新市场机制探析"，载《中国人口·资源与环境》2017 年第 9 期。

〔2〕 参见赖梅东等："基于 CDM 机制下森林碳汇市场空间分析"，载《特区经济》2013 年第 11 期。

〔3〕 参见林旭霞："林业碳汇权利客体研究"，载《中国法学》2013 年第 2 期。

〔4〕 参见颜士鹏："应对气候变化森林碳汇国际法律机制的演进及其发展趋势"，载《法学评论》2011 年第 4 期。

可以减少导致碳储存积累的源排放量。简单来说土地利用变更和森林活动可以从保护现有的森林碳库和增加碳储量两个方面缓解气候变化。《京都议定书》第 3.3 条规定，缔约方决定温室气体清除量和通过某些活动的排放量在达到《京都议定书》的排放指标时予以核算。相反，毁林活动所致排放量将从公约附件一缔约方在其承诺期内可能排放的排放量中减去。而《京都议定书》第 3.4 条规定，缔约方可选择与土地利用、土地利用的变化和林业有关的其他人为活动，特别是森林管理、耕地管理、牧场管理和植被重建，列入其承诺减排量的核算。

《建立世界贸易组织的马拉喀什协议》中商定第 3.3 条和第 3.4 条之下的活动的定义，为了确保缔约方之间的一致性和可比性，为"森林"一词确定了一个共同的定义。在考虑到各国的具体情况下允许有一定的灵活性，例如，缔约方可以选择 2 至 5 米的最低树高作为森林的定义。然而，一旦选择了这些值，它们就会保持不变。《建立世界贸易组织的马拉喀什协议》还为其他四项土地利用变更和森林活动提供了定义：森林管理、耕地管理、牧场管理以及植被重建。缔约方可选择列入其中任何一项活动，以帮助实现其排放目标。

与《京都协定书》下的 LULUCF 规则相比，参与 REDD+完全是自愿的。因为 REDD+没有与减排目标联系起来，就不会存在遵约问题——激励方法仅仅意味着，如果没有业绩就不会有报酬。相比之下，《京都议定书》附件 B 缔约方的 LULUCF 规则与欧盟和澳大利亚等少数几个国家具有法律约束力的整体经济指标挂钩，这些国家仍然致力于对 1997 年商定的《京都协定书》的承诺。与 REDD+相比，LULUCF 的激励机制及其核算逻辑遵循了完全不同的理论基础，这让成功的减排能够得到发达国家的财政资金补偿的想法开始从学术界演变而来。尽管存在这些更为"实际"的差异，但共性也导致了制度化过程中技术模式的显著外溢效应，特别是在定义和审查参考水平和包括所有漏洞在内的可测量、可报告、可核查方面。REDD+是《气候公约》之下的一个气候缓解机制，旨在向发展中国家支付通过减少森林损失而避免的碳排放。REDD+可以在整个发展中世界的森林地区转移资金并迅速转变农村发展。

尽管有了这些平行的发展，但这两个机构在对核算要素进行严格审查方面也有不同，主要是因为大多数发展中国家缺乏足够的能力，而建立这些能力需要比预期更多的时间和支持。有几个因素对每个机构来说都是独一无二的，没有被普及的。为了应对企业和政府的雄心壮志，人们开始担心大量流入的 REDD+资金对森林治理、当地土地使用者权利和生物多样性的影响。其中包括担心政府和/或公司利益将巩固其对土地使用决策的控制，从事剥夺当地社区和土著人民的"土地征用"、将天然林转变为对生物多样性有负面影响的碳种植园。许多组织和个人强调了评估 REDD+活动以及相关法律框架对社会公平的影响。针对这些关切，《气候公约》通过了 REDD+"保障措施"，目的是确保在森林碳目标之外取得更广泛的积极环境和社会成果。在当前的 LU-LUCF 模式下，各国可以将人类升温潜能值和不可抗力因素纳入其参考水平，这是迄今为止在 REDD+下明显缺失的一部分。此外，寻求在 REDD+下可以基于成果申请融资的发展中国家必须执行社会和环境保障措施，并通过保障信息安全系统提供他们如何处理和尊重这些问题的证据，甚至有可能这些问题从未在 LULUCF 方面讨论过。尽管它们有着共同的关注点，但是 LULUCF 和 REDD+这两种途径确实不同。

事实上，相当多的 LULUCF 谈判代表也参与了 REDD+谈判。然而，2005-2009 年期间，这两个议程项目之间几乎没有"溢出效应"。这在一定程度证明它们之间确实互不相关，LULUCF 谈判更具技术性，而 REDD 谈判则更具有学术界和民间社会的影响力和关注度。在此背景下，强调发展中国家和发达国家的先天条件对于切断 LULUCF 与 REDD+之间的联系具有决定性意义。例如，北半球森林部门的排放被认为是微不足道的。在过去的几十年里，森林在大多数公约附件一发达国家一直起着碳汇的作用，而不是碳源的作用。这使得 LULUCF 对缓解的潜在贡献不如其他部门的贡献大。相比之下，发展中国家的森林对于国家排放量起着关键作用，从而减缓气候变化。此外，森林，往往还有森林转化是这些国家发展议程的核心，因此有理由认真考虑 REDD+下的生态和社会问题，而不是 LULUCF。所以这就是为什么在 REDD+中给予如此多的关注而在 LULUCF 中给予极少的关注。发展中国家的 REDD+规则实际上比 LULUCF 规则要求更高。

《巴黎协定》第 5 条指出，"鼓励缔约方采取行动……为减少毁林和森林退化造成的排放所涉活动采取的政策方法和积极奖励措施，以及发展中国家养护、可持续管理森林和增强森林碳储量的作用"，同时重申"酌情奖励与这种方法相关的非碳收益的重要性"。现有的 REDD+和 LULUCF 是处理森林温室气体排放量和清除量的两个机构。从技术上讲，这两种方法都建立在核算和减少碳排放的基础上。在某种程度上，它们具有相似的逻辑和可比元素，例如合格的活动以及通过（森林）参考水平的基线。这种体制上的相似性支持了这样一种趋势，即原则上这两个机构是可能趋同的。

目前关于 LULUCF 与 REDD+潜在融合趋势的讨论，都力求对这些平行的体制发展有更系统和全面的了解。个别发展以及技术感知的共性和差异说明了 LULUCF 和 REDD+的不同体制路径，以及影响其体制演变、变化和稳定的因素。历史分析的一个核心结论得出所有缔约方在 REDD+和 LULUCF 中都有一种机会主义行为。例如在 REDD+中增加未定义的活动，在第一承诺期中对 LULUCF 国家进行任意核算，或在第二承诺期中增加灵活的功效芯体。根据2020 年后协定将 LULUCF 以及 REDD+合并到一个共同的核算框架中，将会产生更广泛的谈判群体，并可能进一步淡化已经实现的规则和责任。

REDD+可以在很大程度上协调不同国家之间关于资金责任的不同观点，这对许多国家至关重要，因为它使发展中国家能够承担责任，同时尊重其不同的能力和背景。此外，它注意到土地利用部门在大多数发展中国家的不同作用，这对发展至关重要。共同核算框架的支持者往往忽视了 LULUCF 以及 REDD+根本不同的政治和伦理基础，这种相互关系应该是一种"分离"的关系。这项研究的批判性分析和政治洞察似乎表明，机构从来不是独立发展的，而是彼此之间有明确的参照关系，而且这种参照关系很重要。这意味着机构仍然可能产生脱节的政治机构，即使它们好像追求着相同的目标并具有共同的技术共性。目前，清洁发展机制在 2020 年即将到期，而林业碳汇 LULUCF 和 REDD+融合，将会产生影响更大、统一适用的林业碳汇制度和规则。如果用森林增加所产生的林业碳汇通过 REDD+机制获取国际资金，这将对于发展中国家在气候变化中承担各自责任发挥重要推动作用。

第五章

气候资金机制的程序性制度和规则

相对于气候资金机制的实体性规则，程序规则有可能先发展起来，因为程序规则不涉及实质性权利义务，相对而言争议较小。在事实上也确实如此，在气候变化国际合作没有规定要提供气候资金的数额的情况下，也就是说，在缺乏关于气候资金的专门性实体法的情况下，发达国家缔约方先提供气候资金给发展中国家缔约方，供其进行前期收集和梳理所需资金信息的工作并制定相应信息通报规则也确实先期存在。

事实上，以《气候公约》《巴黎协定》为例，虽然气候变化国际法的制度和规则概述了气候资金方面的实质性义务，但它更多地提到了各国相应的程序性义务。在一个条约制度内，程序法和实体法的发展速度也可能完全不同。在《气候公约》的发展过程中，程序法的发展快于实体法。《巴黎协定》所建立的法律制度的特点是类似"焦糖蛋奶冻（crème brûlée）"。在更软的实质性规范的基础上，有一层硬性的程序性义务。[1] 相对于实体规则的弹性和国家自主性，程序规则的刚性更为显著。《巴黎协定》程序性的设定被称为"只进不退的棘齿机制（Ratcheting Mechanism）"，其试图通过严格的程序性的制度设计来推动实体上权利义务的落实。本章基于缔约方会议决定和《巴黎协定》对绿色气候基金的规定以及《绿色气候基金治理导则》的主要内容，在总体性讨论气候资金机制透明度的基础上，针对气候资金机制的程序性制度和规则，分别从出资制度、分配制度和信息披露制度等方面展开论述。这

---

[1] See Jonathan Pickering et al., "Global Climate Governance Between Hard and Soft Law: Can the Paris Agreement's 'Crème Brûlée' Approach Enhance Ecological Reflexivity?", *Journal of Environmental Law*, Vol. 31, No. 1., 2019, p. 1.

些讨论既有基于公约、协定、决定的规定，也有为公约协定服务的机构通过的申请和批准的程序性制度和规则。

第一节　气候资金机制的透明度

透明度意指事情的公开程度，通常被认为是信息公开的同义词。透明度涉及面很广，既可以包括实体性的制度和规则，也可以包括程序性的制度和规则。气候资金机制对透明度的关注主要表现在程序性制度规则方面。气候变化国际法对透明度问题非常重视，试图通过透明度推进实体性制度和规则落实方面的整体进步，从而在有利于实现气候治理目标的同时兼顾不同国家缔约方之间的差别。

一、透明度的界定

透明度作为国际规范兴起于 20 世纪，经过长时间的洗礼和磨合，透明度已经广泛地融入国际社会各种议程，充分地嵌入诸多国际制度之中。气候资金机制当中存在的乱象造成不同国家缔约方、国家集体和其他利益相关方之间的猜忌、争执和信任缺失，严重影响了国际合作应对气候变化的整体推进。《巴黎协定》在前期探讨的基础上首次引入透明度概念，其框架建构涉及多个条款，对气候资金机制亦造成重大影响。

透明度这一概念被广泛应用于多个学科领域，在自然科学中是测量水质、矿物质的指标；在社会科学中含义虽有所变化，但也出现在政治学、经济学、法学等多个社会科学领域。在《汉语大词典》中，"透明度指物体可透光的程度。现多指人或事物对外公开而让人了解的程度。"[1]在法学的理论和实践当中所涉及的透明度是一个比拟词，意指"法律规则、程序和制度的产生过程和适用效果能够不费力地为人们所看到、查到和获得。就像人们能够毫不费力地透过干净的玻璃窗看清事物一样。"[2]透明度在国际法中的作用和地位越来越受到重视，不断在多个国际治理领域的谈判中出现，被越来越多的国际

---

〔1〕　汉语大词典编辑委员会、汉语大词典编纂处编纂：《汉语大词典》（下卷），汉语大词典出版社 1997 年版，第 6301 页。

〔2〕　See Willianm B. T. Mock, "An Interdisciplinary Introduction to Legal Transparency: A Tool for Rational Development", *Dickson Journal of International Law*, Vol. 18, No. 2., 2000, p. 295.

公约、条约和决议等法律文件载入。"在国际层面，如果协议的谈判、制度的设立或争端的解决缺乏透明度，其合法性就受到怀疑，至少会被认为是不民主的。"[1]《巴黎协定》首次引入透明度条款，主要涉及行动和支助的透明度。资金是支助的重要组成部分，透明度对气候资金机制产生直接影响。

二、气候资金机制的透明度的内涵

国家信息通报设有专门的气候资金数据单元，专门收集公约附件二缔约方执行《气候公约》有关的资金资源的信息。列入公约附件二的国家已经提供了七次国家信息通报。在气候资金的提供当中，不同国家、各种组织、机构从各自立场出发，在实践中对气候资金的提供按照自己的理解，用对自己有利的模式与方法进行解读。在发达国家缔约方的气候资金提供报告当中这个问题的存在非常明显。2011年《气候公约》秘书处对第五次国家信息通报进行综合分析。分析报告认为，尽管许多附件二发达国家缔约方报告了他们提供的资金数据，但是这些数据的细节和收集水平相差非常之大。由于各方使用的方式和方法完全不同，这些粗略收集的数据只能反映大致的状况和趋势，难以进行深入和有效的比较。比如，各国收集资金数据的部门分类，时间阶段的确定，包括表格和文字的格式都不相同，也不符合公约提供的指南。[2]后续的国家信息通报虽然在形式上有所改进，但透明度不足的问题一直未得到有效解决。通用表格格式（Common Tabular Format，简称CTF）在2012年《气候公约》第18次缔约方会议商定，并在2015年第21次缔约方会议上通过第9/CP.21号决定更新。澄清发达国家两年期报告中提供的信息的时间范围，包括关于诸如绿色气候基金等个别气候基金的具体项目，并承认一些气候资金的供款可以同时对缓解和适应作出反应。《气候公约》资金常设委员会于2016年和2018年对气候资金流动进行两年一次的评估。

《巴黎协定》指出，关于所提供支持的信息应"透明和一致"，并尽可能提供全面概述所提供的总体资金支持。资金支持概述将提供有关发达国家和"其他"国家提供的公共气候资金趋势的信息并将提供发达国家在其承诺的每

---

[1] See Julio A. Lacarte, "Transparency, Public Debate and Participation by NGOs in WTO: A WTO Perspective", *Journal of International Economic Law*, Vol. 7, No. 3., 2004, p. 683.

[2] FCCC/SBI/2011/INF.1, p. 12.

年 1000 亿美元方气候资金方面的部分进展情况。

自 1999 年《气候公约》第 5 届缔约方大会的第 4/CP.5 号决定为附件二国家信息通报规定《国家信息通报报告准则》以来，报告支助情况一直是附件二国家信息通报的一个强制性义务组成部分。在 2010 年第 16 次缔约方会议上，通过两年期报告，扩大了附件二国家关于气候融资的报告规定，使之更加频繁。正如之前的分析所显示的在国家信息通报和两年期报告中报告气候融资信息的准则有很大的重叠，但彼此并不完全匹配。

实际上，大多数同时也是附件一缔约方的非附件二缔约方，无论是作为经合组织发展援助委员会成员国如波兰、捷克，还是根据欧盟监测机制条例如拉脱维亚，以及自行提供了气候资金并报告了这些信息来文和两年期报告的缔约方例如俄罗斯联邦，都已经在进行气候资金提供报告了。所有附件二缔约方也是经合组织发援会，并和其他四个附件一缔约方一样，利用里约指标来"标记"用于减缓和适应气候变化的双边官方发展援助数额，并在《气候变化报告准则》下报告这一信息。所有欧盟成员国都开始根据欧盟监测条例以及经合组织发援会报告气候资金信息，其中许多欧盟成员国还没有被列入，不是公约的附件二缔约方。

提高发达国家缔约方提交的气候资金信息的透明度和一致性，可以要求各国（和任何其他报告实体）报告所提供和动员的支持，例如使用相同的范围、定义、方法和换算系数。这将允许对信息进行汇总，以便提供总体资金支持的概述。然而，各国在其中一些问题上目前存在着重大的、甚至是强烈的分歧。这些分歧的存在使得短时间之内达成协议的可能性不大。比较现实可行的方法是借助已有平台逐渐推进气候资金的透明度。提高向《气候公约》提交的关于所提供和动员的支持的信息的透明度和一致性的第二种方法是各国报告对数据进行分类，例如按受援国、流动类型等。这将使用户能够确定具体的感兴趣领域并汇总原始数据。在经济合作与发展组织的发展援助委员会数据库中已经完成了这种分类报告。然而，目前这一数据库的设计初衷并不是为了使捐助者向《气候公约》报告的项目具有透明度。各国向经济合作与发展组织的全球报告系统和《气候公约》报告的内容可能存在重大差异。

三、气候资金机制透明度的特点与挑战

应对气候变化国际法在很大程度上依赖透明度来实现其所预定的目标。

事实上，《巴黎协定》当中没有如《气候公约》《京都议定书》那般具体规定各个缔约方的目标。透明度的存在，意在激励各缔约方拿出足够雄心勃勃的承诺，并促进各方履行这些承诺。气候资金透明的目的特别是要明确有关单个缔约方在气候变化行动中提供和接受的气候资金支持，并在可能的情况下尽可能全面地概述所提供的总资金支持，得以为后续的全球盘存提供信息。2018 年 12 月，在波兰卡托维兹气候大会通过的《巴黎协定》实施细则中，各国将遵守同样的原则来测算和报告各自的气候行动。作为《气候公约》第24 次缔约方会议暨《巴黎协定》第 1 次缔约方会议第三部分通过了《巴黎协定》第 13 条规定的透明度框架的模式、程序和准则（Modalities，Procedures，and Guidelines，简称 MPGs）。《巴黎协定》特设工作组的主要任务之一是根据《巴黎协定》第 13 条建立的行动和支持透明度框架制定模式、程序和准则。作为一种妥协，《巴黎协定》采用了一种混合的法律架构，将促进灵活性和参与的自下而上的方法与促进雄心壮志和问责制的自上而下的国际规则体系相结合。透明度制度和规则就是不同于自下而上自主决定的实体性的温室气体减排义务的一种自上而下的程序性义务。《巴黎协定》的缔约方将从 2024 年底开始遵循这些模式程序和准则提交的新的两年期透明度报告，在《气候公约》确定的透明度要求之外，新增了一种针对所有缔约方的透明度要求。

在气候变化国际法中，除了气候资金机制，关于透明度的规定已经并还将可能涉及气候资金的报告、资金的分配、减缓措施信息披露和争端解决等多个领域。[1]透明度被视为划分国际责任、提升国际制度有效性的重要政策工具。透明度制度化的功能包括信息提供、行动授权、改进制度设计、进行国别比较，并对履约不力的国家施加压力或制裁等内容。透明度制度与可问责制度的结合共同构成治理的合法性，这种以信息披露为内核的全球治理方式受到广泛推崇。在全球气候治理中成为支撑《巴黎协定》的核心机制，而且成为建构与执行后续规则的基础。透明度原则的制度化已经成为全球气候治理的主要驱动因素，能够积极推动全球进程朝"自下而上"模式转型。同时，透明度的制度化过程也存在被过度议程化与政治化的可能，其实际作用有

---

〔1〕《巴黎协定》第 13 条首次将技术审查程序扩大到发展中国家的报告。关于缓解措施和向发展中国家提供的任何支助的信息将接受技术专家审查（Technical Expert Review）。该种技术专家审查也被某些学者认为属于透明度建设之一部分。——笔者注。

被夸大的倾向，并就此引发一系列不利于发展中国家维护国家利益的潜在问题。

为了实现《气候公约》的目标，各缔约方需要关于温室气体排放、气候行动和支持的可靠、透明和全面的信息。根据《气候公约》第12条规定，所有缔约方都有义务向缔约方会议传达与执行公约有关的信息。通过交流有关温室气体排放量和减少排放量的信息，以及有关适应和执行手段包括资金、技术转让和能力建设的信息，透明度和报告系统可以了解气候行动的抱负和进展以及缔约方的支持，并为缔约方会议在这些问题上的审议和指导提供依据。《巴黎协定》对透明度的规定以及后续发展逐渐形成的制度实质上起到了评估条约目标的遵守情况的效果。"遵约"是指缔约方是否事实上遵守了协定的规定以及它们已采取的执行措施，评估遵守情况通常需要考虑缔约方是否遵守具体的条约规定。缔约方已经采取措施是否透明，是评估协定规定是否得到遵守的前提条件。

气候变化国际法面临着囚徒困境，在这种困境中，各缔约方有搭上其他缔约方的免费车的冲动和动机。为了避免信息不透明带来的囚徒困境，透明度制度框架已经初步搭建，还应细化这些规则，通过促进与其他制度的深入互动来解决这些问题。增强透明度框架有望在各缔约方之间建立相互信任和信心，并通过提供以下内容促进有效实施：第一个方面，根据《气候公约》第2条规定的目标，对气候变化行动有清晰的了解，包括明确并跟踪在实现第4条规定的缔约方各自的国家自主贡献以及在第7条规定的缔约方的适应行动方面取得的进展，包括良好做法，优先事项，需求和差距，以为第14条之下的全球盘点提供依据。第二个方面，有关各单独缔约方在根据第4、7、9、10、11条进行的气候变化行动方面提供和接受的支助的澄清，并尽可能全面概述所提供的资金支持总量，以便于根据《巴黎协定》第14条进行全球总结盘点。协定中的上述条款只规定了一个总体框架。《巴黎协定》特设工作组已经并将继续制定更具体的指导意见，以便于后续的缔约方会议上通过。这些实施细则的内容涉及与国家自主贡献文件一起提交的资料、国家自主贡献的统计、报告制度的运作和使用以及行动和包括气候资金在内的支助的透明度框架。

2018底通过的《巴黎协定》实施细则关于透明度的规定是朝着遵守《巴黎协定》的承诺目标迈出的重要一步。关于国家自主贡献的提交、统计、报告和审查的统一规则首次适用于所有缔约方。然而，这种统一是以特殊性和法律约束不足为代价的。这些不足若不能有效克服将导致前述规则的潜力难以发挥出来。关于与透明度有关的规则被设计用来借助程序性的规定来推动实体性制度和规则的落实，可以分为事前和事后两个适用阶段：事前透明度规则缩小"国家承诺差距"，事后的透明度规则缩小"国家行动差距"。《巴黎协定》在"规则"前承诺缩小"国家规则"的潜在差距。与透明度有关的规则还可以确定两个主要主题：进展和差别。关于进展情况，新的决议确定了采用一套统一规则的四个方面，程序性的透明度框架力求对所有国家适用同样的规则；关于差别，实质性规范在一些重要方面仍然存在分歧。有学者认为，协定实施细则对透明度的规定有助于推动各缔约方履行义务，但事前透明度规则可能无法充分激励各国提高雄心壮志和实现承诺。[1]

由于《巴黎协定》的所有缔约方将面临新的不加区分的透明度义务，其改变了以往进行区分的做法。透明度的制度化有可能间接影响"共同但有区别"原则的维护，其在议程上的彰显并不利于发展中国家捍卫这一原则。[2]这一变化值得我们关注。目前《巴黎协定》的实施细则还在制定过程中，共同但有区别责任原则是《巴黎协定》所继续认可的法律原则，该原则已经在气候资金机制的实体性制度和规则当中得到很好的体现，在一些程序性的制度和规则，如报告制度、信息披露制度等方面也得到体现。发展中国家应对透明度条款的实施如何体现共同但有区别责任原则发出自己的声音。可以确定的是《巴黎协定》已经将共同但有区别责任原则接受为法律原则，气候资金的透明度也必将受到该原则的指引，在具体的实施细则和实践当中有所反映。

第二节　气候资金报告制度

一、气候资金报告制度概述

"二十世纪 90 年代，在几乎所有新的国际环境协定中规定报告的义务已

---

〔1〕　See Myele Rouxel, "The Paris Rulebook's Rules on Transparency: A Compliance Pull?", *Carbon & Climate Law Review*, Vol. 14, No. 1. , 2020, pp. 18-38.

〔2〕　参见董亮："透明度原则的制度化及其影响：以全球气候治理为例"，载《外交评论（外交学院学报）》2018 年第 4 期。

经成为一种习惯做法。"[1]总的来说，在目前的国际合作应对气候变化的体制中，国家报告温室气体排放量的法律制度、规则非常完善。国家的报告义务增加了透明度，并因此有利于对缔约方履行情况进行国际评审。在《气候公约》谈判之初，发达国家谋求在公约中纳入雄心勃勃的报告制度，如建立一份详细的附件，规定报告中应包括的内容，或指令缔约方会议负责商定报告的通用格式。一些国家还建议公约应要求各缔约方指派一个"国家评估机构"，由该机构负责通过公开的程序编制报告，并附上非政府组织的评议或评论。但所有这些建议最终都被否决了。因为后来的谈判进程表明，即使是仅仅设置一个简单的报告要求都变得很困难。尽管许多国际条约都有提交国家报告的要求，但发展中国家却不愿意在《气候公约》中写进同样的内容。原因是报告的要求范围很广，可能在实践中所有经济部门都要承受报告的义务。这些国家认为报告制度可能增加其负担并干扰它们的国内政策，因此主张应是自愿性的而非强制性的。一些发展中国家甚至反对在公约中使用"报告"（reporting）字眼，认为这有可能成为干涉国家内政的程序。最后，公约采用了比较中性的用语——"信息通报"（communication of information）。[2]尽管其诞生显得复杂、曲折，但其达成的妥协具有重要意义，使其从形式和内容上都体现了对发展中国家的区别责任。

相形之下，与国家报告温室气体排放量的制度相比，报告气候资金，无论提供还是接收，都是一个被忽视的领域。本节所讨论的气候资金提供报告制度也不同于针对公约所有缔约国的信息通报制度。[3]《气候公约》明确地

---

〔1〕 也有研究成果将报告制度称为通报制度，二者并无本质区别，我们依据研究习惯统一采用报告制度的用法。—— ［美］爱迪·B. 维斯："理解国际环境协定的遵守：十三个似是而非的观念"，秦天宝译，载王曦主编：《国际环境法与比较环境法评论》，法律出版社 2002 年版，第 124 页。

〔2〕 Daniel M. Bodansky, "The United Nations Frame Convention on Climate Change: A Commentary", *Yale Journal of International Law*, Vol. 18, 1993, p. 544.

〔3〕 尽管许多国际条约都有提交国家报告的要求，但发展中国家却不愿意在《气候公约》中写进同样的内容。原因是报告的要求范围很广，可能在实践中所有经济部门都要承受报告的义务。这些国家认为报告制度可能增加其负担并干扰它们的国内政策，因此主张应是自愿性的而非强制性的。一些发展中国家甚至反对在公约中使用"报告"（reporting）字眼，认为这有可能成为干涉国家内政的程序。最后，公约采用了比较中性的用语——"信息通报"（communication of information）。See Daniel M. Bodansky, "the United Nations Frame Convention on Climate Change: A Commentary", *Yale Journal of International Law*, Vol. 18, 1993, p. 544.

规定了发达国家与发展中国家通报的内容。公约第 12.1 条要求所有缔约方"（a）在其能力允许的范围内，用缔约方会议所将推行和议定的可比方法编成的关于《蒙特利尔议定书》未予管制的所有温室气体的各种源的人为排放和各种汇的清除的国家清单；（b）关于该缔约方为履行公约而采取或设想的步骤的一般性描述；和（c）该缔约方认为与实现本公约的目标有关并且适合列入其所提供信息的任何其他信息，在可行情况下，包括与计算全球排放趋势有的资料。"气候资金的提供报告制度主要涉及各国报告其提供的资金支持，是对气候资金的单项报告并包括对这些报告的"独立"审查。附件二的发达国家缔约方还被特别要求额外报告其为发展中国家缔约方提供支助情况。2010 年墨西哥坎昆的气候变化大会通过决议，正式要求发达国家缔约方从2013 开始每两年报告一次向发展中国家提供资金支助的情况。这一气候资金报告进程在较低的程度上实现了系统化。[1]

二、气候资金提供报告

《气候公约》附件二缔约方自该制度建立之初就被要求报告其气候资金提供情况。这些报告将作为国家信息通报的一部分提交，并按年度加以细分。[2]最初对附件二缔约方较小群体的关注在实践中有所改变，改为将其视作一个整体。根据 1999 年修订的《国家信息通报报告准则》，18 个发达国家除其他要求之外，还将澄清他们提供的资金是否符合"新的和额外的"标准，各国还将报告所使用的资金分配渠道。[3]1999 年的准则要求比较简单，只需将资料列在几个简单的表格中。关于资金报告义务的内容，几乎相当于没有。

《哥本哈根协议》要求对气候资金规则进行改革，"碳减排和发达国家的资金援助的衡量、报告和核实工作，都将根据现存的或者缔约大会所采纳的任何进一步的方针进行，并将确保这些目标和融资的计算是严格、健全、透

---

〔1〕　FCCC（2010），Decision 1/CP. 16，para. 40. a.

〔2〕　FCCC（2001），Decision 7/CP. 7，para. 1（e-f）. The system of National Communications is an attempt to operationalize the reporting obligations of state parties to the FCCC.

〔3〕　FCCC，Guidelines for the Preparation of National Communications by Parties Includeed In Annex I to the Convention，Part II：UNFCCC Reporting Guidelines on National Communications，FCCC/CP/1999/7（annex to Decision 4/CP. 5），pp. 93-95.

明的。"[1]因此，2010 年，坎昆缔约方会议修订了附件一国家信息通报准则，包括制定共同的资金报告格式和方法。这导致发达国家两年期报告以及发展中国家两年期进展报告的出现，以涵盖 2013-2020 年期间。这些简洁、高度结构化和更频繁的报告成为改进气候资金报告的重点。

两年期报告指南要求每个发达国家制定并描述一种"国家方法"，以跟踪气候资金的提供情况。[2]该指南要求该国区分所提供的缓解和适应资金，并详细报告每一种资金。捐助国必须还"严格、有力、透明地"阐述本国气候资金方法的基本假设和方法，包括资金来源；所使用的金融工具是赠款或优惠贷款；资金流向的经济部门；确定所提供资金是否是新的和具有额外性的方法。他们必须在有这种方法的情况下使用标准化的方法来报告气候资金。最后，发达国家应在其两年期报告中解释他们如何确定所提供的资源"有效地解决"了非附件一缔约方的适应和缓解需求。[3]

至于气候资金提供国家报告的"审查"，在 2010 年之前还没有。坎昆会议之后，审查附件一气候资金报告的进程被纳入 2013-2020 年两年期报告的审查。这项任务被添加到专家审评组的审评职责中。根据这一程序，专家组完成一份关于附件一发达国家缔约方两年期报告的报告，并将这一"技术审查报告"提交给《气候公约》缔约方，作为国际评估和审查进程的第一步。第二步在附属履行机构论坛进行；其目的是"评估"向发展中国家缔约方提供的资金和其他支助。从相关准则或迄今为止的短暂实践来看，附属履行机构的评估是否超出了有关方法和报告充分性的基本问题尚不明晰。发展中国家的两年进展报告不是由专家组审查，而是由"技术专家组"（TTE）审查，这些专家组的构成和培训是为了支持发展中国家面临的问题。技术专家组准备两年进展报告的"技术分析"。技术专家组的报告随后提交给《气候公约》缔约方，以便在一个称为"国际磋商和分析"的进程中采取下一步行动。后一步也是履行机构的一个步骤，包括"促进性意见交流"，这是一个高度削弱

---

〔1〕 Copenhagen Accord, para. 4.

〔2〕 FCCC, Decision 2/CP. 17, Annex I: UNFCCC Biennial Reporting Guidelines for Developed Country Parties, para 14.

〔3〕 FCCC, Decision 2/CP. 17, Annex I: UNFCCC Biennial Reporting Guidelines for Developed Country Parties, para 16.

的多边组成部分，对任何发展中国家获得的气候资金报告的评估都没有具体规定。

《巴黎协定》对于气候资金提供非常重视，既涉及气候资金的提供数量，也涉及气候资金的用途。在数量上，要求"增强对发展中国家缔约方的支助"。在气候资金的性质上，协定在第 2 条关于协定目标的规定当中，明确要求"使资金流动符合温室气体低排放和气候适应型发展的路径。"这些目标的实现首先依赖于气候资金提供方面的重视，《巴黎协定》要求根据"规定通过的模式、程序和指南"每两年提供透明一致的信息通报。这项新义务与气候资金支持的可预见性有关，并包括将提供给发展中国家缔约方的公共资金资源的预计水平。2018 年底的卡托维茨气候大会上就通报指导方针开展工作的争议很大，因为任务授权规定了"确定要提供的信息的过程"[1]，并且各缔约方对于这是否仅包括将被提供的信息还是也包括如何提供信息的方式持有不同意见，这些问题还有待后续的谈判讨论解决。

《巴黎协定》第 9.2 条和第 9.7 条鼓励"其他缔约方"自愿提供或继续提供资金资源，并鼓励他们报告为发展中国家缔约方提供和动员的支助。《巴黎协定》第 13 条规定的透明度框架还规定自愿报告"其他各方"提供支助的情况。一些非附件一国家为发展中国家与气候有关的活动提供资金和其他支持，尽管这不是《气候公约》规定的义务。没有列入公约附件一和附件二的以色列、韩国、新加坡三个国家在其国家信息通报中表示提供了双边气候资金支持。虽然以色列和新加坡没有量化提供的资金，但韩国报告说，2013 年提供了 1.8624 亿美元的气候资金。另外，在经济合作与发展组织的数据库中，韩国 2014 年报告提供了 2.24 亿美元的气候变化相关官方发展援助，阿拉伯联合酋长国提供了 2.57 亿美元。[2]据 2019 年底绿色气候基金和全球环境基金向缔约方会议提交的报告显示，9 个没有被列入公约附件二的国家通过向气候资金机制的经营实体提供或承诺提供气候资金或其他支助，其中包括发展中国家，具体为：智利、哥伦比亚、印度尼西亚、墨西哥、蒙古、巴拿马、秘鲁、韩国和越南。

---

〔1〕　Decision 1/CP.21, para.55.

〔2〕　See Jane Ellis and Sara Moarif, "Enhancing transparency of climate finance under the Paris Agreement: Lessons from experience", Climate Change Expert Group Papers, 2017, pp.16-17.

三、气候资金使用报告

与此前的气候资金提供报告不同，关于气候资金使用报告，是针对发展中国家缔约方的。在《气候公约》生效之后，编制国家信息通报的费用，发达国家缔约方应自行负担，而发展中国家可要求资金和技术援助以汇编和提供本条所规定的有关履行的信息。《气候公约》第 12 条规定，非附件一缔约方可以得到公约的资金机制资助。有超过 110 个、占了大多数的发展中国家在递交他们的第一份国家报告时要求得到资金资助和技术援助。[1]

在获得了气候资金机制提供的气候资金后，2011 年《气候公约》缔约方会议还为非附件一发展中国家缔约方就气候资金问题制定了一些相对"软"的报告安排：通过国家信息通报，鼓励没有提供资金义务的非附件一缔约方提交从公约附件一/附件二缔约方、双边或多边机构以及全球环境基金收到的资金信息；通过了 2013-2020 年期间发展中国家两年度进展报告编制指南。[2]尽管两年度进展报告在理论上有助于核实气候资金流入发展中国家的情况，但没有以表格形式或其他方式制定在两年度进展报告中报告气候资金的具体准则或模板，也没有任何关于（甚至提及）报告所收到资金取得的成果的准则。目前的提法是鼓励非附件一缔约方通过其预算报告提交关于资金限制和差距以及相关技术和能力建设需求的信息，以及关于从上述来源获得资金的信息。

在 2015 年巴黎缔约方会议之前，公约附件一国家主张加强受援国关于气候资金的报告。《哥本哈根协议》和《坎昆协议》已经指出，需要提高发展中国家接受气候资金的减缓行动的透明度。[3]《巴黎协定》没有直接加强受援国的报告义务，协定第 13.10 条仅规定发展中国家缔约方应提供资金信息，根据协定第 9 条的规定需要和得到的支持，尽管可能会通过制定所谓的增强透明度行动和支持框架（ETF）来做到这一点。该框架的目的是澄清有关各方提供和得到的支持，并尽可能全面概述所提供的资金支助总额。尽管如此，

---

〔1〕 Decision 2/CP. 9, Compliance and Synthesis of Initial National Communications, in Report of the Conference of Parties at its Ninth Session, Addendum, Part Two: Action Taken by the Conference Parties FCCC/CP/2003/6 /add. 1, 2003, p. 5.

〔2〕 FCCC, Decision 2/CP. 17, Annex III.

〔3〕 FCCC, Decision1/CP. 16, para. 53.

增强透明度行动和支持框架与协定第 14 条所规定的"全球盘点"相结合,仍有可能及时地更好地核算即将到来的气候资金以及由此获得的减缓和适应成果。此外,目前关于气候资金的报告只对一部分《气候公约》附件二发达国家缔约方和一部分气候资金是强制性的,应该进一步扩大发达国家缔约方报告气候资金提供情况的范围,让更多的发达国家缔约方纳入,同时报告更多的气候资金提供情况。这一特点也在 2018 年底第 24 次缔约方会议通过的透明度条款实施细则中得以明确,此前和正在进行的谈判主要集中在发达国家提供资金支持方面。

《巴黎协定》对气候资金报告还增加了新的内容。在协定第 7.10 条规定,"各缔约方应当酌情定期提交和更新一项适应信息通报,其中可包括其优先事项、执行和支助需要",所谓的适应信息通报是针对所有缔约方,但是随后提到的支助需要则是针对发展中国家缔约方。适应信息通报不仅可以增加适应的了解和关注,还可以增强对发展中国家的适应行动的支持,增强对适应方面资金提供和使用行动的掌握和了解,并为全球总结盘点提供支持。波兰卡托维兹大会所通过的相关实施细则对发展中国家的适应活动具有重要意义,堪称是一个重要的里程碑。[1]各缔约方讨论集中于适应信息通报指导的目的、原则和方式。适应通报不得用于国家比较,也不应接受审查。协定缔约方会议在其最终决定中,请各缔约方在其适应信息通报中提供有关诸如国情、适应性优先事项、战略、政策、计划、目标和行动等要素以及尤其是支持需求和适应性行动的执行情况的信息和计划。[2]遵循发展中国家缔约方的相应建议,协定缔约方会议最终决定在 2025 年的第 8 次缔约方会议上评估,并在必要时修订适应信息通报指南。

尽管适应信息通报指南概述了一个共同的结构,但该指南的应用是自愿的,由每个缔约方自行选择如何报告所取得的进展和尚存在的差距。根据各缔约方最终选择适应信息通报的结构和内容,《气候公约》秘书处可以提供全球适应信息通报的概述和综合信息。通过设立适应信息通报条款并规定指南有助于发展中缔约方筹措适应资金,实现适应目标。

---

[1] See Wolfgang Obergassel et al., "Paris Agreement: Ship Moves Out of the Drydock——An Assessment of COP24 in Katowice", *Carbon & Climate Law Review*, Vol. 13, No. 1., 2019, pp. 3-18.

[2] FCCC, Decision 9/CMA. 1, para. 7-15.

第三节 气候资金机制的资金分配程序

气候变化国际法对资金的分配程序并没有直接的规定，只是《气候公约》第21条规定了全球环境基金作为气候资金机制的运营实体。因此气候资金机制的资金分配程序主要依据全球环境基金和绿色气候基金的内部规定来展开研究。通过对全球环境基金和绿色气候基金的资金分配程序进行的分析、比较，我们可以发现二者的优缺点，并为今后的完善指明方向。

一、全球环境基金的资金分配程序

对全球环境基金进行重组的谈判于1994年3月在瑞士日内瓦召开的全球环境基金参加国大会上宣告完成，73个国家的代表通过了《建立重组后全球环境基金协议》。经过了重组的全球环境基金在资金程序上有所进步，但是不足仍然明显。从法律地位上看，由于全球环境基金缺乏法律地位。全球环境基金信托基金由世界银行持有，导致它无法直接向有关国家支付资金。从结构上看，全球环境基金的两层结构意味着所有资金必须批准两次，导致效率低下。通常由全球环境基金和相关的环境基金机构两个层面批准。如在气候资金的分配上，需要经过全球环境基金和相关的气候变化特别基金、最不发达国家基金、适应基金等其中之一的批准。

全球环境基金设有信托基金，《气候公约》缔约方随后又设立了气候变化特别基金和最不发达国家基金，并交由全球环境基金管理；后根据《京都议定书》第12.8条设立了直接向《京都议定书》缔约方会议负责的适应基金，也由全球环境基金的秘书处管理。自成立以来，全球环境基金的项目核准过程漫长而复杂，引起了广泛的关注。这些新基金设立的主要目的就是为了丰富气候资金的来源和分配，然而在实际操作时都出现了分配程序过于复杂导致气候资金分配效率较低的情况。全球环境基金的两层结构意味着所有资金都必须获得由全球环境基金和相关的全球环境基金机构通过的两次批准，从而导致效率低下。全球环境基金一份内部调查报告发现，从一个概念进入项目管道到项目启动之间有66个月的时间间隔。基金后来作出重大努力缩短核准程序的期限，目前的间隔为 16 至 22 个月。[1]造成拖延的因素既包括了实体规则方面的规定存在的漏洞，也包括了程序规则规定的不合理。

二、绿色气候基金的资金分配程序

绿色气候基金作为新设立的气候资金机制经营实体，虽然已经建立起相对于全球环境基金而言较完善的分配制度，但是对受援助国来说，想获得绿色气候基金的资助，其程序性事项也是十分复杂的。根据《绿色气候基金治理导则》的规定和自其成立以来历次董事会决议对分配程序的补充规定，绿色气候基金的分配程序包括项目申请、审批和实施三个部分。在分配的程序性事项上，《绿色气候基金治理导则》规定了该基金将简化和改进获得资金的途径，目前基金在简化分配程序上做了大量的工作，对于需要简化的某些小规模项目的批准，特别是来自直接接入实体的项目，绿色气候基金董事会制定了一种新方法：简化审批流程试点计划（简称 SAP），[2]该计划现已开始运作。概念说明和资金提案都可以通过发送电子邮件的形式提交。

在项目的申请上，经绿色气候基金认证的实体可以以项目的形式随时向绿色气候基金提交资助申请，由发展中国家确定国家执行机构（NDAs）或联络点负责与绿色气候基金的沟通，绿色气候基金董事会同意资助的每个项目必须得到国家执行机构或联络点的无异议函表的认可。通过这一形式，绿色气候基金可以直接和受援助国开展气候治理项目合作，进行相关事项的沟通，便于发展中国家申请项目也提高了申请程序工作的效率。考虑到发展中国家在制定气候资金提案时可能面临能力限制，绿色气候基金建立了项目准备设施，提供财务支持，以帮助认可实体准备申请绿色气候基金的项目和计划。经认证的实体根据各发展中国家不同的气候资金需求，与国家执行机构或联络点密切协商，制定申请气候资金资助提案。被认证实体的通常做法是向绿色气候基金提交资助提案。但是，在某些情况下，绿色气候基金可以发出征

---

〔1〕　See Richard K. Lattanzio, International Environmental Financing: The Global Environment Facility (GEF), CRS Report for Congress, 2013, pp. 11-12.

〔2〕　GCF, Simplified Approval Process——Funding Proposal preparation Guidelines, https://www. greenclimate. fund/documents/20182/194568/Simplified_Approval_Process__SAP__funding_proposal_ preparation_guidelines__A_practical_manual_for_the_preparation_of_SAP_proposals. pdf/0e3c3e7d-199a-6a70- 6839-ea4e31d09ff8（last visit May 18, 2020）.

求建议书，允许尚未获得绿色气候基金认可的实体提交。在这种情况下，该实体的认证申请将与资助提案一起经受审批。

在项目的审批上，提交给绿色气候基金的资助提案需要经过严格的审核流程，最终由绿色气候基金的董事会决定是否支持该项目。资助提案必须包括影响评估，以确保项目符合绿色气候基金的环境和社会标准（ESS）与资助提案相关的相关发展中国家的国家执行机构签署的无异议函。根据绿色气候基金通过的《项目和计划活动周期》[1]的要求，首先由绿色气候基金秘书处进行初步完整性检查，评估提交的资助提案和技术规范以及随附的文件，在此阶段，基金秘书处可与认证实体联系以讨论该提案，并在进一步更详细的审查之前要求完善资助提案。在初步完整性检查之后，绿色气候基金秘书处要对项目提案进行更详细的评估，包括评估其与绿色气候基金投资标准的匹配程度和对基金政策的遵守情况，包括但不限于：信托标准、风险管理、环境与社会标准（ESS）、监测和评估标准、性别政策和法律标准。在提案通过了初步审核阶段后，绿色气候基金秘书处将把评估以及提交的提案和支持文件传递给独立技术咨询小组（简称 ITAP）。该小组根据绿色气候基金投资标准评估供资建议。独立技术咨询小组可以自行决定向资助提案添加条件和建议。最后绿色气候基金秘书处向基金理事会提交一揽子筹资建议书，包括资金提案、支持提案所需的文件、国家执行机构签署的无异议函以及秘书处和独立技术咨询小组评估，并由绿色气候基金董事会决定是否批准该提案。

在项目的实施阶段，相关的程序要求项目实施的第一步是绿色气候基金与实施认可的实体之间就获得资金流动的必要法律安排达成协议，称为资助活动协议（Funded Activity Agreement，简称 FAA）。绿色气候基金董事会在项目批准后的下一阶段是在绿色气候基金与执行该项目的认可实体之间签署资助活动有法律约束力的协议，这为实施项目奠定了法律基础，也为确保项目的实施提供了法律的保障。该协议并非固定的，依据项目类型的不同具体协议条款也会有所不同。然后，绿色气候基金开始以贷款、赠款、股权或担保的形式向经认可的实体转移资金援助——具体取决于已批准项目的性质。通常，绿色气候基金在项目的整个周期内完成一系列资金支出。这使绿色气候

---

　〔1〕　GCF Decision B07/03, Annex 7.

基金能够评估其支持的气候资金资助计划的影响，并监测其有效和高效地交付。绿色气候基金评估旨在确保项目在应对气候变化方面的有效性，并且确保这些举措实施时不会产生负面影响。在实施项目时，经认可的实体应遵守补助条件和协议，同时还应遵守项目的实施时间表。这将有助于确保经认可的实体及时实施，并支持绿色气候资金的额外支付。绿色气候资金通过要求认可实体定期编制独立评估报告，概述项目进展情况。在资金分配开始后不迟于两年的时间内，绿色气候基金会对初始分配参数和指导方针进行审查，包括集中风险，以基金规模为准。此外，为进一步简化分配程序该基金设置了一个私营部门工作机构，使其能够直接和间接地为国家、区域和国际各级的私营部门减缓和适应活动提供资金。绿色气候基金目前已建立直接获取模式，以便国家和次国家组织可以从绿色气候基金直接获得资金，而不必要通过国际中介机构获得资金。

要获得绿色气候基金的资金以开展气候变化项目和计划要通过经认证的国家、区域、国际的公共或私营部门实体向绿色气候基金提交资助申请，未经认证的实体要通过经认证实体才可以提交资助申请。就成为绿色气候基金的认证实体来说，这需要相当长的时间。首先基金董事会决定的《项目和计划活动周期》，规定在依据绿色气候基金的申请规定准备了系列的文件后，基金秘书处和认证小组在收到文件后6个月内决定是否向绿色气候基金董事会推荐申请。对于董事会多久做出是否认证的决定，绿色气候基金并没有规定，其只规定了对于已经获得全球环境基金、适应基金或欧洲委员会国际合作与发展总司（DG DEVCO）认证的组织可以在3个月内获得通知决定。[1]而对于不是优先通知的实体其认证时间则可能更长。就算是直接通过经认证的实体提交了资助提案，还要经秘书处和独立技术咨询小组进行一系列的审查后才提交董事会决定。所有的这一系列的审查都没有规定明确具体的审查时间。

三、资金分配程序的完善

综上所述，全球环境基金和绿色气候基金的气候资金分配程序还是相当

---

〔1〕　Fast-track Accreditation to the Green Climate Fund, Version 5, 2017. https://www. greenclimate. fund/documents/20182/818273/GCF_Completing_a_fast-track_accreditation_application. pdf/7001d3be-e344-4643-b6e4-5b80e853b279（last visit May 18, 2020）.

复杂而且耗时长。对气候资金分配程序的完善应主要针对绿色气候基金。后续的工作应该是在此基础上的进一步细化和程序的简化。气候变化资金机制的两个经营实体皆需要对气候资金分配程序进行简化，具体而言可以从以下几个方面予以改进和提高：

（1）改进方案办法精简项目周期。

全球环境基金涉及范围过于庞大，迫使其不得不采取双层决策的体制。由出资的发达国家控制的特点也使发展中国家难以参与全球环境基金的资金分配程序。要对全球环境基金的资金分配方案进行精简难度较大。综合比较而言，我们可以看出，绿色气候基金的资金分配制度对于全球环境基金的气候资金在分配的程序上已进行了一定的改进，但是仍然存在进一步改进的空间。应对气候变化国际合作非常重视作为缔约方的国家和国际组织之外的地方、社会、社区、机构等方面的力量。《巴黎协定》强调"从各种大量来源、手段及渠道调动气候资金"，巴黎气候变化大会通过的决定中将这些力量称之为"非缔约方利害关系方"。绿色气候基金应当加强与私营部门、民间组织、公司企业的接触，借鉴这些非缔约方利害关系方的知识、技能与经验，改进气候资金分配程序的办法，精简项目的周期。

（2）针对小微型项目制定简化程序。

绿色气候基金提供气候基金的形式有赠款、优惠贷款、股权和担保等四种，其中涉及小型、微型项目的有赠款和优惠贷款。因其涉及主体有限、法律关系简单，可以制定简化程序。通过设计针对小微项目的简易程序，可以为气候资金机制的项目繁简分流、资金有效分配提供多元化的解决方式。这在气候资金分配速度的提高、运营实体运行成本的减少、资金申请方合法权益的保护等方面可以发挥不可替代的作用。气候资金的运营实体还需要在细化简易程序适用范围、建立多元化处理的规则和方式、限制滥用简易程序等方面采取措施，这是完善简易程序的必然选择。

第四节　气候资金机制的信息披露制度

一、全球环境基金的信息披露制度

环境信息披露是国内外的理论与实务部门广泛关注的事项。有学者认为西方国家环境信息披露和环境审计的理论研究及其实务已趋于成熟。[1]全球环境基金对信息披露一直非常重视，从理念和制度上都有相关规定。在全球环境基金的运行纲领性文件——《重组后全球环境基金通则》中规定，"关于由全球环境基金资助的项目，应规定全部非机密信息的全部披露，并在整个项目周期内与主要团体和当地社区进行协商并酌情与之互动。"该通则进一步规定，"大会和理事会均应以协商一致的方式通过必要或适当的条例，以透明地履行其各自职能；特别是，他们应确定各自程序的任何方面，包括接纳观察员，就理事会而言，应规定执行会议的条件。"根据通则制定的全球环境基金理事会议事程序规则也规定了相关的内容。除前两项外，与全球环境基金供资的项目和方案有关的信息的公开部分受制于《项目和方案周期政策》中规定的规则；全球环境基金的最低信托标准和有关环境与社会保障的最低标准等包含了所有机构都有望满足的与信息披露相关的几项要求。

与许多其他同行组织不同，全球环境基金没有自己单独的信息披露政策。全球环境基金在信息披露方面的做法列于2011年理事会信息文件中，以代替基金的政策。该文件肯定了基金对信息披露的支持，规定了信息披露的例外，"披露可能对全环基金产生不利影响，其方案和项目的执行，或更简单地说，可能构成与隐私或知识产权有关的法律义务，信息将保留为机密"，并进一步要求 " 这种例外情况应提供理由"。[2]

二、绿色气候基金的信息披露制度

绿色气候基金为了保障气候资金相关信息的公开和获取，设立了信息披露制度。信息披露制度有助于提高绿色气候基金的运作效率，是参与气候资金的提供、分配和使用的国家间建立互信的关键机制。该制度基于最大限度地利用信息的原则，向任何对基金感兴趣的人提供信息。绿色基金董事会在2016年董事会议上通过了一项决议，全面规定了信息披露制度。[3]绿色气候

---

〔1〕　参见耿建新、房巧玲："环境信息披露和环境审计的国际比较"，载《环境保护》2003年第3期。

〔2〕　GEF/C. 41/Inf. 03，GEF Practices on Disclosure of Information，http：//www. thegef. org/sites/default/files/council-meeting-documents/C. 41. Inf_. 03_GEF_Practices_onDisclosure_of_Information_4. pdf（last visit May 18，2020）.

〔3〕　GCF/B. 12/24.

基金的信息披露制度有四个法律原则：①最大限度地获取信息原则；②有限例外原则；③简单和广泛地获取信息原则；④对拒绝提供信息和提供审查权的决定进行解释原则。根据该制度绿色气候基金的董事会会议还应进行网络直播。绿色气候基金的工作语言是英语，但其披露的文件都将以原始语言披露；此外，绿色气候基金认为涉及重大公共利益的任何文件将在绿色气候基金网站上以英文形式披露。绿色气候基金披露的信息有两种，依规定主动公开的信息和依申请公开的信息。绿色气候基金的信息披露制度以披露为原则不披露为例外，以例外条款的形式规定了 11 种不准披露的信息主要包括个人信息、秘密提供的信息、正在进行的调查事项的信息和披露会或可能会损害基金的财务或商业利益及其任何活动的信息等。[1]任何人都可以联系秘书处，通过英文信件或电子邮件的方式要求提供绿色气候基金网站上无法访问的没有违反信息披露政策的文件或信息，除因所要求信息范围广或是复杂需较多的时间外，秘书处应在收到书面信息请求后的 30 个工作日内以英文文本的形式回复。被拒绝提供信息的申请人可以在收到拒绝通知后的 60 个日历日内，向信息申诉小组（IAP）提出申诉。

三、气候资金信息披露制度的完善

有学者认为建立信息披露制度应遵循以下标准：确定"以公开为前提的"披露义务；提供与公共利益相关的可持续发展的信息；扩大信息自由的范围，以包括在某些情况下由私人机构持有的信息，例如符合公共利益和/或行使或保护权利所必需的信息；同时为了监督透明度制度的实施，应赋予申请信息公开者在被拒绝披露信息时申诉的权利以及指导绿色气候基金的受托人（和所有其他相关机构）采取公开披露信息的方式。笔者赞成确定披露义务的观点，赋予缔约方获取信息的权利可以提高绿色气候基金的权威性和合法性，也加强缔约方对绿色气候基金的认同感。赋予申请者申诉权也更好地保证了信息披露制度的实施，赋予权利而不规定权利的救济途径并不能很好地保证权利的行使，拥有申诉权也很好地避免了信息披露制度的虚设。获得这些信息将为发展中国家提供可用于保护和实现公民所依赖的稳定和可预测的气候

---

〔1〕 GCF/B. 12/24, Comprehensive Information Disclosure Policy of the Fund. Meeting of the Board, 8-10 March 2016.

变化的人权保护。[1]显然绿色气候基金也意识到了这一点，不仅建立了信息披露制度，还赋予了申请信息者在被拒绝提供信息时申诉的权利。但绿色气候基金以例外条款的形式规定了 11 种不准披露的信息，主要包括个人信息、秘密提供的信息、正在进行的调查事项的信息和披露会或可能会损害绿色气候基金的财务或商业利益及其任何活动的信息等。这 11 种不准披露的信息中，有些认定的标准有可能过于主观化，特别是在私营部门的出资问题和气候资金的具体流向上，绿色气候基金就可以以这些标准为由拒绝提供。私营部门出资信息披露是十分重要的，直接关系到缔约国对绿色气候基金资金稳定性的判断，而气候资金的具体流向对缔约国来说是气候资金是否真正实现了其资助发展中国家气候治理行动的重要评判信息。

信息自由（或信息获取的权利），是一个增强问责机制和提高发展项目有效性的主要工具。《奥胡斯公约》强调信息自由的人权性质，承认信息自由在实现"环境权"和"可持续的权"上的功能价值，但迄今为止信息自由在很大程度上仍被气候融资制度设计和结构运作所忽略。[2]对于以成为气候资金专门性管理为目标的绿色气候基金，信息披露制度对于其运营和监管都十分重要，绿色气候基金应在信息披露方面树立新的标准，尊重、保护和实现有意义的信息自由权利。健全的信息披露制度也是增强各缔约国对绿色气候基金的信任的重要途径，培养缔约国的信任也可以间接地增加绿色气候基金的气候资金。除了对董事会决议和基金的一些程序性事项进行信息披露外，对于气候资金的流向也应进行公布。据统计，2013 年几乎四分之三的气候资金流入其原籍国，这一数字在私人投资（90%）方面明显较高。[3]在气候资金的最终流向上，绿色气候基金也应进行相应的信息披露，以让公众知晓气候资金是否用在了真正需要帮助的国家。《二十一世纪议程》第 33 章曾指出

〔1〕　See Patricia Blanc-Gonnet Jonason and Richard Calland, "Global Climate Finance, Accountable Public Policy: Addressing the Multi-dimensional Transparency Challenge", *The Georgetown Public Policy Review*, Vol. 18, No. 2., 2013, p. 18.

〔2〕　See Patricia Blanc-Gonnet Jonason and Richard Calland, "Global Climate Finance, Accountable Public Policy: Addressing the Multi-dimensional Transparency Challenge", *The Georgetown Public Policy Review*, Vol. 18, No. 2., 2013, p. 18.

〔3〕　B. Buchner, M. Stadelmann, and J. Wilkinson et al., "Global Landscape of Climate Finance 2014", http://climatepolicyinitiative. org/wp-content/uploads/2014/11/The-Global-Landscape-of-Climate-Finance-2014. pdf, p. IV（last visit May 18, 2020）.

"非发达国家环境保护的效果取决于发达国家提供资金的程度"，因此只有公布了气候资金的最终流向才能客观地评估发展中国家气候治理的效果。而且在具体分配时，在国际合作原则的指导下绿色气候基金制定了国家优先性标准，该标准在《巴黎协定》的第9条第2款、第3款都有规定。这就表明了发展中国家的利益在气候治理中应是首要考虑的，如果气候资金没有到位，就不能苛求发展中国家以牺牲发展权为代价治理气候问题，也不能就此苛责发展中国家气候治理行动未落实。2018年12月召开的卡托维兹气候大会通过了《巴黎协定》的实施细则，其中的规定就涉及信息披露的规则，对于气候资金的信息披露则要求发达国家公布其提供资助的资金的具体数额以及资助项目的类别等定性定量的信息。由此可见，作为气候资金的运营实体的绿色气候基金更应完善信息披露制度，以提高发展中国家对其可获得的气候资金的预期性，更好地开展气候治理行动。此外，信息披露的形式也不应仅是英文，毕竟申请气候基金资助国家范围广，多数国家的官方语言并不是英文，可以借鉴联合国的做法，在条件允许的情况下，为方便各国了解，在发布信息时除英文外还应提供主要的几个通用语言的版本。更重要的一点是应公布各发达国家所承诺的出资和实际的出资，而且对于前文所提到的私营部门的出资及比例的问题，也应纳入信息披露的范围。

第六章

相关领域资金机制的比较

第一节 与发展援助的比较

2015 年底《巴黎协定》通过的同时，在联合国大会第 70 届会议上还通过了《2030 年可持续发展议程》。从 2016 年 1 月 1 日开始实施的议程包括未来 15 年 17 项可持续发展目标，其中也包括气候变化。为了实现这些目标，该议程还确认调动执行手段，包括财政资源、技术开发和转让以及能力建设等。为应对 2030 年议程带来的挑战，经合组织发展援助委员会正积极推进官方发展援助变革。[1]《2030 年可持续发展议程》的前身是 2000 年《联合国千年宣言》确定的千年发展议程。2000 年 9 月，在联合国千年首脑会议上，世界各国领导人发表《联合国千年宣言》，就消除贫穷、饥饿、疾病、文盲、环境恶化和对妇女的歧视等 8 个方面，商定了一套有时限的目标和指标。为了推动全球实现千年发展目标，发达国家承诺提供官方发展援助。

对外援助中的发展援助[2]作为对外关系的形式之一，肇始于第二次世界

---

〔1〕 黄超："2030 年可持续发展议程框架下官方发展援助的变革"，载《国际展望》2016 年第 2 期。

〔2〕 在对外援助的研究领域，官方发展援助、发展援助、对外发展援助和发展合作几个词交替使用，这是因为不同的援助方倾向于使用不同的术语来称呼他们的对外转移支付。经济合作与发展组织设立了发展援助委员会统计、监测、评价发展援助。欧盟及其成员国是世界上最大的发展援助提供者，欧盟的法律文件和官方网站中使用发展援助和发展合作，把相关的政策称为发展政策。发达国家通常提供两种援助，一种是常规的发展援助，另一种是紧急和人道主义援助。本文集中讨论常规的发展援助。——笔者注。

大战结束之后。发展援助的发展为世界的和平与繁荣注入了推动动力，也促进了援助国与受援国之间的双边关系发展。为了消除发展中国家的贫困落后状况、促进这些国家的发展，联合国要求向发展中国家提供发展援助。自从冷战结束以后，发展援助发生了重大变化，从注重消除贫困转为关注实现可持续发展。进入 21 世纪以来，国际发展援助体系继续出现变革，援助主体逐渐多元，援助领域不断拓宽，援助方式日趋多样，援助规模不断扩大。气候资金及其法律机制是 20 世纪 90 年代《气候公约》正式生效之后，才随之开始出现在世界各国的关注范围之内。随着发展援助越来越关注可持续发展目标，发展援助与气候资金出现了越来越多的交集。

一、发展援助机制与气候资金机制的相同之处

目前，国际发展援助的主体经济合作与发展组织（Organization for Economic Cooperation and Development，OECD）的发展援助委员会（Development Assistance Committee，DAC）的成员国，包括美国、德国、英国、法国、日本等 30 多个发达国家。发展援助委员会所提供的对外援助占全球对外援助总额的 90% 以上，可以说国际发展援助体系是由发展援助委员会建立并规范的。[1] 气候变化资金机制是在《气候公约》及其后续条约和决议的指导下建立起来的，目前的经营实体包括全球环境基金和绿色气候基金。2009 年气候变化哥本哈根大会上，包括美国、欧盟国家、日本在内的发达国家集体承诺了数额空前的气候资金，每年提供的数量达到 1000 亿美元。这些气候资金是通过公约的经营实体或国家间的双边协议提供，主要的提供主体都是发达国家。发展援助的提供主体也包括了中国、印度、巴西、南非、墨西哥、智利等发展中国家，发达国家所组成的发展援助委员会所提供的发展援助仍是主要部分。气候资金机制也是如此，虽然有一些发展中国家向绿色气候基金提供资金，也通过双边渠道提供气候资金，但是发达国家所提供的气候资金仍是主流。

发展援助与气候资金的适应资金存在诸多相同和相似之处。发展援助是对外援助中最常见的类型，经济合作与发展组织就明确把"促进发展中国家的经济发展与福利"列为发展援助的目标。发展援助设立目的有扩大出口、

---

〔1〕 参见刘晴："发展援助委员会（DAC）发展援助评估体系及其借鉴研究"，中国农业大学 2018 年博士学位论文。

确保资源供应等对外经济利益短期目标，也有获取更长远的对外经济利益的目的，注重以经济援助来促进发展中国家经济发展的中长期目标。[1]正如其名称所示，发展援助主要目的在于推动经济社会发展。气候资金机制为发展中国家提供的气候资金可以分为减缓资金和适应资金。其中适应资金的目的是通过各种建设，以达到控制气候变化的风险、减轻不利影响。发展援助与适应资金在目标上有重合之处。世界银行曾经估计，约40%的官方发展援助被投入到气候变化相关的活动中。[2]二者存在如此之多的相似性与交集，如何将发展援助与气候资金，特别是适应资金区分开来，是学界和实务部门都非常关注的理论和实践问题。关于二者区分的深入分析，详见前述第四章第一节。

二、二者不同之处

（一）法律性质不同

如前所述，气候资金的提供从法律性质上讲，对发达国家具有法律约束力。尽管发达国家的快速启动资金最先出现在不具有法律约束力的《哥本哈根协议》当中，但是很快被具有法律约束力的《坎昆协议》以及后来的气候协议所确认。发达国家集体作出的承诺已经为后续的多个法律协定和决议所明确，在实践中的履行也得到法律实体性规定和程序规则的支持。目前气候资金机制筹集、分配和使用气候资金最大的问题是法律约束力还需要进一步增强和明确，需要继续澄清其适用的条件和方式，增强其透明度，减少其模糊性。这也是《巴黎协定》通过和生效之后，后续气候变化合作谈判的主要方向之一。

发展援助是二战后出现的，西方资本主义国家与东方共产主义阵营争夺新独立的发展中国家，竞相提供援助，曾使其盛极一时。东西方冷战结束之后，发展援助曾一度呈现递减颓势，后来基于推动全球治理需要争取发展中国家支持才又有所增强和复苏。许多发达国家认为，发展援助的提供意在帮

---

〔1〕 参见严启发、林罡："世界官方发展援助（ODA）比较研究"，载《世界经济研究》2006年第5期。

〔2〕 See Joel B. Smith et al., "Development and climate change adaptaion funding: coordination and integration", in Erik Haites eds., *International Climate Finance*, Routledge, 2013, pp. 62-63.

助发展中国家增加产出和收入，这些支助转移的动机完全来自发达国家对发展中国家福祉的关切。[1]国家利益论、国家内部因素外化理论等是西方国家主流的官方发展援助理论。这些理论的共性在于认可在官方发展援助中国家外交的政策目标是统帅和灵魂，其中的经济成分是实现国家外交政策目标的物质载体。

规定提供发展援助的多为一些国际组织的宣言和决议，这些国际文件都没有直接的法律约束力。无论是第55届联合国大会通过的《联合国千年宣言》、第1届联合国发展筹资国际会议就发展筹资问题形成的《蒙特雷共识》，还是第3届发展筹资国际会议通过的《亚的斯亚贝巴行动计划》皆是如此。发展援助还曾被某些国家和国际组织更名为发展合作，试图体现发达国家与发展中国家的平等地位，但从性质上看，无论是援助还是合作都只能体现不同时期西方发达国家的某种姿态，实质上对发达国家并无法律上的强制义务。发展援助的提供只是道德义务，至多构成一种"软法"，尚不具备直接的法律约束力。总体上看，官方发展援助的提供并未具备国际法上约束力，更多地体现为一种国家外交政策，其提供与否主要取决于国家意志，政治性较强。

（二）资金的计量方式不同

从资金提供上看，气候变化资金是由发达国家在2009年"哥本哈根世界气候大会"上承诺的，从2010年到2012年每年100亿美元的快速启动资金，到2020年前每年1000亿美元的长期气候资金，都是由发达国家集体承诺提供。新的《巴黎协定》对气候资金的要求是"发达国家缔约方应继续带头，从各种大量来源、手段及渠道调动气候资金"，并明确要求"对气候资金的这一调动应当逐步超过先前的努力。"而发展援助的提供标准则体现在提供比例上。20世纪50年代至60年代，联合国内部对提供给发展中国家的援助进行过多次激烈讨论。1960年，联合国发展大会提出，发达国家应拿出0.7%的国民总收入（GNI）用于发展援助。此后，该目标成为国际社会衡量一个国家国际发展援助义务履行程度的一个标尺。根据发展援助委员会的数据，传统的发展援助大国中，丹麦、卢森堡、荷兰、瑞典、挪威基本上一直保持在

---

〔1〕 See Johan Eyckmans, Sam Fankhauser and Snorre Kverndokk, "Devlopment Aid and Climate Finance", *Environmental and Resource Economics*, Vol. 63, No. 1., 2016, p. 450.

0.7%以上。英国从 2013 年以来保持在 0.7%，德国在 2016 年也达到了 0.7%的水平。美国一直保持在 0.18% 至 0.2%，日本也达到 0.2%，韩国保持在 0.14%左右。传统发达国家对外援助占国民总收入的比重，平均为 0.3%。[1]这一特点符合发展援助历史的总体趋势。20 世纪 70 年代初到 90 年代初，西方国家二十年的发展援助平均比重始终稳定在 0.35 % 左右，并围绕经济增长而或快或慢地同步增长。[2]发展援助与国民总收入的比例成为国际社会衡量一个国家履行发展援助提供是否达标的一把标尺，且自设立以来基本维持在类似的水准，变化不大，随着提供国的经济发展水平而发生变化。气候资金的提供，则是发达国家集体做出的数量承诺。巴黎气候变化大会已经要求缔约方大会设定一个新的每年不少于 1000 亿美元的集体量化目标。随着气候变化国际治理合作的推进，气候资金提供的数量还在呈现继续增长的态势。

（三）提供的方式不同

发展援助是通过双边的方式，由发达国家自行向发展中国家提供，虽然经济合作与发展组织成立了发展援助委员会，但是委员会重在统计、监督和评估，本身并不提供发展援助，没有设立发展援助的专门机构。气候资金虽然通过双边的方式提供，但是《气候公约》之下的资金机制经营实体包括了全球环境基金和绿色气候基金。全球环境基金还负责全球环境基金信托基金、气候变化特别基金、最不发达国家基金和适应基金等的运行。特别是新的绿色气候基金也于 2010 年诞生，正在快速地成长起来，发展中国家对其寄予厚望。这些在资金机制之下的各种基金，依据国际条约成立，依托国际组织运作，依靠完整的制度和规则保障其运作，具有越来越大的独立性，对气候资金的提供乃至气候变化国际合作发挥越来越大的影响力。

（四）分配标准不同

气候变化资金机制在分配气候资金时主要是基于表现结果提供。全球环境基金和绿色气候基金作为气候资金机制的两个经营实体，对于气候资金如何提供都有自身的标准和程序（具体内容详见前述第五章）。发展援助则主要

---

[1]　参见黄永富："国际发展援助体系改革和中国的作用"，载《全球化》2019 年第 9 期。
[2]　参见薛宏："西方国家官方发展援助的特点和趋势"，载《国际经济合作》1993 年第 4 期。

是基于需要提供。这种基于需要的提供标准在初期是根据接受国家的需要来确定的。如二战结束后美国为欧洲国家重建提供的援助。随着国际形势的变化，特别是在 20 世纪 90 年代冷战结束之后，西方发达国家携冷战胜利之余威，将其自由主义理念也引入发展援助领域。在发展援助领域根据发达国家的需要，规定了众多的条件，试图以西方发达国家的政治经济社会发展模式改造发展中国家。以世界上最大的发展援助提供方欧盟及其成员国为例，1989 年的欧盟前身欧洲经济共同体与非洲加勒比太平洋地区国家之间的第四个《洛美协定》是把人权正式纳入正文而不是置于序言的第一个对外协定，该协定第 5 条明确地把人权和发展联系起来。1991 年《马斯特里赫特条约》也在第 5 条第 1 款中，明确规定了欧盟发展合作政策应有助于发展和巩固民主与法制的基本目标、尊重人权与基本自由。受援国国内的民主、法治、人权和自由的状况日益成为共同体提供发展援助的条件。在这种情况下，欧盟在与几乎所有接受欧盟援助的国家或国家集团所签订的双边和多边协定中都写入了人权和民主的条款。实践中，发展援助的"条件性"从实施方式上可分为："积极的条件性"和"消极的条件性"。"积极的条件性"是指，如果某个受援国履行有关条件，有关国家或国际组织将允诺给予该国发展援助；"消极的条件性"则是指，如果该国违背了那些条件，则对其减少、冻结或完全终止那些援助待遇。

接受发展援助的发展中国家对发达国家主导的发展援助提供方式提出了诸多批评。在联合国组织下，世界各国领袖在进入新千年伊始齐聚联合国总部提出了"千年发展目标"，包括在世界范围内消灭极端贫困和饥饿、确保环境的可持续能力、制定促进发展的全球伙伴关系等 8 项目标。这些目标一直统领着世界发展框架。由此发展援助开始强调结果导向型供资。[1]2015 年联合国又提交了《千年发展目标报告》，由联合国设立发展援助的分配标准逐渐明确起来。随着国际政治经济权力格局的变迁，2000 年联合国确立国际发展目标以后，发展筹资也逐步成为联合国实现千年发展目标的配套工程。自此，联合国开始逐步打破经合组织发展援助委员会控制国际发展话语权的现

---

[1] See Owen Barder and Nancy Birdsall, "Payments for Progress: A Hands-Off Approach to Foreign Aid", Center for Global Development, 2006, p. 8.

状。[1]发展援助的提供都受到联合国的影响，开始接受结果导向的提供标准。

三、二者融合的趋势

《巴黎协定》的生效改变了《京都议定书》所确定的发达国家承担"自上而下"的方式所确定的温室气体减排义务。《巴黎协定》和可持续发展议程都是基于一个"自下而上"的过程，该模式也不可避免地影响到了气候资金的提供。这意味着《巴黎协定》之前气候资金的提供与可持续发展议程的发展援助的一个重要区别将要消失了。对可持续发展目标所确定的领域提供的经济社会环境发展的援助，使得二者之间的重合之处愈发增多。发展援助与气候资金存在诸多交集，也有较多差异，从今后的发展来看，2015 年是一个重要年份。这年 9 月联合国大会通过了可持续发展议程（A/RES/70/1），对新千年的发展目标进行总结，提出了新的可持续发展目标。2015 年底《巴黎协定》在巴黎气候变化大会上得以通过，气候资金机制及气候资金的重要性得到进一步认可。此后，二者的发展将出现更多的交集。可持续发展不仅涉及经济增长和民生改善，也涉及生态环境保护，涉及应对气候变化，要求实现绿色发展。联合国的新千年可持续发展议程主要集中在能源、生物多样性、气候变化、食品安全、水和环境卫生等领域。这些领域当中，气候变化是非常重要的组成部分。这就使得厘清二者之间区别的任务愈发艰巨，而逐渐融合的趋势却日趋明显。

《2030 年可持续发展议程》为未来 15 年世界各国发展和国际发展合作指明了方向，同时也对国际发展援助提出了更高的要求。2018 年 9 月 24 日在联合国举行的"为实现 2030 年可持续发展议程项目融资高级别会议"上，联合国秘书长安东尼奥·古特雷斯强调，要实现 2030 年可持续发展目标，国际社会每年需要 50 000 亿到 70 000 亿美元的投资。[2]当前距离"2030 议程"最后期限还有 10 年的时间，研究表明，大部分可持续发展目标都将难以如期实现。联合国秘书长古特雷斯明确地将停滞不前的进展归因于缺乏资金——

---

[1]　参见黄超："全球发展治理转型与中国的战略选择"，载《国际展望》2018 年第 3 期。

[2]　United Nations："High-level Meeting on Financing the 2030 Agenda for Sustainable Development"，September 24, 2018, https://www.un.org/sustainabledevelopment/financing-2030/（last visit May 18, 2020）.

尤其是缺乏来自发达国家的资金支持。[1]说服各国政府和全球捐助者进行足够的投资，被联合国下属机构"可持续发展解决方案网络"（Sustainable Development Solutions Network）认为是世界各国实现可持续发展目标的保障之一。资金的缺乏也同样是应对气候变化所面临的主要挑战。

发展援助在统计标准和构建新的衡量工具方面进展缓慢，试图实现发展援助资金的可测量性和透明度的努力与气候资金机制的努力是重合的。然而目前来看，随着国际经济形势的低迷，发达国家提供资金的意愿在逐渐降低。将气候资金与可持续发展议程下的资金融合的意愿在逐渐增强。寻求气候变化应对和可持续发展议程之间的联系可以提高不同部门的利益相关者的认识和支持，这反过来又有助于提高未来国家应对气候变化自主贡献的目标。试图通过设立明确的认定标准而为气候资金提供确定清晰的、可履行的规则，并确保发达国家提出的各种资金承诺得以切实践行的努力进展不大。作为气候资金与可持续发展目标下发展援助资金的接受者，广大发展中国家对此缺乏足够的话语权。许多发展中国家也开始不再强调对气候资金与发展援助的区分，更为关注能够获得的资金数量，甚至转而关注通过市场机制为全球应对气候变化的合作和《2030年可持续发展议程》争取更多的资金来源。

第二节　气候与清洁空气联盟的资金制度比较

一、气候与清洁空气联盟的特点

气候与清洁空气联盟（以下简称"联盟"）于2012年2月16日成立，时任美国国务卿的希拉里在美国国务院主持了启动仪式。其创始成员方包括联合国环境规划署（UNEP）以及美国、加拿大、墨西哥、瑞典、加纳、孟加拉国、印度等国。"联盟"秘书处设在联合国环境规划署。自成立以来，其影响力不断扩大，政府间成员方已经包括了八国集团的成员，还包括世界银行、世界卫生组织、国际气象组织、联合国开发计划署等在内的国际组织和非政

---

〔1〕　参见侯丽："探索实现可持续发展目标"，载《中国社会科学报》2020年1月6日，第3版。

府组织成员方。[1] "联盟" 旨在减少排放黑碳（BC）、甲烷（CH₄）以及氢氟烃（HFCs）等短寿命气候污染物[2]（Short-Lived Climate Forces，SLCFs），这些污染物占据了全球温室气体排放的 1/3。美国斯克里普斯海洋研究所等机构研究人员在《自然——气候变化》杂志上发表论文进一步证实，"如果从现在起就削减炭黑、甲烷、对流层臭氧和某些氢氟碳化合物等短寿命气候污染物的排放，到 2050 年能将全球温度升高水平降低一半，而到 21 世纪末，将能使海平面的升高水平减少 22% 至 42%。"[3] "联盟" 的目的在于应对气候变化、防止大气污染、促进技术进步、维护人类健康，试图在气候、环境、经济和健康等方面实现多赢。"联盟" 最大的特点就是对既污染大气环境又产生温室效应的气体宣战，从而达到既消除大气污染又减少温室效应的双重目的。

"联盟" 是由美国主要出资并主导的组织，建立该联盟有其内在的深层次需要。在应对气候变化国际合作的诞生和发展过程中，美国为代表的 "伞形集团" 和欧盟都是主要力量，在《气候公约》及《京都议定书》的谈判过程中，都发挥了重要的推动作用。2001 年 3 月美国小布什政府宣布退出《京都议定书》，将应对气候变化国际合作的主导权拱手让给了欧盟。"在很大程度上，正是由于欧盟的推动，使得《京都议定书》这样一个多边环境协议在美国这个最大的温室气体排放国退出的情况下能够存续，从而挽救了全球气候变化多边治理的进程和模式。"[4]

随着《京都议定书》第二承诺期在联合国气候变化多哈大会上正式启动。为了保持延续性，《京都议定书》第二承诺期继续要求附件一缔约方（发达国家和转型国家）根据议定书规定承担具有国际法律约束力的量化减排承诺，非附件一缔约方不承担具体减排义务。美国为代表的 "伞形集团" 的发达国

---

〔1〕 参见王迎、周晓芳："'气候与清洁空气联盟'的背景及影响分析"，载《环境保护》2012年第 11 期。

〔2〕 甲烷、黑碳、对流层臭氧和某些氢氟碳化物等短寿命气候污染物在大气中停留的时间较二氧化碳和氧化亚氮等长寿命温室气体短，且全球增温潜势较高，对短期全球气候影响显著。——王伟光、郑国光主编：《气候变化绿皮书：应对气候变化报告（2015）——巴黎的新起点和新希望》，社会科学文献出版社 2015 年版，第 106 页。

〔3〕 林小春、任海军："少排'短寿命气候污染物'可减缓海平面上升"，载网易新闻网，http://3g.163.com/money/article/8SGL7DVU00254TI5.html，最后访问日期：2021 年 8 月 10 日。

〔4〕 薄燕："'京都进程'的领导者：为什么是欧盟不是美国？"，载《国际论坛》2008 年第 5 期。

家普遍反对议定书所设立的仅为附件一国家自上而下地设定量化减排义务的减排模式，导致美国、加拿大、日本、新西兰等发达国家退出《京都议定书》或拒绝《京都议定书》第二承诺期。可以说欧盟继续掌握了应对气候变化国际合作的主导权，美国在此问题上遭受了广泛的批评，形象严重受损。

为了在气候变化这一人类共同关切事项上有所作为。美国主导的"联盟"在成立上有两个关键时间节点很耐人寻味。2011年底的德班气候大会确定了《京都议定书》第二承诺期，标志着欧盟重新夺回了自哥本哈根气候大会之后旁落的气候变化国际合作的领导权，美国与其他一些国家在2012年初便在此之外建立了"联盟"。而"联盟"运作终止的时间定为2017年2月，也在"德班平台"规划的应对气候变化国际合作在2015年底的巴黎气候大会上确定新协议的时间之后。如果新协议体现了美国的主张，则"联盟"没有必要继续存在；如果新协议没有体现美国的主张，"联盟"也规定可以继续运作，让其继续在新协议之外发挥作用。可以说，美国既在积极准备2015年底在巴黎气候大会上达成取代《京都议定书》第二承诺期的新协议，同时又在主流应对气候变化国际合作之外建立"联盟"，为了争夺应对气候变化国际合作主导权的意图昭然若揭。

在美国国内，代表不同利益集团的民主、共和两党在与气候变化有关的议题上严重对立。这种对立也直接、间接地影响到了美国在与气候变化国际合作相关活动上的立场。"从国会、政党政治和地方环保政策来看，美国气候政策不仅缺乏两党的政治共识，而且日趋分化"。[1]早在《京都议定书》谈判期间，为了表达对民主党克林顿政府参与谈判的约束，共和党控制的参议院通过"伯德-海格尔"法案（Byrd-Hagel Act），明确要求："除非议定书或公约为发展中国家在同样的履约时期内设定减少温室气体排放的限制和时间表，否则总统不应该签署任何条约。"克林顿政府虽然签署了《京都议定书》，但考虑到参议院的态度，没有将议定书提交国会审议。共和党的小布什政府上台后即宣称美国不批准《京都议定书》。

针对这种现象著名学者吉登斯在其名著《气候变化的政治》中提出了"吉登斯悖论（Giddens Paradox）"，他认为，"既然全球气候变暖所带来的危

---

[1] 于宏源："体制与能力：试析美国气候外交的二元影响因素"，载《当代亚太》2012年第4期。

害在人们的日常生活中不是具体、直接的和可见的，那么，不管它实际上有多么可怕，大部分人就是依然袖手旁观，不做任何具体的事情。但是，一旦等情况变得具体和真实，并且迫使他们采取实质性行动的时候，那一切又为时太晚。"[1]虽然科学研究一再证实气候变化所带来的不利影响是非常严峻的挑战，但由于气候变化所带来的不利影响在日常生活中是逐渐发生的，不具备专业知识的普通民众很难察觉。因此，即便其不断被提出来，但因采取应对措施往往需要与提高税收、增加开支、改变固有的生产生活方式等相关，故在人们的日常生活和今后的计划中很少被纳入考虑范围。普通民众一般不愿采取行动，而美国国会议员都有自己的选区，对选民负责，国会的投票反映了其深刻的社会现实。"吉登斯悖论"在美国得到了充分的体现。

为了将当时最大的温室气体排放国纳入其中，应对气候变化的多边国际谈判不得不对美国实行"双轨制"。与小布什政府相比，民主党奥巴马政府在应对气候变化国际合作问题上态度更为积极，但也同样面临着共和党控制下的国会的掣肘，不得不采取特殊的应对措施。在奥巴马第二任总统任期之后提出《总统气候变化行动计划》，强调以能源利用方式的调整为中心，从减少温室气体排放、适应气候变化不利影响和加强国家间合作三个方面应对气候变化。如果美国大力推行减少温室气体排放的法律政策，势必减少石油、煤炭等不可再生能源的使用比重，必然会使传统能源业、制造业、农业面临转型升级的巨大压力，也可能会导致国内出现大量劳动者失业、收入水平下降的情况。因此，煤炭、石油开采量大的州、汽车生产大州、相关产业的工会与能源巨头联合起来在各级选举中对美国政府和议会施加巨大的压力。

二、"联盟"不同于《气候公约》引领的国际气候治理

由于强制减排温室气体必然增加经济运行成本，从而对美国的产业和经济发展带来巨大压力，影响到美国的竞争力。再加上美国发生次贷危机后经济复苏乏力和共和党人的强烈反对，迄今为止，美国没有通过任何包括有明确强制减排温室气体目标的法案。对此，奥巴马政府开始强调针对短期气候驱动物质的行动对公众健康、近期气候变化、农业生产等方面的重要意义。

---

〔1〕 [英] 安东尼·吉登斯：《气候变化的政治》，曹荣湘译，社会科学文献出版社2009年版，前言。

通过减少排放黑碳、甲烷以及氢氟烃等具有污染大气环境、有损人体健康的大气污染物和产生促进气候变化的温室气体双重身份的短期气候驱动物质为目标，更容易获取民众和议会支持，从而达到减缓气候变化不利影响，改善环境的目的。以对气候变化影响仅次于二氧化碳的黑碳为例，科学研究表明黑碳由极细微的碳颗粒组成，是富含碳的物质不完全燃烧所产生，并以气溶胶的形式释放到空气当中，对太阳辐射有强烈的吸收效应，从而对区域和全球的气候有着重要的影响。同时，黑碳通过吸附重金属污染物，降低大气能见度，甚至可通过呼吸作用夹带所吸附的有毒物质进入人体，从而引起呼吸系统哮喘以及心血管、癌症等疾病的发生，严重危害人体健康。[1]联合国环境规划署与"联盟"正在采取措施努力消减重型柴油车辆、砖厂和市政废物处理产生的黑碳排放。美国环保总署也在"联盟"成立后收紧了发电厂、柴油发动机和燃烧木柴的黑碳污染排放水平限制，据称在美国"即使强烈反对二氧化碳减排的议员，也同意减排黑碳"。[2]"联盟"通过应对具有污染大气环境有损人体健康的大气污染物和产生促进气候变化的温室气体双重身份的短期气候驱动物质，有助于克服悖论，赢得更多的民众支持。

"联盟"支助制度非常重视当地效益。"联盟"的章程非常强调"当地和区域效益"。在其职能的规定当中就有"鼓励区域行动""促进最佳实用技术的推广"等规定。上述规定有助于克服普通民众因气候变化影响遥不可及而漠不关心。通过低成本、见效快的行动给人们带来直接的惠益，有利于获得广大民众的支持。通过激发民众的参与热情，克服"吉登斯悖论"。

"联盟"重视减排行动的当地效益，通过与其他国际组织如"全球甲烷行动计划"、"全球清洁炉灶联盟"、北极圈委员会等合作来开展工作，扩大影响。如固体燃料是广大发展中国家农村贫困人口作为炊事和供暖的主要燃料。传统的固体燃料炉灶不但浪费了大量的能源，还排放颗粒物、一氧化碳、二氧化硫、多环芳烃、黑碳等严重影响民众身体健康的有毒有害污染物。[3]"联盟"通过与清洁炉灶联盟的合作，目标是到 2020 年在全球推广 1 亿台清洁炉

---

〔1〕 参见黄观等："黑碳气溶胶研究概况"，载《灾害学》2015 年第 2 期。

〔2〕 王迎、周晓芳："'气候与清洁空气联盟'的背景及影响分析"，载《环境保护》2012 年第 11 期。

〔3〕 参见陈晓夫等："全球清洁炉灶发展及与中国的合作"，载《可再生能源》2012 年第 6 期。

灶。通过推行清洁炉灶为当地民众改善了生活条件，保障了妇女儿童的健康，提高了能源效率，也减少了温室气体和黑碳的排放，有利于防止空气污染、应对气候变化、保护生态环境。重视当地和区域效益的行动，给当地及周边民众带来直接的惠益，容易获得民众的支持，也能更为有效地达到减少排放黑碳这一目的。联盟采取的其他行动也非常重视当地效益，如减少石油和天然气行业甲烷泄露、降低城市固体废物排放的黑碳和甲烷行动等等都在减排的同时，给当地行业、社区和广大民众带来直接的效益。

"联盟"合作方式是建立在互信和自愿基础上，不需要承诺任何具有法律约束力的减排义务，而且可以自行定义加入联盟的属性。[1]由各方自行宣布减排的比例，自愿公布向联盟资金机制注资的额度。这种自下而上采取行动的做法与《气候公约》为代表的应对气候变化国际合作自上而下采取行动的做法大相径庭。

"联盟"则更为彻底地采取自下而上的行动方式，由各方量力而行做出承诺，以避免由于减排目标执行不力对国家的经济发展造成过多负面影响。加拿大、日本、新西兰等不参加《京都议定书》第二承诺期的国家，都转而出现在"联盟"的成员国名单当中。自下而上自主承诺的方式有其独特的魅力。

三、"联盟"提供资金是对气候资金机制的补充

美国特朗普政府2016年上台伊始便退出《巴黎协定》，并在退出尚未生效之时就悍然停止提供气候资金，使得联合国领导下、以《气候公约》为法律框架的国际气候治理面临重大挑战，在气候资金的提供方面也使得发达国家集体承诺的气候资金出现严重空缺。代表了美国右翼保守势力的特朗普政府在应对气候变化立场上严重后退，但是特朗普政府并未废止由美国创建和主导的"联盟"。美国目前以气候与清洁空气共同应对的方式进行应对气候变化的国际合作，继续为美国主导下的气候变化应对提供资金、技术等方面的支助。许多发展中国家，如印度、孟加拉国等已经选择加入该联盟。对全球合作应对气候变化而言，"联盟"是在《气候公约》为框架和统领的气候变化应对方式之外的另一种应对方式，其出现和发展也可以视为对现行主流的

---

〔1〕 参见刘哲、王敏："'气盟'的运行机制与综合影响分析"，载王伟光、郑国光主编：《应对气候变化报告（2015）：巴黎的新起点和新希望》，社会科学文献出版社2015年版，第112页。

气候变化应对方式的补充。从资金机制的角度而言，亦是现阶段美国坚决退出《巴黎协定》之后，将美国资金、技术继续用于气候变化应对的次优之举。

"联盟"针对的是黑碳、甲烷以及氢氟烃等具有污染大气环境、有损人体健康的大气污染物和产生促进气候变化的温室气体双重身份的短期气候驱动物质。这些具有双重身份的短期气候驱动物质从大气中的消除可以利用美国国内防止大气污染的资金。鉴于美国《清洁空气法》的受重视程度，借助美国治理大气污染的资金应对气候变化，对全球应对气候变化而言，也提供了新的思路。可以借助大气污染物和温室气体在产生上所具有的"同根同源"和应对方式都是"节能减排"这两大属性，减少对温室气体减排的争议，借助减少大气污染物排放达到减少温室气体排放，为应对气候变化新增了气候资金的提供渠道。

第三节　臭氧层保护资金机制比较

一、臭氧层保护法律机制的产生

20世纪70年代，科学家发现南极上空出现巨大臭氧层空洞。科学研究表明制冷剂、发泡剂、喷射剂等含有消耗臭氧层物质的化学制品被大量使用是造成臭氧层巨大空洞的主要原因。随着工业发展对这些制品的大量使用和排放，臭氧层空调在不断扩大，使短波紫外线对地球上生活的生物构成严重威胁。臭氧层破坏迅速成为人类面临的全球性环境问题之一。与国际社会合作应对气候变化相类似，关于臭氧层国际保护也采取的是框架公约先行，议定书、协定跟进的方式推进。臭氧层国际保护领域也设立资金机制，且其设立早于《气候公约》。

1985年《保护臭氧层维也纳公约》是一项"框架性"的多边环境公约，其设定了全球合作保护臭氧层的基本宗旨、原则等宏观内容和交换有关臭氧层信息和数据的条款。1987年《蒙特利尔议定书》为各缔约方规定了具体的控制义务，成为保护臭氧层的核心文件。该议定书通过的9月16日也被定为国际保护臭氧层日。随后的缔约方会议先后通过《蒙特利尔议定书》的1990年《伦敦修正》、1992年《哥本哈根修正》、1997年《蒙特利尔修正》和1999年《北京修正》。这四个修正案进一步规定了更严格的控制措施，新增了消耗臭氧层物质（ODS）的种类，加快了淘汰这些物质的时间表。《蒙特利尔议定书》共有五个文本，分别是 1987 年文本、1990 年文本、1992 年文本、1997 年文本和 1999 年文本。这些文本的存在使不同缔约方可以选择加入，不同缔约方仅受本国已经批准、加入或接受的文本的约束，但加入时间在后的文本必须以加入时间在先的所有文本为条件。〔1〕我国分别加入了《伦敦修正》和《哥本哈根修正》，没有加入《蒙特利尔修正》和《北京修正》，因此，我国遵守的是《蒙特利尔议定书》1992 年文本。

《蒙特利尔议定书》1987 年文本并没有明确规定资金机制事宜，只是在第 5.3 条一般性地规定各缔约方向发展中国家缔约方提供津贴、援助、信贷、担保或保险，以便于发展中国家缔约方使用替代消耗臭氧物质的技术和产品。《蒙特利尔议定书》的此项规定表明发展中国家减少使用消除臭氧层的技术和产品需要获得外部的资金支助，但是对如何获得、经营、分配这些资金及何时获得都没有规定，更没有专门设立的机制负责这些资金相关的事项。如此设置，引发了发展中国家的不满，加入的发展中国家数量非常有限，中国、印度等发展中大国明确拒绝加入。在资金机制问题上，《蒙特利尔议定书》1987 年文本在生效之时就有修改的必要。〔2〕

1990 年，缔约方会议第 2 次会议通过议定书的《伦敦修正》，在第 10.1 条增设专门的资金机制条款，并要求缔约方会议建立资金机制。在这次会议的决定中，规定建立临时多边基金作为议定书的临时资金机制，于 1991 年 1 月 1 日开始运行。〔3〕两年后的第 4 次缔约方会议决定正式建立多边基金，从 1993 年 1 月 1 日开始运行。〔4〕保护臭氧层的《蒙特利尔议定书》的资金机制全面建成。

二、臭氧层保护的资金机制的特点与启示

《保护臭氧层维也纳公约》及《蒙特利尔议定书》是第一份践行"共同但有区别责任"原则的国际公约。〔5〕《蒙特利尔议定书》设立的多边基金对于资金的提供和接受没有按照发展中国家和发达国家二分法来进行，而是根

---

〔1〕 参见谷德近：《多边环境协定的资金机制》，法律出版社 2008 年版，第 162 页。
〔2〕 参见谷德近：《多边环境协定的资金机制》，法律出版社 2008 年版，第 162 页。
〔3〕 《蒙特利尔议定书》缔约方会议第 II/8 号决议。
〔4〕 《蒙特利尔议定书》缔约方会议第 IV/18 号决议。
〔5〕 参见肖学智："保护臭氧层 30 周年成果显著"，载《世界环境》2016 年第 1 期。

据消耗臭氧层物质人均消费量来区分。根据《蒙特利尔议定书》1990 年文本第 5.1 条的规定，在 1989 年 1 月 1 日至 1999 年 1 月 1 日之间的任何一年内，如果人均消费议定书附件 A 中所列的消耗臭氧层物质低于 0.3 公斤的缔约方，可以称为第 5 条国家。符合第 5 条规定条件的国家是资金机制合格的受援国家，被称为第 5 条国家；而人均消费消耗臭氧层物质高于 0.3 公斤的国家被称为非第 5 条国家，这些国家是资金机制的出资国。由此，臭氧层保护的资金机制实现了区分资金提供国和资金接受国的目的。据资料显示，占世界人口不到 1/4 的发达工业化国家消费了大约 88% 的消耗臭氧层物质，其人均物质消耗量是发展中国家的 20 倍。而发展中国家的消费量占 12%，生产量仅占 5%。1986 年发展中国家的消耗都未超出世界人均消费标准。[1] 相对于《气候公约》通过在附件二直接列入名单的方式区分，《蒙特利尔议定书》的方式似乎更为清楚明了，能否获得资金支助的争议也少一些。

在资金使用的制度规则上，《蒙特利尔议定书》的缔约方会议是议定书的最高权力机关，资金机制受其管辖。多边资金机制设有执行委员会，代表缔约方会议管理多边基金，制定集体的资金政策、指导方针和行政安排，制定多边基金以 3 年期的工作计划和预算，分配多边基金的资金，监测资金援助项目的执行。[2] 执行委员会共由 14 名委员组成，其中 7 名来自第 5 条国家集团，另外 7 名来自非第 5 条国家集团。执行委员会的组成上兼顾两类主要国家的要求，有利于机构的正常运行。这一构成方式，也为绿色气候基金所仿效。而另一个气候资金机制的经营实体，全球环境基金也在《蒙特利尔议定书》下与多边基金共同履行资金机制的职能。因经济转型国家不符合第 5 条的规定标准，难以由多边基金活动资金淘汰消耗臭氧层物质。鉴于转型国家处于特殊时期，转型压力较大，改由全球环境基金提供资金。因全球环境基金的执行委员会的表决方式引入资本比例，导致其广受发展中国家的诟病。同为《气候公约》资金机制经营实体的绿色气候基金在执委会的组成和表决方式上受到《蒙特利尔议定书》多边基金影响更多。

由于《蒙特利尔议定书》的多边基金解决的问题是淘汰消耗臭氧层物质的生产和设备使用，活动相对单一。与《气候公约》资金机制涉及的减缓、

---

[1] 参见罗立昱："南北关系与臭氧层多边基金的建立"，载《国际商务财会》2012 年第 3 期。

[2] 执行委员会的职权规定（1997 年修改），缔约方第九次会议第 IX 号决定。

适应、能力建设、技术转让的费用和复杂程度相比较，保护臭氧层的资金机制的资金使用政策、优先顺序等问题受到的关注度不高。实践中，《蒙特利尔议定书》缔约方会议和资金机制的执行委员会未系统阐述过多边基金的基本政策。

在缴纳资金的标准上，由《蒙特利尔议定书》缔约方会议批准多边基金的预算。然后，按照预算总额，非第 5 条缔约方按照一定比例缴纳资金。比例是根据联合国会费的分摊比例来确定的，但任何缔约方的缴纳比例不超过25%，从 2003 年开始，最高比例下调至 22%。多边基金的设定文件还规定，非第 5 条缔约方提交资金的形式是可以自由兑换的货币，在某些情况下，可以以实物或本国货币缴纳。[1]多边基金对资金缴纳的规定非常清晰，有利于承担缴纳资金义务的缔约方的履行。气候资金采用集体承诺的方式筹集资金，形成了一个资金缴纳的"黑箱"，各个义务缔约方的责任难以明确。虽然《京都议定书》曾要求"发达国家缔约方间适当分摊负担的重要性"，然而该规定并未得到落实。应对气候变化国际合作应该在后续的谈判中学习多边基金的做法，明确不同缔约方在资金机制中的权利义务。

保护臭氧层被赞誉为"迄今人类最为成功的全球性合作"，《蒙特利尔议定书》的多边基金有效运作无疑为保护臭氧层的成功添色不少。我国消耗臭氧层物质的淘汰量占发展中国家总量的 50%以上，成为对全球臭氧层保护贡献最大的国家。[2]我国对臭氧层保护做出的贡献，也离不开多边基金的资金支助。

三、与气候资金机制的比较

在《保护臭氧层维也纳公约》及其《蒙特利尔议定书》的指引之下，保护臭氧层被赞誉为"迄今人类最为成功的全球性合作"。这份成功当中，资金机制发挥了建设性的作用。通过对臭氧层资金机制的运行特点分析，以及与气候资金机制的比较，我们可以总结出以下不同：

（一）按照人均消耗量进行国家分类更为科学

在气候变化国际法发展初期，发展中国家曾经强烈要求按照人均温室气

---

〔1〕　MOP, Terms of Reference for the Multilateral Fund, art. 10.

〔2〕　参见中国家用电器协会综合业务部："中国加入《蒙特利尔议定书》30 周年 中国家用制冷行业以碳氢制冷剂推进臭氧层保护与温室气体减排"，载《电器》2021 年第 6 期。

体的排放量来对缔约国进行分类，并由此确定减排义务和资金义务，但没有获得发达国家的支持和认可。气候变化国际法形成了在《气候公约》及其《京都议定书》中以附件的形式列明负有减排和出资义务的发达国家的模式。《蒙特利尔议定书》设立的多边基金对于资金的提供和接受没有按照发展中国家和发达国家二分法来进行，而是根据消耗臭氧层物质人均消费量来区分。根据《蒙特利尔议定书》的规定，如果人均消费议定书附件 A 中所列的消耗臭氧层物质低于 0.3 公斤的缔约方，可以称为第 5 条国家。符合第 5 条规定条件的国家是多边基金下合格的受援国家，被称为第 5 条国家；而人均消费消耗臭氧层物质高于 0.3 公斤的国家被称为非第 5 条国家，这些国家是资金机制的出资国。由此，臭氧层保护的资金机制实现了区分资金提供国和资金接受国的目的。保护臭氧层国际合作的国家分类方法更为科学，避免了应对气候变化国际合作模式对国家的分类缺乏客观标准，且僵化，导致一些被列入其中的国家后续又要求退出该附件。

（二）资金提供的比例更为精确

在缴纳资金的标准上，先确定保护臭氧层的多边基金的预算。然后，按照预算总额，非第 5 条缔约方按照一定比例缴纳资金。比例是根据联合国会费的分摊比例来确定的，但任何缔约方的缴纳比例不超过 25%，从 2003 年开始，最高比例下调至 22%。多边基金对资金缴纳的规定非常清晰，有利于承担缴纳资金义务的缔约方的履行。气候变化国际合作中发达国家提供气候资金采用集体承诺的方式。2009 年"哥本哈根世界气候大会"上，发达国家为促进发展中国家接受新的协定，集体承诺提供数量惊人的气候资金，但该承诺是集体性质，并未落实到具体国家，也未说明资金的出资方式，事实上形成了一个资金缴纳的"黑箱"。各个发达国家缔约方的义务难以明确，也无法进行问责。虽然后续的气候变化大会曾要求落实"发达国家缔约方间适当分摊负担的重要性"，然而发达国家缔约方的推诿使得该要求迟迟未得到落实，《巴黎协定》也只是在气候资金的数量上获得了名义上的提升，在落实不同发达国家缔约方在资金机制中的出资义务上仍未能取得实质性进步。

（三）突出健康效益和保护人身权益

保护臭氧层国际合作取得了巨大的成功，而应对气候变化却争议不断，各种阴谋论、怀疑论层出不穷。究其原因，主要在于臭氧层空洞所具有的人身伤害性得到了科学的说明，保护臭氧层具有良好的健康和环境效益深受认可。《保护臭氧层维也纳公约》及其《蒙特利尔议定书》下各类控制措施的有效实施，使得全球范围内避免了数百万例致命性皮肤癌和数千万例非致命性皮肤癌和白内障的发生。[1]紫外线可以对人身造成直接伤害，发达国家民众对此有直观、深入的体会，因此在保护臭氧层的投入上鲜有反对。发达国家在保护臭氧层和跨界大气污染治理上的大量投入和发展中国家的积极参与，确保了这两个领域出现我们看到的治理成功。

气候变化的负面影响已经非常严重，目前各种研究报告主要研究和讨论气温增高、海平面上升、物种减少等等缓慢发生、民众难以意识到的变化，气候变化不利影响对民众人身权益的直接伤害却很少提及。虽然社会精英早已察觉这一特点，提出了"吉登斯悖论""集体行动的困境""公地的悲剧"等观点，但因气候变化的不利影响直接相关性不强，普通民众的认识转变仍需时日。国际法委员会近期推出报告，提出大气保护的准则草案，将臭氧层保护、气候变化、大气污染等发生在大气内部的活动整合为大气保护，以推进国际合作。该举措出台有助于利用臭氧层保护和大气污染的关注度，提升民众的大气保护意识，同时可将各领域的资金整合使用，拓宽资金来源，提升资金使用效率，获取协同效应。

第四节　国际法委员会的大气保护准则草案

大气是世界上最大的单一自然资源。大气是与人类活动关系最密切的环境介质。广义上的大气是指地球表面全部大气的总和，狭义上的大气是指环境空气。[2]从国际法上看，目前人类社会对大气的法律保护是分割为不同领域分散进行的。如前所述，针对发生在大气中的气候变化、臭氧层保护和跨界空气污染先后形成了多个不同的国际法条约体系。温室气体、空气污染物

---

〔1〕　参见肖学智："保护臭氧层30周年成果显著"，载《世界环境》2016年第1期。

〔2〕　在地球引力作用下，地球表面被厚度在1000 m以上的大气层覆盖。大气层从地球形成伊始，经过漫长的演变过程，形成了稳定的组成成分。在人类经常活动的范围内，地球上任何地方干洁空气的物理性质是基本相同的。——冯婧微主编：《环境形势与政策》，中国环境出版社2016年版，第140页。

和臭氧层消耗物质的产生、应对和作用场所存在很大的相似性和相通性。保护臭氧层的《保护臭氧层维也纳公约》及其《蒙特利尔议定书》实施三十年成功保护了臭氧层，也避免了超过 1350 亿吨二氧化碳当量的估计排放量，直接减缓了气候变化。[1]

国际法委员会试图更广泛地保护大气层，涉及的范围包括气候变化，也包括对臭氧层的消耗和跨界空气污染。该设想来自于国际法协会一些学界研究人员的建议，其目的大概是试图通过国际法委员会进行的编纂进程对关于特定问题的国家间政治谈判有所助力，同时彼此之间也可显著区分开来。保护大气层的宽泛概念框架有利于在预防越境环境损害的已经相当成熟的规范和那些鲜为人知的、适用于全球环境损害的规范之间相互促进。国际法委员会（ILC）在 2018 年举行的第 70 届会议上一读通过了关于保护大气的准则草案（Draft Guidelines，DGs）。[2]该草案是特别报告员村濑信也（Shinya Murase）在国际法委员会五年工作的成果，二读可能在 2020 年年中开始。

一、演进历程

从一开始，一些国际法委员会的成员和联合国大会第六委员会的国家代表就反对保护大气层的项目。一位美国代表举例说，这一法律领域"以条约为基础，重点突出，相对有效"。[3]同样，在国际法委员会委员黄惠康看来，"保护气候缺乏的不是监管，而是具体的承诺和实质性的行动，这在很大程度上取决于各国的政治意愿。"[4]此外，有人担心，国际法委员会关于这一专题的工作可能会干扰政治谈判。或者以其他方式"打破"历年通过国家间政治类谈判达成的平衡，特别是在气候变化方面。

这个项目的目标从来不是"以迫使国家采取行动的法律革命"，而只是为

---

〔1〕 参见肖学智："保护臭氧层 30 周年成果显著"，载《世界环境》2016 年第 1 期。

〔2〕 ILC, Text of the draft guidelines, together with preamble, and commentaries thereto' reproduced in Report of the International Law Commission at its Seventieth Session, UN Doc A/73/10（2018）161〔78〕（'DGs adopted on first reading'）.

〔3〕 GA Sixth Committee, Summary Record of the 19th Meeting, 67th session, UN Doc A/C. 6/67/SR. 19.

〔4〕 ILC, Provisional Summary Record of the 3249th Meeting, 67th sess, 1st pt, UN Doc A/CN. 4/SR. 3249（held 12 May 2015）5（Huang）.

了"提醒……声明对大气的保护不是一个只受少数条约法律管辖的领域"[1]，因此，该项目有助于国际法委员会促进"国际法的逐步发展和编纂"。《国际法委员会章程》区分了旨在"逐步发展"和"编纂"国际法的工作。[2]在实践中，这种区别是一个程度问题：任何法典化都意味着某种"发展"，通过来自特定当局的规则系统化。在 2011 年列入国际法委员会长期工作方案的专题之后，进行了两年的非正式谈判。在 2013 年第 65 届会议的最后一次会议上，国际法委员会根据对项目范围和性质的"谅解"，允许项目启动。根据这一谅解，这项工作"不会干扰有关的进行中的国家政治谈判，包括气候变化、臭氧消耗和远距离越境空气污染等方面的谈判"。该项目的成果将包括准则草案，该草案不试图强加给现行条约制度法律规则或其中尚未包含的法律原则。[3]

在 2014 年第 66 届会议上，国际法委员会审议了特别报告员的第一次报告，该报告力求阐述该项目的总体目标，包括为该专题的工作提供理由，界定其总体范围，确定相关的基本概念，并提供与本专题相关的观点和方法。在 2015 年第 67 届会议上，国际法委员会收到了特别报告员的第二次报告，该报告在进一步分析第一次报告中提交的准则草案的基础上，提出了一套关于用语、准则草案范围和人类共同关切的准则修订草案，以及关于各国保护大气的一般义务和国际合作的准则草案。委员会决定将准则草案 1、2、3 和 5 提交起草委员会，但有一项谅解，即准则草案 3 将在可能的序言中审议。委员会随后暂时通过了准则草案 1、2 和 5 以及序言部分的四段及其评注。

2016 年第 68 届会议上，委员会收到了特别报告员的第三次报告，其中分析了各国防止大气污染和减缓大气退化的义务、尽职调查和环境影响评估的要求、关于可持续和公平利用大气，以及旨在故意改变大气的某些活动的法律限制。报告还载有一项关于各国保护环境的义务、环境影响评估、可持续利用大气层、公平利用大气层和地球工程的五项准则草案的提案。国际法委员会在就第三次报告进行辩论后，将五项准则草案连同序言段提交起草委员

---

〔1〕 ILC, Provisional Summary Record of the 3213th Meeting, 66th sess, 1st pt, UN Doc A/CN. 4/SR. 3213 (held 30 May 2014) 11 Nolte.

〔2〕 Statute of the ILC, arts 16 and 18.

〔3〕 Report of the International Law Commission at its sixty-fifth session, UN Doc A/68/10 (2013) 115 [168].

会。委员会在审议起草委员会的报告时，审议并暂时通过了准则草案 3、4、5、6 和 7 以及一个序言段及其评注。2017 年国际法委员会第 69 届会议收到了特别报告员的第四次报告。该报告在前三次报告的基础上，就保护大气层的国际法规则与其他有关国际法规则之间的相互关系提出了四项准则，包括国际贸易和投资法规则、海洋法和国际人权法。在委员会进行辩论之后，特别报告员组织了与大气科学家的非正式对话，委员会决定将特别报告员第四次报告所载的四项准则草案提交起草委员会。2018 年国际法委员会第 70 届会议考虑到委员会的辩论，将特别报告员第五次报告所载准则草案 10 至 12 提交起草委员会。委员会随后一读通过了序言草案和整套准则草案，包括第 68 届和第 69 届会议通过的准则草案，作为一个整体，称为"保护大气层准则"，并对其作了评注。[1] 随后，国际法委员会决定，根据其章程，开始通过秘书长将准则草案转交各国政府和国际组织征求评论和意见。

二、关于国家保护义务争议

注意到在现有条约制度中对大气保护这一主题的零散处理，国际法委员会设想起草一份"框架公约"，通过该框架公约可以全面和系统地涵盖整个环境问题的范围。在保护大气的概念之下，将气候变化应对、臭氧层保护和跨界大气污染等超越了一个国家主权管辖范围，但发生在地球大气层内的活动囊括进来，形成一个大的法律框架。大气生态环境的退化与地球大气条件的变化有关，人类活动排放出跨越其主权疆界在域外产生损害的大气污染物，也排放出导致气候变化或臭氧层损耗的物质。这些物质从性质上看，同根同源，应对方式也类似，就是限制人类活动，减少排放。

准则草案是基于保护大气免受污染和防止大气退化。草案认为，大气污染是指影响起源国以外特定地区的典型跨界问题。受影响地区可位于另一国领土内或国家管辖范围以外，例如公海。相比之下，大气退化与"全球大气条件的变化"有关，例如通过排放导致气候变化或臭氧层损耗的物质。更具体地说，准则草案将"大气污染"定义为向大气中排放"造成有害影响的物质，其范围超出了危害人类生命健康和地球自然系统的自然起源国"。相比之

---

〔1〕 联合国国际法委员会关于大气保护介绍网页，https://legal.un.org/ilc/summaries/8_8.shtml，最后访问日期：2020 年 4 月 29 日。

下，准则草案将"大气退化"定义为"危害人类生命和地球自然环境的这种性质的重大有害影响"。[1]添加"重大"一词似乎表明了大气退化的危害阈值应从全球环境危害的角度来考察，应当更高于适用于一般越境环境损害污染大气的阈值。

特别报告员村濑信也的第一份报告将大气保护作为"人类共同关切（common concern）"，并指出这可能意味着对一切（erga omnes）义务的存在。[2]这一特征在国际法委员会和第六委员会的决议显示出一定的差异。在同侪的压力下，穆拉斯同意将"人类共同关切"的概念搬到准则草案的序言，后来又承认用"整个国际社会的紧迫关切"的概念取代它。[3]"人类的共同关切"在很大程度上被公认为国际环境法的一般原则或概念，"整个国际社会的紧迫关切"只是国际法委员会用来确定工作主题的一个词汇或标准。

尽管在《气候公约》中列入了与气候变化及其不利影响是"人类社会共同关切"的表述，在《生物多样性公约》中列入了"生物多样性保全是全人类共同关切"等有关的表述。国际法委员会成员和国家代表坚决反对在大气保护准则草案中提及人类的共同关切，强调缺乏法律依据。肖恩·墨菲认为，自 1992 年通过上述两项条约以来，这一术语在条约中的使用非常有限，得出的结论是"各国不再想使用这一短语"。[4]这一立场忽略了 2013 年通过的《关于汞的水俣公约》中有关汞的远距离大气传输"全球关切"的规定。到 2015 年 12 月《巴黎协定》的出台再次承认气候变化是"人类共同关注的问题"。正如佩特里希（Petrič）所承认的那样，共同关注的概念肯定是"在国际环境法中确立的"，特别是在气候变化和保护生物多样性方面。[5]如果没有任何相反的证据，国际法委员会本应承认这一概念的适用性，如果不适用于保护整个大气，至少在大气退化的背景下适用。目前尚不清楚人类社会共同

---

〔1〕　ILC, DGs adopted on first reading（n 2）DG 1（c）.

〔2〕　Murase, First Report on the Protection of the Atmosphere（n 48）.

〔3〕　ILC, Provisional Summary Record of the 3260th Meeting, 67th sess, 1st pt, UN Doc A/CN. 4/SR. 3260.

〔4〕　Sean D. Murphy, "Identification of Customary International Law and Other Topics: The Sixty-seventh Session of the International Law Commission", *American Journal of International Law*, Vol. 109, No. 2., 2015, pp. 822- 833.

〔5〕　See ILC, Provisional Summary Record of the 3308th Meeting, 68th sess, 1st pt, UN Doc A/CN. 4/SR. 3308 .（held 1 June 2016）.

关切概念是否适用于大气污染跨界问题，因其没有明确的主管部门，并且环境危害的严重性仅限于特定区域。在联合国大会第六委员会上，法国表示关切的是，解释这一概念可能导致承认保护环境是"各国义不容辞的普遍义务"，因此可以作为国际诉讼程序的基础，这是不可接受的。[1]国际法委员会的一些成员反复表达了类似的关切。准则草案将使国际法委员会有机会认识到保护大气层是人类共同关心的问题。这样做，国际法委员会可以在解释这一概念的含义方面发挥作用。特别报告员的第二次报告使用了"所有国家在与所有国家具有类似重要性的事项上进行合作"的义务这一表述。[2]这一国际法委员会已确定的义务的表述方式，避免了任何国家援引任何其他国家责任的无限权利。

准则草案第三次报告提出，认识到各国"有义务保护大气，根据适当的国际法规则采取适当措施，防止、减少或控制大气污染和大气退化"。就大气污染而言，这一规定在国际法委员会讨论期间似乎没有争议。防止跨界环境损害的义务被大量的国际宣言、司法裁决承认为习惯国际法。一些资深的国际法学者将这一义务定性为国际环境法的"基石"。

相形之下，一些国际法委员会成员对这一义务在大气退化带来的全球环境损害中的适用提出质疑。保护大气义务在大气退化中的适用与承认这一义务可能产生的后果有关，这是一个中心问题。因此，帕尔维尔·什图尔马（Parvel Šturma）警告说，承认保护大气的义务"可能影响"大气退化。[3]而肖恩·墨菲更具体地指出，这可能有助于对发达国家提起诉讼。[4]这是国际法委员会在审议保护大气层问题时所产生的又一显著的争议。

国际法委员会成员还对防止大气退化义务的法律依据进行讨论。特别报告人村濑信也的第二份报告指出，这一义务源于"以不损害他人财产的方式使用自己的财产"原则（*sic utere tuo ut alienum non laedas*）。然而，这一原则

---

〔1〕 GA Sixth Committee, Summary Record of the 22nd Meeting, 69th session, UN Doc A/C. 6/69/SR. 22（held 29 October 2014）.

〔2〕 Murase, Second Report on the Protection of the Atmosphere（n 53）17.

〔3〕 ILC, Provisional Summary Record of the 3247th Meeting, 67th sess, 1st pt, UN Doc A/CN. 4/SR. 3247（held 7 May 2015）9（Šturma）.

〔4〕 See ILC, Provisional Summary Record of the 3246th Meeting, 67th sess, 1st pt, UN Doc A/CN. 4/SR. 3246（held 6 May 2015）5–6（Murphy）.

假定两个国家和大多数当局认识到它的存在与跨界的联系。在此基础上，对准则草案第三次报告的评论指出，保护大气的义务的存在对于全球大气退化仍然有点悬而未决。

国际法委员会这个项目最重要的方面在于确定防止大气退化的义务的存在。在《保护臭氧层维也纳公约》和《气候公约》序言中都提到国家预防的义务，表明各国已同意该义务与气候变化的相关性。在司法实践中，最近的环境保护组织紧急议程（Urgenda）诉荷兰案中，争端双方都同意预防义务适用于气候变化。[1]此外，还可以从一种演绎方法中找到对确定各国防止大气退化的义务的支持。如同在跨界情况下一样，可以从一般国际法的前提中推断出各国在全球情况下预防环境损害的义务。这项义务也源于领土主权和国家平等的原则。这些原则要求各国尽量避免对其他国家及其人民的领土或生活产生重大影响的损害。大气退化影响所有国家，甚至威胁到某些国家的存在。事实表明，防止大气退化的义务是国际法律秩序前提的必然结果。

准则草案公正地和更广泛地反映了保护大气、防止越境和全球环境损害的义务的性质，即一项应有的注意义务。学界的评注一贯地将这项义务定性为一项行为义务。[2]因此，大气污染或大气退化的发生不一定反映国家对这一义务的违反。因为国家可能为防止这一义务作出了必要的行为努力，但仍可能不能防止环境损害的产生。这就提出了关于适用于这一义务的谨慎标准问题。这一基本但棘手的问题是，一个国家必须为保护地球大气层投入多少努力和资源才是履行了相关的义务？任何以系统的方式解决这一问题都可能涉及对共同但有区别责任及各自能力原则的解释以及对预防性义务做法性质的一些思考，但国际法委员会的谅解将这两个概念排除在大气保护项目范围之外。因此，这个项目只能以简略的方式处理国家义务问题。

---

〔1〕　See Urgenda v the Netherlands, District Court of the Hague（Netherlands）, case No C/09/456689（24 June 2015）；Urgenda v the Netherlands, Court of Appeal of the Hague（Netherlands）, 200. 178. 245/01（9 October 2018）.

〔2〕　Benoit Mayer, "Obligations of Conduct in the International Law on Climate Change: A Defence", *Review of European, Comparative & International Environmental Law*, Vol. 27, No. 2. , 2018, pp. 130-133；Alexander Zahar, "Mediated versus Cumulative Environmental Damage and the International Law Association's Legal Principles on Climate Change", *Climate Law*, Vol. 4, No. 3-4. , 2014, pp. 217-230；Alexander Zahar, "The Contested Core of Climate Law", *Climate Law*, Vol. 8, No. 3-4. , 2018, pp. 244-255.

特别报告员村濑信也的第三次报告强调了考虑国家能力，以及特定活动可能造成的损害的性质的重要性。[1]类比各国根据《联合国海洋法公约》保护海洋环境的义务，该公约的通过早于各国对《气候公约》共同但有区别责任及各自能力原则和预防性做法的承认。第三次报告建议，各国必须"根据其能力，利用其所掌握的最佳可行手段"。为了在国际法委员会成员之间达成相对的共识，必须大大淡化这一措辞。因此，第三次报告尽可能以最回避的方式提及"适当措施"，而其评注仅略为准确地表明，这一要求延伸至"所有适当措施"。报告援引国际法院对乌拉圭河纸浆厂的判决，评注补充说，这项义务不仅涉及采取适当的规则和措施，而且还涉及在执行和行使行政控制权力适用于公共和私人经营者方面保持一定程度的谨慎。

三、准则草案对资金机制的影响

国际法委员会的准则草案针对温室气体、空气污染物和臭氧层消耗物质的产生、应对和作用场所存在很大相似性的特点而提出。虽然准则草案本身并未直接涉及资金和资金机制，但是本书认为，准则草案有利于整合三个领域中各自存在的资金，提升这些资金的使用效率。草案如能顺利推进，在生效之后形成统一的大气保护资金机制是水到渠成的事情。

（一）确立保护大气的义务带来资金整合

国际法委员会的这个草案最重要的方面是确定存在防止大气退化的国际义务。这一结论源自规范国际法和习惯国际法。从规范国际法方面看，在《保护臭氧层维也纳公约》和《气候公约》序言中都提到预防义务，表明各国已同意该原则与大气层保护的相关性。对于跨境大气污染虽然目前并未存在普遍性的国际公约，但存在一些区域性的大气污染防治条约，而且各国在全球范围内防止生态环境损害的义务可以从习惯国际法中推断出来。发生在大气中的气候变化、臭氧层保护先后形成了多个不同的国际法条约体系，跨界空气污染也在欧洲美洲形成了多个区域性的条约，三个领域在使用资金方面是各自为政，分散使用。

---

〔1〕 Sninya Murase, Special Rapporteur, Third Report on the Protection of the Atmosphere, UN Doc A/CN. 4/692（25 February 2016）.

保护大气层的努力要取得成效，必须尊重大气的整体性，一个国家必须与其他国家的努力相协调。准则草案的多次报告始终强调保护大气国际法律规制的另一个关键组成部分是各国有义务酌情相互合作，并与有关国际组织合作，保护大气免受大气污染和大气退化。作为支持，评注列举了大量案例、声明、与保护大气有关的条约或其他共有自然资源的特定方面有关的条约。这项义务通常是国际法委员会成员，包括对该项目最不热心的成员达成广泛共识的目标。在这一进程的早期，肖恩·墨菲建议特别报告员可以强调"各国正在以重要方式合作解决与大气退化有关的问题……并鼓励它们开展这种合作。"〔1〕同样，欧内斯特·佩特里奇认为，"合作的义务是国际法中的实在法（de lege lata）"〔2〕国家也支持提及这一义务，西班牙称之为"显而易见"〔3〕，在联合国大会第六委员会上至少有 20 个国家表示支持将合作原则纳入大气保护准则草案，而只有美国一个国家反对。

《气候公约》的前言要求所有国家尽可能广泛地合作及其参与适当的国际反应。《联合国海洋法公约》第 212 条关于污染的规定要求，努力建立全球和区域规则、标准和建议的做法和程序，以防止、减少和控制此类污染，特别是通过有能力的国际组织或外交会议采取行动。《经济、社会及文化权利国际公约》呼吁每个缔约国都要"承允尽其资源能力所及"实现其承认的权利。大量的国际宣言、决议等法律文件还强调了为了促进他们的共同利益而进行合作国家的义务。此前的谅解将共同但有区别责任及各自能力原则排除在项目范围之外，不应妨碍国际法委员会讨论有助于评估一国遵守其合作义务情况的基准。例如，善意谈判的义务和禁止反言的概念表明，一国一旦将其认为对全球努力作出公平和现实贡献的内容告知其他国家，就可以追究责任，即使该国嗣后声称要退出有关条约。〔4〕关于合作义务的另一要求是国家对在

---

〔1〕　ILC, Provisional Summary Record of the 3246th Meeting, 67th sess, 1st pt, UN Doc A/CN. 4/SR. 3246（held 6 May 2015）7（Murphy）.

〔2〕　ILC, Provisional Summary Record of the 3247th Meeting, 67th sess, 1st pt, UN Doc A/CN. 4/SR. 3247（held 7 May 2015）11（Petrič）.

〔3〕　GA Sixth Committee, Summary Record of the 24th Meeting, 69th session, UN Doc A/C. 6/69/SR. 24（held 31 October 2014）.

〔4〕　See Benoit Mayer, "International Law Obligations Arising in relation to Nationally Determined Contributions", *Transnational Environmental Law*, Vol. 7, No. 2., 2018, p. 251.

其领土以外发生的环境影响的关注不少于对在其领土内发生的环境影响的关注。由此，举例来说，一个国家减轻当地空气污染、防止跨界大气污染的努力，可以表明它在防止全球大气退化方面可以投入的努力程度。

保护臭氧层被赞誉为"迄今人类最为成功的全球性合作"，跨界大气污染治理在发达国家也很受重视，而应对气候变化却争议不断，各种阴谋论、怀疑论层出不穷。究其原因，主要在于臭氧层和大气污染的人身伤害性。紫外线和大气污染物可以对人身造成直接伤害，如保护臭氧层取得了良好的健康和环境效益，《保护臭氧层维也纳公约》及其《蒙特利尔议定书》下各类控制措施的有效实施，使得全球范围内避免了数百万例致命性皮肤癌和数千万例非致命性皮肤癌和白内障的发生。[1]许多国家民众对此有直观、深入的体会，因此在治理的投入上可以说是振臂一呼，应者云集。治理大气污染也存在类似的因应关系。发达国家在保护臭氧层和跨界大气污染治理上的大量投入和发展中国家的积极参与，确保了这两个领域出现我们看到的治理成果。

气候变化的影响有负面也有正面，负面的影响如气温增高、海平面上升、物种减少等等缓慢发生的变化对民众的日常生活几乎没有直接影响，更遑论对民众人身的直接伤害。虽然社会精英早已察觉这一特点，提出了"吉登斯悖论""集体行动的困境""公地的悲剧"等观点，但因气候变化的不利影响直接相关性不强，普通民众的认识转变仍需时日。国际法委员会的报告提出将三者整合为大气保护，将大气污染、臭氧层保护、气候变化等发生在大气内部的活动整合为大气保护推进国际合作，虽然准则草案比较宏观且并未直接提及资金，但从逻辑上看，国际环境合作包括资金上的合作，且实践中资金被认为是国际环境保护合作的核心要素，将大气污染、臭氧层保护、气候变化等发生在大气内部的活动整合为大气保护必然要涉及这些领域资金使用的整合。

（二）整合有利于提升资金提供的透明度

从资金的角度来看，虽然特别报告员在报告中指出，本专题将不涉及也不影响包括向发展中国家转让资金和技术知识产权问题，也不涉及国家及其国民的责任、污染者付费原则、预防原则、共同但有区别的责任原则等。如

---

〔1〕 参见肖学智："保护臭氧层30周年成果显著"，载《世界环境》2016年第1期。

前所述，这种处理方式是减少矛盾、便于推进的一种处理方式。气候变化、臭氧层和跨界大气污染问题的产生、发展和应对的方式具有天然的相似性。大气保护这一宽泛的概念框架有利于在关于预防跨界环境损害的相当成熟的规范和那些鲜为人知的适用于全球环境损害的规范之间交叉影响，相互促进。气候变化资金机制和臭氧层保护多边基金也具有很大的类似性，长程跨界空气污染则因其地域性可以相对容易获得相关国家的污染治理的资金。三者统合到大气保护的框架之下，形成一个平台，有利于吸引国家、国际组织、社团和个人的更多关注，获得更多的资金，也有利于充分利用综合效益，减少重复投入，整合分散的资金资源，提高资金的使用效率。

如前所述，在气候资金的提供上透明度不足，许多发达国家缔约方提供的气候资金把同一笔资金贴上多个标签，甚至把其他种类的援助视为应对气候变化的项目。[1]由于保护臭氧层、大气污染治理和气候变化分属三个不同领域，并存在数个不同的资金机制，而这几大领域的治理机理、应对方式和效果均存在相似甚至相同之处，客观上就为负有提供义务的发达国家缔约方将一笔治理资金多头申报留下空间。而分处不同领域的资金机制相互间并无隶属关系，亦未建立横向联系通报机制，实践中很难发现多头申报、重复申报的行为。应对气候变化国际合作的法律文书中虽然从《气候公约》谈判开始就强调"新的""额外的"气候资金，试图使气候资金与其他生态环境治理资金和发展援助区分开来，直至最近的《巴黎协定》和气候大会决议还制定专门透明度条款，但客观存在的机制缺陷使得这个问题一直未能得到有效解决。

本书认为，气候资金提供的透明度问题已经不仅仅是气候资金机制的内部设置问题，也不是应对气候变化国际合作的机制问题，而是涉及气候变化国际合作相关的臭氧层保护、跨界大气污染等发生在地球大气中的多个领域。气候变化资金机制和臭氧层保护多边基金有很大的相似性，长程跨界空气污染则因其地域性可以相对容易获得相关国家的污染治理的资金。三者统合到大气保护的框架之下，形成一个有利于吸引国家、国际组织、社团企业和个人的更多关注，获得更多的资金的平台，也有利于充分利用溢出效应，减少

---

[1]　参见龚微："论《巴黎协定》下气候资金提供的透明度"，载《法学评论》2017年第4期。

重复投入，整合分散的资金资源，提高资金的使用效率。因此，试图提升气候资金的透明度，既需要从应对气候变化国际合作和气候资金机制内部努力，也需要推动相关外部机制的整合。国际法委员会关于保护大气的准则草案不仅将推动大气保护所涉及不同领域的整合，也可促进这些领域的资金机制的整合，并直接提升资金提供的透明度。

第七章

结论与展望

气候资金居于全球合作应对气候变化问题的核心地位。资金问题影响、涉及气候国际合作的所有的关键性要素,如减缓、适应、技术和能力建设。[1]在 20 世纪 90 年代初期整个《气候公约》的谈判期间,除了公约的目标和时间表之外,资金机制或许是最具争议的议题了。[2]随着气候变化国际法的发展演进,新的《巴黎协定》的生效,气候资金、资金机制已经呈现出越来越多的新特征和异质要素,明显超出了其首先出现的《气候公约》所规定的范围。在法律渊源上应当包括《气候公约》及其后续的法律文件。在气候资金的提供主体上,也超出了《气候公约》附件二所列的发达国家,开始向所有发达国家甚至部分发展中大国扩展。在前期研究的基础上,结合气候变化国际法的新发展,提炼气候资金机制的新动向,课题组重新界定了气候资金机制。气候资金机制是指,根据《气候公约》及其后续法律文件,关于缔约国提供给非发达缔约国、用于应对气候变化的资金组织和运作的制度和规则。

气候资金机制是多方妥协的结果,各方的主张并没有完全被接受,也没有完全被否定而是形成了"混合式的机制"。这个气候资金机制由《气候公约》第 12 条规定设立,形式上是一个新的机制,但是指定全球环境基金作为经营实体。在 2009 年"哥本哈根世界气候大会"上发达国家集体做出了数量

---

[1] See Yulia Yamineva, "Climate Finance in the Paris Outcome: Why Do Today What You can Put Off Till Tomorrow?", *Review of European Community and International Environmental Law*, Vol. 25, No. 2., 2016, p. 174.

[2] See Daniel M. Bodansky, "The United Nations Frame Convention on Climate Change: A Commentary", *Yale Journal of International Law*, Vol. 18, 1993, p. 563.

庞大的气候资金承诺，分别是 2009-2012 年每年 100 亿美元的快速启动资金和 2012-2020 年的每年 1000 亿美元的长期气候资金。为了更好地使用这些数额巨大的气候资金，缔约方会议在发展中国家的压力下同意发展中国家的主张，新设立了独立于全球环境基金的绿色气候基金作为新的资金机制经营实体，形成了"一个资金机制两个经营实体"的局面。至此，气候资金机制的体系建构基本完成。后续的工作就是进一步建立健全和完善气候资金机制的理论、原则、制度和规则。

第一节 理论基础

气候资金机制的具体制度规则的建构需要遵循一些基本的理论。这些理论包括公共产品理论、气候正义理论和全球生态文明理论。公共产品理论，认为气候变化及其治理是全球公共产品。随着《气候公约》、《京都议定书》和《巴黎协定》等国际条约的通过，实际上已经意味着国际共识的形成。可以说气候变化治理被视为公共产品并无太大的争议，相关的国际条约虽然没有明确将气候变化及其治理规定为公共产品，但是事实上已经给予其公共产品的地位。为发展中国家提供气候资金有利于这些全球公共产品的供给。气候资金是不可或缺的，气候资金对于具有正面效应的公共产品——气候治理的提供起着支持和鼓励的作用。气候资金本身并不是公共产品。如果对全球气候变化治理这一正面效应的公共产品不加以鼓励和支持，容易导致已有治理成果的"免费搭车"和解决气候变化的各种治理成果的"供给不足"。长此以往，气候变化治理这一正面效应的公共产品缺乏激励，全球气候变化这一负面公共产品的提供会逐渐增加。而气候资金机制显然是鼓励气候变化治理正面效应公共产品的制度和规则。

气候正义理论源自在西方国家中颇受重视的正义理论，出现了大量气候正义的研究成果。西方社会主流的气候正义理论包括实用主义气候正义、福利主义气候正义、关注结果的气候正义等主张。我国学者对气候正义亦较为关注，主流的观点认为，对于气候正义的界定应鲜明地体现出对公平的重视，非常重视正义的道德性维度，而且强调了在气候治理的全部过程和所有方面贯彻落实公平精神，从价值追求的高度，运用公平的方法论在气候治理的实践中实现公平的结果。气候正义理论诞生于西方，在西方国家中受到广泛的认可，其用于气候资金机制的建设取得了一定的成效，但气候正义理论是建立在西方国家长期以来认可的经济社会发展思路与模式基础之上，使用的是西方的话语体系，因此，资金机制在国际法上的完善和发展仍面临诸多的难以克服的问题与挑战。本课题组认为，气候资金机制的发展与完善需要运用全球生态文明理论。

现代性导致了全球化，而现代性却无法解决全球化带来的问题。何以如此？其中有一个容易被忽视的根本原因，即现代技术和资本的逻辑与现代政治的逻辑之间并不协调。现代技术和资本的发展需要通过全球合作而达到最大化，现代政治却需要通过分裂世界而支配世界。[1]现代技术和资本发展带来的全球生态环境问题，在因民族国家林立、过分强调国家利益的分裂世界无法得到根本性治理。哲学家威廉·欧菲尔斯（William Ophuls）认为，治愈人类文明的痼疾，必须来一次人类思想革命，这场革命所产生的思想必须比创造了现代世界的思想更伟大。[2]全球生态文明理论正是这样的思想。这个时代不仅在温室气体减排、适应气候变化、提供气候支助等方面需要新的制度、新的规则，在应对气候变化的思想理论上也需要新的理论。中共十九大报告明确指出，"引导应对气候变化国际合作，成为全球生态文明建设的重要参与者、贡献者、引领者"。对于应对气候变化国际合作，我国已经从初期的参与者、贡献者逐渐转变为引领者。中国特色社会主义生态文明实践及其建设话语，已然构成了中国积极参与未来全球气候治理进程的中国理念和理论表达。[3]全球生态文明理论在气候变化领域，特别是气候资金领域可以从以下几个方面发挥引领作用：

一、以生命共同体理念看待生态环境提升了法律地位

全球生态文明理论以生态系统和地球整体为中心。全球生态文明理论的提出是从整体上看待人类社会与生态环境，强调人类社会对环境友好，将生

---

〔1〕　参见赵汀阳："天下观与新天下体系"，载《中央社会主义学院学报》2019年第2期。

〔2〕　See William Ophuls, *Immoderate Greatness: Why Civilizations Fail*, Create Space Independent Publishing Platform, 2012, p. 9.

〔3〕　参见郇庆治："'碳政治'的生态帝国主义逻辑批判及其超越"，载《中国社会科学》2016年第3期。

态环境从被人类开发、利用的客体提升为与人类社会平等的主体。在生态学看来，地球上所有生物，包括人类，与环境一样都是生态系统的组成部分。[1]生态文明理论的提出克服了人类中心主义的不足，不再认为人类才是自然的主宰。如可持续发展理论的主体是当代人和后代人，虽然可持续发展理论创造性地将关注的主体范围从当代人类扩充至后代人类，但仍然只是局限于人类社会的范围，没有跳出人类利益至上的藩篱，依然将自然环境视为客体，将自然生态环境视为当代和后代人类开发、利用甚至无限制攫取各种利益的对象。通常我们将气候变化问题视作环境问题、发展问题，无论气候变化是环境问题还是发展问题，其隐含的前提都以人类为中心，从人类中心的视角审视地球出现气候变化问题。

全球生态文明理论在处理人与自然的关系上，提出了生命共同体理念，试图实现人与自然和谐共生。坚持人与自然是生命共同体的理念，根本宗旨在于强调尊重自然、顺应自然，不再将自然单纯视为人类开发、利用的对象，而是认可人与自然都是生态系统当中相互作用的组成部分，将自然置于与人类共生关系。这一定位正确地指出了人类离不开自然，人类与自然相互依存，紧密互利的关系。人与自然生命共同体的提法直接提升了自然的地位。在对待人与自然的关系上，此前出现的各种思潮往往存在不能正确地对待自然的现象。一方面，一些思潮将自然视为客体，认为人类可以开发、利用、改造甚至征服自然。这些思潮在人类社会的发展历程中，曾经占据主导地位。17世纪英国工业革命以后，人类社会步入工业文明时代。人类在工业文明时代创造了比以前一切时代都要大得多的生产力，将人类文明发展到新的高度。只有在工业文明的鼎盛期我们才能清楚地发现文明与自然之间张力的极限。现代人大量开发、大量生产、大量消费、大量排放，工业文明在短短的300多年时间内，就把文明与自然之间的张力推到了极限。[2]大量的研究发现，科学技术的进步不断导致新问题的出现，为了解决这些新问题而研发出的新的技术解决办法又会产生新的问题。人类社会在这一恶性循环中获得的收益

---

〔1〕 生态系统是指在一定时间和空间内，生物与其生存环境以及生物与生物之间相互作用，彼此通过物质循环、能量流动和信息交换，形成的不可分割的自然整体。——解振华主编：《中国大百科全书·环境科学》，中国大百科全书出版社 2002 年版，第 328 页。

〔2〕 参见卢风、曹小竹："论伊林·费切尔的生态文明观念——纪念提出'生态文明'观念40周年"，载《自然辩证法通讯》2020 年第 2 期。

相对有限，付出的代价和风险却日益增大。农业文明时代，中国古代曾强调"天人合一"，但在时代的局限性之下，古代统治阶级无法遏制的物质贪欲，使得"天人合一"成了圣人口中美好的理想，无法谋求和实现人类文明与自然之间的真正平衡。另一方面，20世纪中后期以来，随着人类生态环境意识的增强，一些机构和研究者，如"罗马俱乐部"提出"世界性灾难即将来临的预测"和"零增长"的对策性方案。罗马俱乐部式的人与自然的关系已经被证明是不正确的，我们保护自然是为了更好地发展和保护人类，应以人为本，不是为了单纯的保护而保护。人与自然是生命共同体，不能片面强调保护自然而忽视人类的内在利益需求，不能"为泼脏水把孩子也泼出去"。

在生命共同体理念下处理人与自然的关系要求我们更加平等地看待自然，提升自然的法律地位。要尊崇自然，敬畏自然，要实现人与自然的和谐相处和共生，用文明的方式对待自然。人之所赖以生存的衣食住行等无不是取自大自然，人类的生存生活生产皆离不开自然，关键问题是取之有方。生态文明既是一种文明形态，也是一种文明对待自然的方式。人与自然和谐共生理念的提出，改变了长期以来将自然视为客体的做法，要提升自然的法律地位，目前来看由国家政府代替自然行使相关的权利义务最为合适。[1]这一设置确保了自然的权利受到人类的组织和个人损害时，损害发生地的国家政府可以代表自然向赔偿义务人主张权利。在应对气候变化国际合作当中，在历史上和现实中向大气中排放温室气体较多的发达国家作为义务人，应当提供气候资金、技术等给遭受损害的地球大气层，各发展中国家政府作为权利人，将这些资金技术用于本国应对气候变化的减缓和适应活动。

良好的生态环境是最普惠的民生福祉，是最公平的公共产品。作为公共产品的地球大气具有天然的流动性，这种流动性无法用人为的方式加以阻隔，也不会受到人类社会设定的统治疆界的阻隔。良好的生态环境，特别是良好的大气环境成了供给不同国家、不同族群最公平的公共产品。地球的大气环境没有替代品，地球上生活的人类都必须生活在共同的蓝天之下。如果地球大气环境中的温室气体不断积聚的趋势不加以遏制，那么地球变暖，海平面升高，各种极端天气频发，气候变化的不利影响将会使地球变得不适合人类

---

〔1〕　在中国的生态环境损害赔偿制度中，国务院授权省级、市地级政府（包括直辖市所辖的区县级政府）作为本行政区域内生态环境损害赔偿权利人。——《生态环境损害赔偿制度改革方案》。

生存。届时，不同国家的所有人类都将不可避免地深受其害。

坚持人与自然生命共同体理念，根本宗旨在于强调尊重自然、顺应自然和维系人与自然和谐共生关系。面对人类社会发展过程中出现的气候变化及其不利影响，我国向来坚持气候变化是环境问题，也是发展问题。气候变化在发展过程中产生，也将通过经济社会的绿色发展、可持续发展得以解决。罗马俱乐部式的人与自然的关系已经被证明是不正确的，我们保护自然是为了更好地发展。人与自然是生命共同体，不能片面强调保护自然，不能"为泼脏水把孩子也泼出去"，要尊崇自然，敬畏自然，实现绿色发展，要实现人与自然的和谐相处和共生。在生命共同体理念下处理人与自然的关系要求我们一边抓保护生态，一边抓经济发展，在经济发展中保护生态环境。中国重视经济利益和生态环境利益并重，坚持在推动经济增长的同时积极减少温室气体排放。我国在经济增长高居世界前列的情况下，实现了温室气体排放强度大幅下降。据生态环境部的 2019 年报告统计，2018 年全国碳排放强度比 2005 年下降 45.8%，提前两年实现 2020 年温室气体减排目标。

二、以正确的义利观对待发展中国家的气候资金需求

全球生态文明理论不单纯强调人与自然和谐共生，对人与自然关系进行反思，还包括对整个人类文明的反思，也包括用正确的义利观处理不同国家的人与人的关系。全球生态文明理论提出之前人类社会的主流思想理论过于强调发展，以满足人类的需要。可持续发展理论之前的理论，强调满足当代人类的发展需要，造成了为了人类物质利益需求破坏性地掠夺自然的严重后果。可持续发展理论所强调的发展有所进步，注重既满足当代人需要又不对后代人满足其需要能力造成损害的发展。将发展的主体从当代人拓展到后代人，但是可持续发展关注的重点是发展的可持续性，对于当代人之间的发展不平衡问题关注不足。全球生态文明理论则在此基础上全面拓展，在生态系统当中，人也是生态系统不可分割的组成部分。生态系统当中的人类具有人类的整体性，全球生态文明理论既要关注当代人和后代人利益，也要文明对待不同国家的人类的利益。

国家具有多重涵义，是由个人和组织构成的政治实体，也是社会总和。[1]西方政治哲学当中，民族国家就是规模最大的主权单位。现代政治框架是由个人——共同体——民族国家的结构所定义的。[2]国家利益是国际关系中驱动国家互动的最基本的要素。国家在对外政策行为中会将国家利益转化为国家目标，而国家目标最终会变为国家的具体行动。[3]在应对气候变化问题上，也存在明显的国家利益与世界利益。被现代技术和资本控制的国家，只谋求自身的无限扩张，而对世界利益毫不关心。[4]对于国家而言，国家利益是直接和现实的，世界利益往往是间接和遥远的。因此，我们需要用正确的义利观来引领国家对国家利益的追求。正确的义利观认可国家利益的正当性，同时强调国家利益之外还存在全人类全世界共同发展的大义，要求国家追求自身利益、实现自身发展的同时也需要服务于人类共同发展的大义。

中国国家主席习近平 2013 年 3 月在访问非洲期间首次提出正确义利观，其基本内涵是，"义，反映的是我们的一个理念……我们希望全世界共同发展，特别是希望广大发展中国家加快发展。利，就是要恪守互利共赢原则，不搞我赢你输，要实现双赢"。2014 年 7 月，习近平主席在韩国国立首尔大学演讲时作进一步阐述，"我们在处理国际关系时必须摒弃过时的零和思维，不能只追求你少我多、损人利己，更不能搞你输我赢、一家通吃。只有义利兼顾才能义利兼得，只有义利平衡才能义利共赢"。2014 年，习近平主席在澳大利亚发表演讲时指出，"中国发展绝不以牺牲别国利益为代价，绝不做损人利己的事情"。我们推动全球生态文明建设，追求的是国家之间互利、世界各国共赢。

美国作为最大的发达国家，同时也是第二大温室气体排放国。在全球合作应对气候变化问题上出现严重倒退，共和党总统特朗普在 2017 年正式上台后不久，即宣布美国退出民主党总统奥巴马批准的新气候变化协议《巴黎协定》。特朗普政府宣布退出的同时也停止提供气候资金，这确实给气候资金机制带来直接负面影响。作为气候资金的最大的单一提供国，美国总统特朗普

---

〔1〕 参见张文显主编：《法理学》，高等教育出版社、北京大学出版社 2007 年版，第 370~371 页。

〔2〕 参见赵汀阳："天下观与新天下体系"，载《中央社会主义学院学报》2019 年第 2 期。

〔3〕 参见李少军："论国家利益"，载《世界经济与政治》2003 年第 1 期。

〔4〕 参见赵汀阳："天下观与新天下体系"，载《中央社会主义学院学报》2019 年第 2 期。

认为《巴黎协定》给美国带来"苛刻的财政和经济负担",将从即日起停止落实这份协议,包括停止落实国家自主贡献目标和停止为联合国"绿色气候基金"提供资金,后者让"美国付出巨大财富"。[1]特朗普政府的气候政策片面追求经济利益,为迎合美国国内保守派支持者强调"美国第一"。美国退出《巴黎协定》并停止提供气候资金的做法违反了国际法。[2]特朗普带有民粹色彩的经济内向主义做法只顾眼前国内经济利益,不顾长远生态环境利益,为迎合国内保守势力,不惜走向已经批准《巴黎协定》的一百九十多个国家的对立面。就气候资金而言,停止提供举措的短期经济效果显而易见,但长远的政治、法律效果却备受质疑。

联合国体系下的应对气候变化国际合作长期以来呈现出显著的"南北差异"的特点。美国与中国分属发达国家与发展中国家两大阵营。自美国民主党奥巴马政府上台以后,开始关注气候变化问题,中美之间在气候变化问题上的对话与合作开始逐渐大于分歧与对抗。奥巴马入主白宫后,在推动《巴黎协定》的谈判和生效上发挥了美国作为超级大国的领导作用。"气候变化合作已成为中美构建新型大国关系的一大亮点"。[3]中美双方围绕《巴黎协定》谈判先后四次发表联合声明。这些声明具有历史性意义,表明中美两国共同应对全球气候变化的合作比历史上任何时候都更有力度。中国与美国合作推动了《巴黎协定》的谈判,也导致《巴黎协定》采取中美主张的由国家自主提出减排承诺,形成了"自下而上"为特征的减排模式,改变了《京都议定书》第一和第二承诺期当中由欧盟所主导的在附件中安排国家承担具体减排指标的"自上而下"减排模式。在气候资金的提供上,2015 年 9 月,中美两国发布《中美元首气候变化联合声明》,"美国重申将向绿色气候基金捐资 30 亿美元的许诺"[4]。中国也宣布拿出 200 亿元人民币建立"中国气候变化南

---

〔1〕 "特朗普宣布退出《巴黎协定》并未终止",载 http://www.xinhuanet.com/world/2017-06/02/c_1121076088.htm,最后访问日期:2020 年 6 月 7 日。

〔2〕 参见龚微、赵慧:"美国退出《巴黎协定》的国际法分析",载《贵州大学学报(社会科学版)》2018 年第 2 期。

〔3〕 "第八轮中美战略与经济对话举行气候变化问题特别联合会议",载 http://www.xinhuanet.com/politics/2016-06/06/c_1118999167.htm,最后访问日期:2020 年 6 月 7 日。

〔4〕 "中美元首气候变化联合声明",载 http://www.xinhuanet.com/world/2015-09/26/c_1116685873.htm,最后访问日期:2020 年 6 月 7 日。

南合作基金"，支持其他发展中国家应对气候变化。

中美合作直接促成了《巴黎协定》的诞生，构成了协定生效的基础。《巴黎协定》被普遍认为是中美两国及其他缔约方加强协调与通力合作的结果。[1]自2009年"哥本哈根世界气候大会"后，欧盟在气候变化国际合作中的领导地位不断受到来自中美的挑战，呈现了不断被削弱的趋势。欧盟在气候政策上的领导角色失利必须归因于当时奥巴马总统率领美国重返国际气候政策舞台。2017年特朗普总统正式上任后，美国在很大程度上放弃了气候政策的领导权。[2]作为商人出身的总统，特朗普毫不掩饰对经济利益的追逐，也直接影响了美国的国家行为。特朗普对经济民族主义的笃信，对于美国各方面的政策和现存的自由世界秩序将会产生广泛而深远的影响。[3]特朗普经济政策抓住了美国经济面临的核心问题，对美国经济复兴可能是有正面性影响，但同时它又有很强的负外部性，让现行的国际经济、贸易、环境等合作体系和秩序为美国的经济发展让路，现行国际秩序可能会因此受到重大冲击。美国的做法不仅不利于美国自身继续领导、参与气候变化国际合作的进程，而且拒绝履行自主减排承诺引发其他发达国家的不满，停止提供气候资金也将影响发展中国家特别是最不发达国家的减缓、适应气候变化的举措。

特朗普政府坚决要求退出《巴黎协定》的行径使得美国"2025年前降低温室气体排放的26%-28%"这一目前唯一的减排法律目标失效，美国便再无法律层面的强制减排义务。[4]特朗普政府停止落实国家自主贡献减排目标，修改美国多个气候变化相关产业发展的法律政策，直接影响了美国相关产业的发展。停止提供资金的做法，也扰乱和改变了许多发展中国家通过发展新产业应对气候变化问题的规划安排，直接影响了应对气候变化国际合作的发展。下面以美国可再生能源产业政策的变化说明特朗普政府为有利于特定群

---

〔1〕 参见李强："中美气候合作与《巴黎协定》"，载《理论视野》2016年第3期。

〔2〕 参见［德］塞巴斯蒂安·哈尼施、玛蒂娜·维特罗夫索娃："论欧盟的气候治理责任"，于芳译，载《欧洲研究》2019年第6期。

〔3〕 参见张晓通、Ethan Robertson："特朗普经济外交思想与实践：重返经济民族主义"，载《边界与海洋研究》2017年第4期。

〔4〕 参见赵若汀："气候变化影响下美国环境法的'结构性'变化"，载《世界环境》2020年第1期。

体，片面追求特定产业利益的负面影响。

政府的宏观政策和法律规定在促进可再生能源技术创新、推进新技术成果的商业应用转化、降低新能源产品进入市场的阻力、引领新能源产业升级等方面所起到的推动作用是不可替代的，也是市场、社会等其他力量无法比拟的。在民主党的奥巴马政府2008-2016年执政期间，可再生新能源产业得到美国政府积极扶持，取得前所未有的增长速度。美国总统贝拉克·奥巴马自2009年年初上台以来，大力推动新能源战略，试图把新能源产业打造成美国未来经济的新增长点，奥巴马政府对可再生能源政策的支持力度堪为全球之首。如奥巴马上任伊始于2009年2月17日签署《美国复兴与再投资法案》带来的政府投资额度高达7870亿美元，其中199亿美元用于再生能源及节能项目投资，被称为"美国政府给予工业能源最大的一笔单项投资"。[1]该法案直接涉及电池技术及交通电气化、太阳能项目、风能项目等新能源产业未来的发展。美国奥巴马政府的新能源补贴政策首先通过立法推动，除了上述的《美国复兴与再投资法案》，美国政府还先后修改了此前颁布的《能源安全法》《能源政策法》等一系列涉及可再生能源的法案。奥巴马政府的《清洁电力计划》对美国温室气体排放施加更严格的限制，并成为美国应对气候变化迈出的"最重要一步"。根据计划，到2030年美国发电厂碳排放目标将在2005年基础上减少32%。

特朗普上台后虽然没有直接否定发展可再生能源产业，但是基本否定或修改了奥巴马政府支持发展可再生能源的主要法律政策依据，并将一些重点扶持的可再生能源项目列为取消或削减对象。特朗普政府通过清除那些以限制二氧化碳排放和其他环保规则等"障碍"，扩大国内化石能源的开采和生产规模。随着页岩油和页岩气开采量持续上升，美国成为世界最大的油气生产国。特朗普政府通过"回归化石能源"保障本国的能源供应，涉及复杂的利益冲突和政治分歧。特朗普上台后，任命曾14次将奥巴马治下的环保署告到法院、挑战《清洁电力计划》的合法性的前任俄克拉荷马州总检察长斯考特·普鲁伊特（Scott Pruitt）为环保署署长。2017年3月28日，特朗普签署

---

〔1〕 唐韵乔："奥巴马政府发力可再生能源三大领域"，载 https://news.qq.com/a/20101028/000446.htm? edjn8，最后访问日期：2020年6月9日。

能源独立（Energy Independence）行政令。[1]该命令要求美国环保署对规定美国发电厂减排温室气体的《清洁电力计划》进行审查，并可在必要时撤销该计划。

该行政令撤销了大量奥巴马政府颁布的行政令和报告[2]，还解散评估温室气体社会成本的跨机构工作组、审查新建和改建化石燃料发电厂碳排放限制、撤销限制公共土地上煤炭租赁的规定、审查公共土地上化石燃料生产的规定、审查新建和改建石油和天然气系统的甲烷排放限制等等。[3]2017年10月10日，美国环境保护署署长斯考特·普鲁伊特正式宣布废除奥巴马政府推出的《清洁电力计划》。尽管特朗普为燃煤电力行业创造的政策环境更为积极，但随着新能源技术发电成本正在不断下降，著名投资银行瑞德集团（Lazard）发布报告称，在美国许多地区，新型风能和太阳能发电的成本已经低于现有燃煤电厂的运营成本。[4]美国能源信息署（EIA）的数据也显示，自2017年以来美国煤电延续了此前出现的退役的势头。

将资金投入到绿色清洁能源产业，特别是将其投放到发展中国家，应对气候变化国际合作具有"多赢效应"：有利于接受国、有利于应对气候变化国际合作发展，也有利于提供国。其一方面为发展中国家摆脱传统的"化石能源"依赖减少温室气体排放提供支助，有利于推动应对气候变化国际合作；另一方面也为相关国家的清洁能源产品和技术进入发展中国家提供了契机、

---

〔1〕Environmental Protection Agency, EPA to Review the Clean Power Plan under President Trump's Executive Order, https://archive.epa.gov/epa/newsreleases/epa-review-clean-power-plan-under-president-trumps-executive-order.html（last visit June 10, 2020）.

〔2〕撤销以下总统行动：（1）2013年11月1日第13653号行政命令（为美国应对气候变化的影响做好准备）；（2）2013年6月25日总统备忘录（电力部门碳污染标准）；（3）11月3日总统备忘录，2015年（减轻发展对自然资源的影响，鼓励相关私人投资）；以及（4）2016年9月21日的总统备忘录（气候变化和国家安全）。还撤销下列报告：（1）2013年6月总统办公厅报告（总统气候行动计划）；和（2）2014年3月总统办公厅报告（减少甲烷排放的气候行动计划战略）。（3）环境质量委员会应撤销其题为"国家环境政策法案审查中考虑温室气体排放和气候变化影响的联邦部门和机构的最终指南"的最终指南等。

〔3〕Presidential Executive Order on Promoting Energy Independence and Economic Growth, https://www.whitehouse.gov/presidential-actions/presidential-executive-order-promoting-energy-independence-economic-growth/（last visit June 10, 2020）.

〔4〕参见萧河："特朗普'能源新政'遭重挫　新能源初显成本优势"，载《中国石化》2018年第11期。

扩大了提供国的影响。在气候资金的提供上坚持正确的义利观是符合气候资金自身所具有的多重属性的。

"人类已经成为你中有我、我中有你的命运共同体，利益高度融合，彼此相互依存。"人类的生活、生产乃至生存都无法离开自古以来生活的地球。个人不论男女、长幼、贫富、贵贱，国家不分大小、强弱、贫富，古今中外概莫能外。我们主张正确的义利观，反对片面追求经济利益中心、不愿提供气候资金的发达国家和个人。也要警惕极端的生态中心说。一些国家和群体则极端强调生态中心主义，排斥正常的经济发展需要，提出高额的不切实际的气候税费征收计划，为限制排放不惜停产停运停航，甚至通过片面夸大气候变化不利影响的危害恐吓民众，提出不切实际的、过高的温室气体减排计划，企图尽快实现零排放。他们宣称"世界正在燃烧""人类走向灭绝"，为了达到目的不惜煽动大规模激进游行示威，鼓动全社会罢课罢工罢市，不惜人为制造社会恐慌。这些极端化的行为方式是片面和有害的，如果不以全球生态文明建设理论加以引导，将会造成严重的负面后果，阻滞人类社会发展甚至带来倒退。

以正确的义利观引领气候资金机制的建设。正确义利观是我国优秀传统文化的继承发展，是马克思主义利观的科学概括和升华。我国传统文化一向强调正确处理"义"和"利"的关系，"义利之辩"是中国古代思想史中的一个核心命题。在历史曾先后出现了很多对义利关系的经典总结，"重义轻利""见利思义""以义制利"等思想体现了历代思想家对"义"与"利"的理性思考。马克思主义主张个人利益与集体利益的辩证统一、人与自然利益的辩证统一，实现义与利的辩证统一。正确的义利观是对中华民族优秀传统义利观的全面总结与扬弃，对马克思主义义利观和社会主义义利观的科学概括和全面升华。正确义利观重视道义与责任，也不否认对利益的追求。

气候变化资金领域，出现了非常严重、片面而极端的义利之争，一些国家和个人片面追求国家利益，被国家利益中心主义的浮华所蒙蔽。还有一些组织和个人极端追求生态环境利益，陷入了严重的生态中心主义的泥潭。上述气候治理问题的症结是义与利的关系没有摆正。气候资金的投入应是国家提供和市场激励并重，以国家提供的公共资金为主，通过市场机制筹措的私人资金为辅。通过市场机制吸引更多的公司、企业、团体和个人参与到气候治理当中，并通过征收适当税费为气候资金机制提供资金。在环境治理中，国家管制与市场激励是两种重要的基础手段。理论研究和实践调研研究表明，生态环境治理上，监管良好的市场机制比国家管制更有效率。《京都议定书》的气候变化资金机制曾经涉及市场机制，《巴黎协定》的资金机制应当在正确义利观的指引下适时引入市场机制。通过良好、明确的市场制度建构，给相关的参与者以明确的信号，吸引市场主体的参与，确保在参与气候治理产生的生态效益可以通过制度转化为经济利益，才能激励市场机制的发展，为资金机制提供更多的资金来源。

三、以严格的制度、严密的法治推动气候资金机制建设

中国国内的生态文明建设提出了一系列新理念新思想新战略，用严格的制度、严密的法治来保护生态环境是生态文明思想理论的重要内容之一。这一思想是在古今中外生态环境治理经验基础之上总结、归纳、升华而来。在中国国内，自中国共产党十八大报告提出生态文明思想以后，十九大又明确提出"实行最严格的生态环境保护制度"。这种"严格严密"生态法治观，既表明了中国推进生态文明建设的坚定决心，也找到了运用法治思维和法治方法这一有力武器推进生态文明法治建设。中国国内生态文明建设的成功经验也可以运用于应对气候变化的国际合作，正如习近平主席在巴黎气候变化大会开幕式上发言所指出的，"创造一个奉行法治、公平正义的未来"。应对气候变化国际合作推进和发展也需要严格的制度和严密的法治。

据统计在中国国内生态环境立法方面，2014 年全国人大常委会修订通过了被称为"史上最严"的《中华人民共和国环境保护法》。还陆续修订《中华人民共和国大气污染防治法》《中华人民共和国水污染防治法》《中华人民共和国海洋环境保护法》《中华人民共和国国野生动物保护法》，制定《中华人民共和国环境保护税法》等，这些修订和新订的法律都曾被新闻媒体冠以"最严"的字样。在生态环境执法方面，中国陆续出台了 50 多部配套规章、规范性文件，明确执法机关的职责权限和相对人的权利义务，完善执法程序，通过落实"统一监督管理"职责、健全联动协调机制、形成沟通协同机制、发布技术指南等，加大了环保执法力度。[1]强化生态环境保护的制度，推动生

---

〔1〕　参见高莹："生态环境法治建设成效显著——访全国政协常委、清华大学法学院教授吕忠梅"，载《中国社会科学报》2018 年 3 月 23 日，第 6 版。

态环境法治的做法，也从中国国内拓展到国际环境保护，在应对气候变化国际合作方面尤为突出。

在巴黎气候大会之前，中国将全球生态文明思想理论运用于应对气候国际合作，强调合作的制度化和法治化。通过与多个国家和国际组织缔结双边条约的方式，协调各国的立场，推动共识的形成与固化。这些双边条约包括《中美气候变化联合声明》《中印气候变化联合声明》《中欧气候变化联合声明》《中法元首气候变化联合声明》《中美元首气候变化联合声明》等专门针对气候变化的条约。中美和中法为《巴黎协定》的达成做出了突出的贡献，会前中国与多个国家的气候变化联合声明已就谈判中的核心和焦点问题凝聚了共识，最终成为《巴黎协定》各方共识的基础。[1]通过包括中国在内的多个国家的努力，各国协调立场，达成共识，推动《巴黎协定》的顺利诞生。《巴黎协定》缔约国家众多，约束力强，在普遍性和约束性上实现了有机统一。协定打破此前《京都议定书》的"南北二分"，将所有国家纳入到承担减少温室气体排放承诺的框架之下。

《巴黎协定》克服了 2009 年"哥本哈根世界气候大会"通过的《哥本哈根协议》没有法律约束力的缺陷；前者是政治性协定，而《巴黎协定》的法律拘束力是明确的。相比于 2020 年到期的《京都议定书》，《巴黎协定》的进步在于约束范围更广，改变了只有发达国家承担温室气体排放义务的状况，在协定下包括发展中国家在内的所有国家共同承担温室气体减排义务。在气候资金问题上，《巴黎协定》也在实体和程序方面取得了进展。

实体内容方面，《巴黎协定》明确规定，发达国家为发展中国家提供气候资金的法律义务应当继续增强。协定第 9 条规定，"发达国家缔约方应继续带头，从各种大量来源、手段及渠道调动气候资金"，并进一步要求"提供规模更大的资金资源"，同时还鼓励其他缔约方自愿提供或继续提供这种支助。这些规定确保了发达国家继续提供早在哥本哈根气候大会上承诺提供的气候资金。针对在"哥本哈根世界气候大会"上发达国家首次集体承诺在"2020 年前每年筹集 1000 亿美元用于发展中国家减排需要"，中国在与他国缔结的多份联合声明中，在巴黎气候变化大会前后的国际场合曾多次要求发达国家确

---

〔1〕 参见何建坤："《巴黎协定》新机制及其影响"，载《世界环境》2016 年第 1 期。

保提供其承诺的气候资金。巴黎气候变化大会的决议对气候资金的提供时间和数量进行了更新，在承诺的时限上将其延长至 2025 年，在数量上设定了一个新的集体量化目标——"每年最低 1000 亿美元"。

程序规定方面，《巴黎协定》首次引入透明度概念，其框架建构涉及多个条款。[1]气候资金的提供在透明度方面存在基本概念界定模糊、报告气候资金使用的方式方法各异、对气候资金提供的状况缺乏评估审议等问题。发达国家所提供的气候资金是否符合《气候公约》及其相关协议规定的"新的、额外的"标准存在较大的争议。《气候公约》资金常设委员会每两年会针对气候资金的提供发布一份双年度报告，对气候资金提供的透明度进行监督。同时，《巴黎协定》新设立了"全球总结"机制，将每五年进行一次全面盘点。被形容为只进不退的"棘齿机制"的全球总结，其盘点内容也包括气候资金在内的支助提供情况。

《巴黎协定》创建了新机制，而且对资金机制的实体、程序性规定都进行了调整。《巴黎协定》具有较强的框架性，需要进一步明确其实施细则。《巴黎协定》下各种机制的实效性仍面临极大考验。[2]最近几年的气候变化大会都在推动协定实施细则的落实。特别是最近的 2019 年底的马德里气候变化大会在延期两天后，仍未就《巴黎协定》第六条实施细则谈判这项核心任务达成共识，只能将任务延续到 2020 年底的气候变化大会。《巴黎协定》的实施细则的进一步落实，乃至即将开始的具体实施都需要沿着大力落实全球生态文明思想指引下的制度化、法治化道路继续前行。

第二节 法律原则

随着国际形势的变幻，应对气候变化国际合作的发展，用于指导气候变化国际合作的新理论正在形成中，我们也应当在上述理论的指引之下对气候变化国际法原则进行新的解读，将其用于指导气候资金机制的具体规则和制度健全和完善，以适应新形势对气候资金机制的新要求和挑战。主要涉及不

---

〔1〕 参见龚微："论《巴黎协定》下气候资金提供的透明度"，载《法学评论》2017 年第 4 期。
〔2〕 参见吕江："《巴黎协定》：新的制度安排、不确定性及中国选择"，载《国际观察》2016年第 3 期。

损害域外环境原则、共同但有区别责任原则和考虑发展中国家特殊需要原则。

一、不损害域外环境原则

气候变化国际法中的不损害域外环境原则来自国家主权原则，是国家主权原则的发展和延伸。不损害原则包括防止义务和预防义务。将不损害域外环境原则确立为气候变化国际法所确立的气候资金机制的基本原则，有利于强化发展中国家获得气候资金的法律约束力，从性质上将其从发展援助、团结援助等带有自愿性质的认定，转化为具有法律拘束力的法定义务。源自于主权原则的不损害域外环境原则在国际环境保护领域愈发受到重视，影响逐步扩大。然而该原则在应对气候变化国际合作领域的适用方面仍存在一定的不足，特别是在气候资金机制的发展完善方面，不损害域外环境原则本身的特点使其难以指导气候资金机制的后续发展与完善。

（一）气候变化对域外环境所造成的不利影响不同于跨境环境损害

气候变化不同于环境损害。变化是一个中性词，而损害则是贬义词。《气候公约》指出，"'气候变化'指除在类似时期内所观测的气候的自然变异之外，由于直接或间接的人类活动改变了地球大气的组成而造成的气候变化"。自有记载以来，地球的大气一直处于变动当中。中国科学院副院长丁仲礼院士曾指出，"气候永远在变化，变是绝对的，不变是相对的。"[1]气候变化所造成的影响还可以被分为正面和负面两方面，丁院士指出，"增暖后，地球整体的生物产率将增加，二氧化碳浓度增加也有利于光合作用，因此世界粮食总产量将增加"。气候变化在某些时间对于某些地区和某些人类还具有有利的影响。

据政府间气候变化专门委员会的报告，气候变化所造成的不利影响主要表现为灾害性气候事件频发，冰川和积雪融化加速，水资源分布失衡，生物多样性受到威胁。气候变化还引起海平面上升，沿海地区遭受洪涝、风暴等自然灾害影响更为严重，小岛屿国家和沿海低洼地带甚至面临被淹没的威胁。气候变化对农、林、牧、渔等经济社会活动都会产生不利影响，加剧疾病传播，威胁社会经济发展和人民群众身体健康。如果温度升高超过 2.5℃，全球

---

〔1〕 高琳："辩证看待气候变暖"，载《中国气象报》2013 年 4 月 18 日，第 A01 版。

所有区域都可能遭受不利影响，发展中国家所受损失尤为严重；如果升温4℃，则可能对全球生态系统带来不可逆的损害，造成全球经济重大损失。而跨界的环境损害是环境损害的一种，将环境损害的范围扩大到跨越国界。世界环境与发展委员会环境法专家组在其报告中将"环境损害"定义为："人类直接或间接地通过污染物质、电离辐射、噪声、爆炸、振动或其他形式的能量、工厂、动物、疾病、洪水、泥石流或其他相似手段，对人身健康、生物资源、生态系统、物质财产、自然美观或自然资源和环境的其他合法用途造成的任何损害。"[1]通常认为跨界环境损害的特点包括：跨界环境损害的对象应该是"人身、财产以及自然环境本身"、损害必须是有形的物质影响、必须是他国人为原因所致且达到一定的严重程度。[2]气候变化的负面影响通常被称为不利影响、不利后果，而不是直接被称为气候损害。

（二）特定国家的排放行为与不利影响之间的直接因果联系很难建立

气候变化产生的原因具有复杂性，是人类活动排放的温室气体在大气层中逐渐累积的结果，具有长期性和综合性。人类排放温室气体的综合性表现在所有的国家和全体人类都是温室气体的排放者，这些温室气体的排放涉及人类的生产、生活的各个方面。发达国家在工业化革命之后曾经大量排放，但是发展中国家的排放也在逐渐增加。导致一个国家遭受气候变化的不利影响的温室气体很难具体区分开来，其中既有历史上的排放，也有现实的排放；既有其他国家排放的温室气体的影响，也有自身排放温室气体的原因。一个国家遭受气候变化的不利影响与某一外国排放的温室气体之间难以建立直接的因果关系，而直接的因果关系是确定法律上的环境损害责任所必需的。在目前国内法存在的司法案例当中，许多国家的国内法院和欧盟法院在气候变化诉讼当中，都将政府气候变化应对法律政策视为政治问题，而非司法机关可以裁判的法律问题。

鉴于温室气体排放及其不利影响的特点，我们无法将其直接等同于跨界环境损害。依据国际环境法中的不损害域外环境原则要求发达国家为发展中

---

〔1〕 Rene Lefeber, *Transboundary environmental interference and the origin of state liability*, Kluwer Law International, 1996, pp. 24-25.

〔2〕 See Xue Hanqin, *Transboundary Damage in International Law*, Cambridge University Press, 2003, p. 23.

国家承担气候变化的不利影响和后果，为发展中国家提供应对气候所需的资金、技术等支助存在较大的不确定性，继续推动其深入发展是乏力的。本课题组认为，应依据全球生态文明理论，主要依据共同但有区别责任原则和考虑发展中国家特殊需要原则推动气候资金机制的后续进一步发展。

二、共同但有区别责任原则

气候变化国际法将"共同责任"与"区别责任"作为一个对立统一的有机联系的整体呈现在世界面前，国际社会以高超的智慧、巧妙的手法，灵活地处理了应对气候变化及其不利影响挑战和经济社会发展两种貌似不可协调的矛盾。区别责任超越了"法不溯及既往"的限制，对发达国家在工业革命以来的排放进行回顾；共同的责任要求我们在无法落实地球大气环境所有权的情况下，强化对大气这一公共共用物的管理。这些责任的引入，促成了国家自主决定贡献的形成，使各国能够根据各自国情自主决定自身的气候变化承诺。该原则在气候资金机制中体现为发达国家缔约方提供气候资金、发展中国家缔约方承担减排义务后获得更多资金、资金机制的表决制度上体现发展中国家缔约方的要求，但也存在一些问题，需要从全球生态文明理论的视角进行新的解读。

继《气候公约》《京都议定书》之后，《巴黎协定》将共同但有区别责任原则写入，但在实施上已经从初期的强调区别，逐渐走向注重落实共同责任。但是共同责任是共担责任，不是相同的责任。在落实共同责任时，《巴黎协定》在以往规定了要注意各自能力之后增加了考虑不同国情，对于这些因素，本课题组认为，共同但有区别责任原则的适用以及其在推动气候资金机制的发展时，需要在全球生态文明理论的指引下，在考虑能力、国情不同的基础上，注重责任的对等性。

对等是指"以商业或外交关系的利益或特权为目的的相互让步"。[1]像人类学家布朗尼斯拉夫·马林诺夫斯基教导我们的那样，"对等（互惠）是每个人彼此之间的责任。"[2]对等（互惠）的结果之一是帮助人们增加了与规

〔1〕 Bryan A. Garner ed. , *Black's Law Dictionary*, Thomson West, 2004, p. 1298.

〔2〕 Malinowski Bronislaw, *Crime and Custom in Savage Society*, Harcourt, Brace and Co. , 1932, pp. 237-239.

范的一致性。国际法中的对等（reciprocity）是在国际交往中早已形成的一个国际法准则，也称互惠。对等的主要含义是国际交往当中，一方给另一方以某种权利、义务、优惠时，另一方即给予相对称的回报。对任何一方提供有利或不利的条件，提出针锋相对（tit-for-tat）的待遇，以平衡权利。法哲学家富勒（Lon L. Fuller）认为对等是一种"中介原则"，涉及无论是道德的还是法律的义务的交换。[1] 对等不是相等，不是简单的同等交换，对等所包含的重要的观念是平衡、相称、对应等。在以主权平等为基础的当前国际关系和外交实践中，对等尤其成为一项重要的理念，在双边、多边关系中广泛存在。对等在国际关系的许多方面都表现出来，存在消极以及积极的两种形式。对等可以是积极的包括对积极行动的积极反应，比如以善意回报善意，对仁慈和恩赐的报答。对等也可以是消极的，涉及对消极行为的不良反应：以眼还眼，以牙还牙，对不公正进行报复。在这方面，对等在国际关系层面和人际关系一级同样明显，在政治、法律和经济谈判中发挥着关键作用。特别是在国际条约的制定上，我们可以看到成本和收益的权衡之上的对等无处不在。

国际法是一个以同意为基础的制度，对等（互惠）是一种产生和引导各国同意的力量。在这样一个各方都是立法者、执法者和潜在的违法者的制度中，对等（互惠）防止了如果每个国家都相信自己可以不受影响地追求自身利益而导致的混乱。国家之间的合作，实证上是对等的，要么积极对等，相互获益，用经济利益换取生态环境利益；要么消极对等，共同承担气候变化不利影响。正是国际法的自愿性质使对等的作用愈发重要。对等是制定、遵守国际法的一项关键准则，其目的是鼓励遵守和制止不服从。对等促进"与规范相一致"，让每个共同体成员对其他成员都有承担共同责任的感觉。

（一）积极对等

应对气候变化的国际合作在共同但有区别责任原则指引下，基本沿着积极对等的模式发展。在《京都议定书》时代，发达国家总体上承担了减排温室气体的义务，在气候资金的提供上只明确规定了应资助发展中国家缔约方为履行第 12 条第 1 款规定的提供有关履行的信息义务而招致的全部费用。虽然《气候公约》和议定书均规定气候资金机制条款，要求发达国家缔约方应

---

〔1〕　Lon L. Fuller, *The Morality of Law*, Yale University Press, 1964, p. 19.

为发展中国家提供气候资金，但是并未规定具体的数量和提供方式。在实践当中，发达国家缔约方是否提供、怎样提供气候资金的规定基本等同于道德义务。

在"哥本哈根世界气候大会"上，为了推动发展中国家缔约方承担温室气体减排义务，改变《京都议定书》所确定的发展中国家缔约方不承担具体温室气体减排义务的区别责任，发达国家缔约方集体承诺提供数量空前的气候资金。这些气候资金首次明确了提供的数量和时间，在应对气候变化国际合作的历史上还是第一次。随后，这些气候资金承诺被写入具有法律拘束力的《坎昆协议》。发达国家在气候资金上的积极获得了发展中国家积极的对等回应，发展中国家在 2015 年底的"巴黎气候变化大会"之前，以"自主减排承诺"的形式提出各自的温室气体减排目标，为新的取代《京都议定书》的国际协定的诞生奠定了基础。

在新诞生的《巴黎协定》中，新创设的总结机制将定期对各国的减排承诺进行总结、盘点。这种只进不退的棘齿机制必将推动发展中国家的温室气体减排目标的提升和减排力度的加大。同时，巴黎气候变化大会所通过的决议当中也明确载明了发达国家将在 2020 年之后提供每年最低 1000 亿美元新的气候资金集体量化目标。

共同但有区别责任原则在推动气候资金机制的发展过程中，通过落实积极的对等，促进了发达国家和发展中国家两大集团在气候治理问题的积极互动，以发达国家的资金回报发展中国家的温室气体减排，以行动回报行动，以善意对待善意，不仅推动了气候资金机制的进展，也丰富了共同但有区别责任原则的内涵。

（二）消极对等

在应对气候变化国际合作推进过程中也不乏消极对等的事例。《京都议定书》经历了艰苦的谈判过程，各方在激烈争论之后，达成了妥协的文本。美国民主党的克林顿政府代表美国签署了议定书。然而，随着共和党的小布什赢得总统选举后，拒绝推动国会批准议定书，使得《京都议定书》虽然费尽周章，顺利生效却无法在美国适用。

《京都议定书》在附件 B 中对发达国家和转型国家缔约方进行量化限制，列明了这些缔约方应个别地或共同地在 2008 -2012 年承诺期内，将附件 A 所列六种温室气体的排放量在 1990 年水平上平均减少 5 %。[1] 而发展中国家包括几个温室气体排放量较大的国家如中国、印度、巴西等并没有具体的温室气体减排数量限制。该安排被认为是体现了共同但有区别责任原则的精髓，对不同的国家安排了区别的责任。[2] 美国国会于《京都议定书》谈判前通过"伯德-海格尔"法案（Byrd-Hagel Act）要求美国政府不得签字同意任何"不同等对待发展中国家和工业化国家的、有具体目标和时间限制的条约"，因为这会"对美国经济产生严重的危害"。鉴于美国国会的态度，美国政府也未将《京都议定书》提交国会批准。

虽然《京都议定书》在欧盟、俄罗斯、日本的推动下顺利生效，但是议定书为美国规定的减排比例和提供气候资金的义务美国可以不履行。作为当时最大的温室气体排放国家和最大的发达国家，美国不承担义务增加了其他国家，特别是发达国家的经济负担，也为其他国家提供了可以仿效的消极对等的先例。2011 年 11 月加拿大"正式宣布退出《京都议定书》"。加拿大第一个正式宣布退出《京都议定书》，宣称加入是"不负责的"。事实上加拿大签署并批准了《京都议定书》后，温室气体排放量不降反增，在 2009 年就比 1990 年高出近 30%，根本无法完成《京都议定书》以 1990 年为基期在 2012 年前减排 6% 的承诺。《京都议定书》的诞生地日本，也在坎昆气候大会上，拒绝在《京都议定书》第二承诺期安排任何减排目标。实际上，日本也没有完成《京都议定书》所规定的 6% 的预定减排目标。[3]

加拿大、日本、澳大利亚等发达国家对《京都议定书》的态度前后不同，甚至截然相反，尽管各自说辞不一，但显然少不了美国因素的影响，仿效美国而作出消极对等的举措。这样的变化同样也曾经存在于这些国家的气候资金提供方面。随着美国特朗普政府宣布退出《巴黎协定》并宣布停止向绿色气候基金提供气候资金，到目前为止尚无其他国家效仿。随着新冠肺炎疫情的全球蔓延，各国经济状况恶化，大面积出现负增长。如果世界各国后续的

---

[1] 其中欧盟作出减少 8 % 排放量的承诺，美国接受 7%，日本和加拿大接受 6 % 的减少排放量——《京都议定书》附件 B。

[2] 参见谷德近："共同但有区别责任的重塑——京都模式的困境与蒙特利尔模式的回归"，载《中国地质大学学报（社会科学版）》2011 年第 6 期。

[3] 参见刘小林："日本参与全球治理及其战略意图——以《京都议定书》的全球环境治理框架为例"，载《南开学报（哲学社会科学版）》2012 年第 3 期。

经济增长继续乏力，使得气候资金的提供不能满足此前的承诺，2023 年对各国表现的全球总结之时，恐将出现大批国家消极对等举措大爆发的情况。

三、考虑发展中国家特殊需要原则

考虑发展中国家特殊需要原则一直是国际环境法的法律原则，然而，《巴黎协定》实际上将发展中国家缔约方分为气候变化不利影响特别脆弱的发展中国家、最不发达国家和一般发展中国家。这些发展中国家分类的出现也直接影响了气候资金机制和气候资金的提供与分配。从全球生态文明理论的视角来看，地球大气层的整体性使得发展中国家减排温室气体与发达国家减排的效果是相同的。无论哪个国家的减排都减少了大气中温室气体的累积，减缓了温室效应。应对气候变化国际合作以考虑发展中国家的特殊需要为法律指导原则，有其必然性。从经济效率的视角看，发展中国家的经济社会发展水平比较低，能够更低成本地实现减排；从积极对等的视角看，如不能用积极对等促进发展中国家走向绿色发展之路，则发展中国家可能为消极对等带来的短期利益所迷惑，片面追求增长而忽视绿色发展。

(一) 全球减排的整体性

大气层 (atmosphere) 是气象学专业术语，是因重力关系而围绕着地球的一层混合气体，是地球最外部的气体圈层，包围着海洋和陆地。人类生活在地球大气的底部，自工业革命以来，人类向大气中排放的二氧化碳、甲烷等吸热性强的温室气体逐年增加，大气的温室效应也随之增强。发展中国家的温室气体排放量在逐渐增加，近十年世界温室气体排放最多的四个国家（地区）中有两个是发展中国家。[1]大多数国家碳排放是明显的经济增长驱动型，从长远看，随着经济的增长，温室气体排放量还会大幅度增加。[2]

地球大气层作为生态系统的重要组成部分，其自身亦具有鲜明的整体性。全球减排的整体性要求发达国家不仅做好自身的温室气体减排，还必须支助发展中国家的减排，否则单靠发达国家的温室气体减排无法遏制温室气体排

---

〔1〕 参见柴麒敏、徐华清："全球温室气体排放差距报告评述与政策建议"，载《世界环境》2020 年第 2 期。

〔2〕 参见贺卫、蒋丽琴："发展中国家温室气体减排态势分析"，载《学习与实践》2012 年第 11 期。

放量的节节攀升。生态文明理念的提出使得环境法体系的内在价值正在逐步发生转向，优先保护生态系统整体性的价值追求日益清晰。[1] 全球生态文明理论重视的是全球生态系统的整体性，必然要求应对气候变化国际合作进一步重视发展中国家的特殊需要。

（二）通过积极对等促进绿色发展

在主权平等的国际社会，国家之间主要通过合作应对共同关切的问题。在国际社会中，每个国家都是立法者、执法者和潜在的违法者，在国家之间的合作当中，倡导积极对等，依靠积极对等，从而相互获益。在应对气候变化国际合作当中，从条约谈判一开始，积极对等的互惠就在起作用。当各国在国际社会成员之间建立批准条约的共识时，积极对等的互惠继续发挥重要作用。一旦条约生效，积极对等的互惠是条约执行的核心。

人类社会经历了农业文明、工业文明，进入生态文明时代，长远来看高投入、重污染的发展模式难以维系，但是继续维持工业文明时代的做法在短期内还能获得既得利益群体和行业的支持，在许多国家的内部还受到或明或暗的鼓励。许多发展中国家因此面临着积极对等和消极对等两种选择。特别是某些发达国家退出《巴黎协定》《京都议定书》，逃避了减排义务，停止提供气候资金，还获得了重污染行业发展的短期经济利益，这些影响恶劣的实例如不能尽快根除，将错误指引部分发展中国家选择消极对等。国际社会只能通过强化积极对等，让发展中国家通过参与气候变化国际合作获益，通过遵守国际条约获得资金技术支助，帮助发展中国家减少温室气体排放，走上绿色发展之路。

（三）发展中国家所需的气候资金有多重属性

从性质上看，发展中国家所需的气候资金有多重属性。在《气候公约》之前，发达国家为发展中国家提供发展援助。从法律性质上看，这些发展援助往往被视为自愿援助，不具有法律义务。英国学者波义耳（Birnie）等人使用"团结援助"一词作为跨国环境资金的通用术语。[2] 团结援助的用法表明

---

〔1〕 参见吴凯杰：“环境法体系中的自然保护地立法”，载《法学研究》2020年第3期。

〔2〕 Patricia W. Birnie, Alan E. Boyle and Catherine Redgwell, *International Law and the Environment*, Oxford University Press, 2009, p. 133.

发达国家提供资金是为了吸引发展中国家参与国际治理合作，提供一定援助以达到国际社会大团结的效果。"经济援助是使发展中国家参与调节国际环境进程战略的一部分"。[1]不可否认，发展中国家获得的环境援助资金在吸引发展中国家参与国际环境治理合作，解决发展中国家环境治理资金的匮乏方面确有一定作用。但是，在气候变化治理领域，温室气体具有长期性和流动性，气候变化国际法上的主体排放的温室气体很容易就对域外的生态环境造成不利影响，甚至损害，这些鲜明的特性决定了气候变化治理是全球公共产品，确立不损害域外环境原则对于改变对气候资金法律性质的不正确认识具有重大意义。

早在《气候公约》谈判期间，"发达国家就已经认可为参与应对气候变化不利影响的发展中国家提供气候资金技术是义务而不是慈善"，[2]《气候公约》也对附件二缔约方规定了一般性气候资金义务。某些发达国家在提供气候资金方面仍然心存芥蒂，典型的例子如美国，在特朗普当选美国总统后，宣布退出《巴黎协定》，在其退出的法律行为尚未正式生效之时就迫不及待地宣称停止提供气候资金。将考虑发展中国家特殊需要原则确立为气候变化国际法所确立的气候资金机制的基本原则，有利于强化发展中国家获得气候资金的法律约束力。从性质上将其从发展援助、团结援助等带有自愿性质的认定，转化为具有法律拘束力的法定义务。在决定气候资金的提供数量上，考虑发展中国家特殊需要原则也可以提供新的思路。让我们不再纠结于导致气候变化的温室气体排放是否属于跨境环境损害，不再试图寻找气候变化不利影响与特定国家温室气体排放之间的因果关系。从考虑发展中国家特殊需要原则出发，应该对已经发生的气候变化不利影响提供资金，帮助发展中国家采取适应措施；同时，对将要发生的气候变化不利影响提供气候资金，有利于发展中国家采取减缓气候变化不利影响的举措。

---

〔1〕 Patricia W. Birnie, Alan E. Boyle and Catherine Redgwell, *International Law and the Environment*, Oxford University Press, 2009, p. 133.

〔2〕 Daniel M. Bodansky, "The United Nation Framework Convention on Climate Change: A Commentary", *Yale Journal of International Law*, Vol. 18, 1993, p. 536.

第三节 气候资金机制发展展望

尽管国际社会普遍认可气候资金的核心地位，实践中也已经有大量的气候资金已经或者正在被筹集用于各国的气候变化应对活动，但是对于气候资金界定、统计、评估、筹集、分配和机制建设等问题，由于使用不同的方法和各自不同的立场、理念，公认的、普遍接受的规则和方式尚在形成过程中。发达国家做出的气候资金承诺在 2010 年的坎昆气候大会上就被写入具有法律约束力的《坎昆协议》。根据《维也纳条约法公约》"约定必须遵守"的原则和规则，发达国家有法律义务来履行这些规定。气候资金对于国际气候治理是"垫脚石"还是"绊脚石"取决于气候变化国际法的体系下，各方在此问题上能否拿出足够的决心和措施。

《巴黎协定》共有 29 条，相对较短。它对包括资金机制规定在内的许多条款措辞稀疏且模棱两可，往往是因为在通过这些条款时，对更详细的措辞缺乏共识。这不仅造成了《巴黎协定》各条款的不确定性，而且由于对关键权利和义务的不同解释，还可能损害关键权利和义务的有效执行。巴黎气候大会在通过《巴黎协定》的同时，呼吁缔约方会议通过阐述协定各项规定的规则、方式、程序和准则。在该协议生效之后，缔约方决定将会议延长至2018 年的《气候公约》第 24 次缔约方会议，以便有更多时间就执行决定进行谈判。《巴黎协定》为应对气候变化国际合作的行动提供了框架，实施细则试图通过制定工具和程序来推动这项协定的全面、公平和有效执行。2018 年底的波兰卡托维茨气候变化大会完成了《巴黎协定》实施细则谈判，通过了一揽子全面、平衡、有力度的成果，全面落实了《巴黎协定》各项条款要求，体现了共同但有区别的责任和各自能力原则，考虑到不同国情，符合"国家自主决定"安排，体现了行动和支持相匹配，为协定实施奠定了制度和规则基础。这些实施细则一些已经体现出来，另一些的影响还有待观察，它们已经并将继续会对气候资金机制及其气候资金产生极大的影响。这些都需要我们了解、研究、应对。

一、实体性制度和规则

气候资金机制的实体性制度和规则内容丰富。通过对这些实体性制度和规则的发展脉络进行梳理，可以更好地了解这些制度和规则。气候资金机制的实体性制度和规则包括了气候资金认定标准、气候资金需求制度、气候资金提供制度、气候资金的分配制度等方面内容。通过对这些实体性的制度和规则的介绍，我们可以了解从气候资金的认定，到气候资金需要的确定，以及气候资金从发达国家提供到气候资金分配到发展中国家缔约方的全过程。

气候资金的实体性制度和规则经历了从《气候公约》到《京都议定书》再到《巴黎协定》的发展历程。虽然从形式上看，气候资金在各种研究成果和报告当中受到广泛的重视，统计的数量惊人，但是气候资金的实体性制度和规则的发展并不能与气候资金受到的重视程度成正比，许多实体性制度和规则还比较粗陋，总体上还处于比较初级的阶段，亟待在后续的缔约方大会上尽快发展完善。

气候资金的认定标准应予逐渐明确，气候资金已经为多个应对气候变化的国际法律文件所肯定，目前所面临的问题主要在于如何进一步明确标准，推进执行。通过比较分析我们可以发现，目前主要发达国家之间尚存在较大分歧，即使在最大的气候资金提供方欧盟的内部亦没有统一对气候资金的认定标准。《巴黎协定》生效之后，正式确立了以国家自主贡献机制为核心的全球应对气候变化制度的总体框架。发展中国家缔约方在各自的国家自主决定贡献当中提交了减缓、适应目标的同时也提出了来自国外的气候资金和技术的需求，这些国家的国家自主贡献被称为"有条件的国家自主贡献"。秘书处通过对气候资金的统计发现，一方面是国家自主减排贡献所确定的温室气体减排量不足以实现控温 2℃ 的目标，另一方面是气候资金的需求却在不断增长，气候资金的提供面临着越来越大的压力。2018 年底的波兰卡托维茨第 24 届缔约方大会上，设立了一个从 2020 年开始的进程，以确定一个新的、增加的、集体量化的 2025 年气候资金筹措目标。[1]2019 年底在马德里举行的第 25 次缔约方会议，77 国集团和中国提议建立一个长期资金常设论坛，认为这个问题需要从战略层面进行定期讨论。然而，发达国家对此表示反对，各缔约方甚至未能就缔约方会议第 26 届会议继续讨论达成共识。最后，会议适用了议事规则第 16 条，这意味着该议程项目将自动列入在英国格拉斯哥举行的

―――――――――

〔1〕 Decision -/CMA. 1 Setting a new collective quantified goal on finance in accordance with decision 1/CP. 21, para. 53, Advance unedited version.

下次缔约方会议的议程。[1]气候资金机制有关的讨论和斗争将长期伴随着气候变化缔约方会议。

《气候公约》对气候资金提供的负担分配有所涉及，缔约方会议2001年也曾一致主张，需要制定附件二所列缔约方分担负担的适当模式。然而，气候资金机制实体性制度和规则制定一直进展不大。究其原因，既有气候资金机制自身的制度设置不完善，没有与具有出资义务的发达国家签订出资协议、并在出资协议上载入争端解决条款。同时也事关国际合作的国际法发展滞后的原因，气候变化的不利影响难以直接适用关于跨界环境损害的国际习惯法、国际法委员会编纂的跨界损害的国家责任一直处于草案状态等等。

《巴黎协定》实施细则要求发达国家必须每两年通报一次关于提供和调动资金的指示性信息。鼓励提供资源的其他国家交流这种信息。发达国家提供的关于未来资金支持的信息，包括这将如何支持转移和协调所有资金流动的努力，可以使发展中国家更好地规划和执行气候行动。然而，一个关键的挑战是，一些资金提供国的国家预算过程使得很难通报未来几年的公共财政预测水平。作为规则手册谈判的一部分，各国正在讨论应提供哪些信息，以及一旦交流了信息，还应考虑这些信息的程序。除了扩大气候资金支助，《巴黎协定》实施细则还要求必须努力使资金流动符合协定第2条所确立的三个核心目标之一"使资金流动符合温室气体低排放和气候适应型发展的路径"。同时，支助和能力建设对于帮助一些发展中国家加强数据收集、储存和分析至关重要，从而使发展中国家能够满足其透明度要求，并加强其在体制、立法和执法方面的进展。

发达国家提供气候资金的承诺一直是一种集体性的承诺，在相关法律文件中，关于气候资金的承诺都是以"发达国家提供多少气候资金"的形式表述出来，虽然《气候公约》附件二当中，列出了应当提供气候资金、技术等支助的发达国家名单，但是提供气候资金的义务都是由这些发达国家集体承担，并未进一步细分，落实到具体发达国家。实践中，出资义务的履行情况，

---

〔1〕　议事规则草案第16条适用于当事方不能就一个议程项目达成任何协议，甚至不能就程序问题达成任何协议。第16条规定，如果一个议程项目仍未解决，该项目将自动列入下一届会议的议程。——UNFCCC, "Draft Rules of Procedure of the Conference of the Parties and its Subsidiary Bodies", UN Doc FCCC/CP/1996/2, 22 May 1996.

就往往成了发达国家"自说自话"。《气候公约》的缔约方大会曾要求发达国家缔约方对出资义务细化，以落实到具体国家，但是受到了发达国家的普遍抵制，最后不了了之。

随着《巴黎协定》开启了合作应对气候变化的新征程，在落实发达国家气候资金出资义务上，应当进一步强化出资的国别责任。目前几乎所有发展中国家都已经承担了温室气体减排的义务，这种义务采用的是"自下而上"的自主承诺的形式，跟发达国家承担气候资金的方式类似。随着发展中国家承担温室气体减排义务的强化，发达国家在提供气候资金的义务上亦应当进一步强化。发达国家理应走在发展中国家的前面，率先落实在减排和气候资金、技术和能力建设方面的责任。

在2018年底的卡托维兹，缔约方会议还批准了作为一个处理与气候变化不利影响相关的损失和损害的机构——华沙国际机制（WIM）执行委员会的报告。邀请缔约方和其他非缔约利害关系方在2019年2月1日之前就可能列入审评的内容提交建议和意见。这些审查是否能够加强损失和损害机制的作用，并能否带来包括资金支持在内的额外支持，还有待观察。保护臭氧层被赞誉为"迄今人类最为成功的全球性合作"，跨界大气污染治理在发达国家也很受重视，将大气污染、臭氧层保护、气候变化等发生在大气内部的活动整合为大气保护的设计自国际法委员会提出以来，受到了广泛的重视。从资金机制的视角来看，大气保护国际合作必然包括资金上的合作，且实践中资金被认为是国际保护合作的核心要素，将大气污染、臭氧层保护、气候变化等发生在大气内部的活动整合为大气保护必然要涉及这些领域资金使用的整合，有利于气候变化国际合作受到更大的重视，获取更多的资金。

二、程序性制度和规则

气候资金法律制度的实体性和程序性部分是共同发展的，但事实上它们可以有相当独立的历史。事实上，以《气候公约》《巴黎协定》为例，虽然气候变化国际法的制度和规则概述了气候资金方面的实质性义务，但它也提到了很多各国相应的程序性义务。在一个条约制度内，程序法和实体法的发展速度也可能完全不同。在气候变化国际法的发展过程中，程序法的发展快于实体法。当然，从《气候公约》条款规定的顺序上也可以说，广义上的实质性义务可以预先存在于详细的程序规则之前。《巴黎协定》所建立的法律制度的特点是一种"焦糖蛋奶冻（crème brûlée）"：在更软的实质性规范的基础上，有一层硬性的程序性义务。[1]相对于实体规则的弹性和国家自主性，程序规则的刚性更为显著。实践中，相对于气候资金机制的实体规则，程序规则有可能先发展起来，因为程序规则不涉及实质性权利义务，相对而言争议较小。在事实上也确实如此，在气候变化国际合作没有规定要提供气候资金的数额的情况下，也就是说，在缺乏关于气候资金的专门性实体法的情况下，发达国家缔约方先提供气候资金给发展中国家缔约方，供其进行前期收集和梳理所需资金信息的工作并制定相应信息通报规则也确实先期存在。

《巴黎协定》程序性的设定被称为"只进不退的棘齿机制（Ratcheting Mechanism）"，试图通过严格的程序性的制度设计来推动实体上权利义务的落实。在气候资金的报告上，还将进一步扩大发达国家缔约方报告气候资金提供情况的范围，让更多的发达国家缔约方加入，同时报告更多的气候资金提供情况。气候资金机制一直存在气候资金的提供透明度不足的问题。许多发达国家缔约方提供的气候资金把同一笔资金贴上多个标签，甚至把其他种类的援助视为应对气候变化的项目。[2]由于保护臭氧层、大气污染治理和气候变化分属三个不同领域，并存在数个不同的资金机制，而这几大领域的治理机理、应对方式和效果均存在相似甚至相同之处，客观上就为负有提供义务的发达国家缔约方将一笔治理资金多头申报留下空间。而分处不同领域的资金机制相互间并无隶属关系，亦未建立横向联系通报机制，实践中很难发现多头申报、重复申报的行为。应对气候变化国际合作的法律文书中虽然从《气候公约》谈判开始就强调"新的""额外的"气候资金，试图使气候资金与其他生态环境治理资金和发展援助区分开来，直至最近的《巴黎协定》和气候大会决议还制定专门透明度条款，但客观存在的机制缺陷使得这个问题一直未能得到有效解决。

本书认为，气候资金提供的透明度问题已经不仅仅是气候资金机制的内

---

〔1〕　See Jonathan Pickering et al., "Global Climate Governance Between Hard and Soft Law: Can the Paris Agreement's 'Crème Brûlée' Approach enhance Ecological Reflexivity?", *Journal of Environmental Law*, Vol. 31, No. 1., 2019, p. 1.

〔2〕　参见龚微："论《巴黎协定》下气候资金提供的透明度"，载《法学评论》2017 年第 4 期。

部设置问题，也不完全是应对气候变化国际合作的机制问题，而涉及气候变化国际合作相关的臭氧层保护、跨界大气污染等发生在地球大气中的多个相关领域。因此，试图提升气候资金的透明度，既需要从应对气候变化国际合作和气候资金机制内部努力，也需要推动相关外部机制的整合。国际法委员会关于保护大气的准则草案不仅将推动大气保护所涉及不同领域的整合，而且可促进这些领域的资金机制的整合，并为直接提升资金提供的透明度创造条件。

增强透明度框架对《巴黎协定》的设计、运作和信誉至关重要。实施细则的透明度部分的制定并非从零开始，可以借鉴《气候公约》之下的早期经验。然而，与以往的《气候公约》安排不同的是，《巴黎协定》旨在为所有国家建立一套共同的准则，同时为有需要的发展中国家提供灵活性。透明度框架可被视为《巴黎协定》的基石。[1] 它规定了各国报告其温室气体排放量和国家自主贡献实施进展情况的规则，并建立了审查和评估报告的国际程序。在卡托维兹，关键问题是如何为所有缔约方建立一个报告制度，同时为能力有限的发展中国家提供灵活性。对于实施细则的谈判，各缔约方就《巴黎协定》增强透明度框架何时取代现有的透明度安排以及报告和审查的具体规定、准则和程序达成一致。与以前的透明度安排相比，许多具体的报告规定得到了加强。他们同意在增强透明度框架下提交称为两年期透明度报告（BTRs）的文件，并同意第一批报告将于 2024 年 12 月 31 日完成。发达国家将于 2022 年 12 月 31 日、发展中国家于 2024 年 12 月 31 日完成现有透明度报告。

提高气候资金透明度不仅有助于发达国家和发展中国家之间建立互信，而且有助于提高气候资金的使用效率。在促进气候资金的透明度上，可以从明确基本概念的内涵、在"可核证、可测量、可报告"的基础上完善透明度的模式程序和指南、以盘点和履行遵守机制来评估审议气候资金的提供、与相关国际组织进行合作等方面进行完善。从 2023 年开始进行正式的全球总结，然后每五年一次，将对各缔约方对协定的各方面的执行情况进行盘点，以评估在实现协定宗旨及其长期目标方面取得的集体进展和需求，其中也包括气候资金透明度问题。全球总结的结果将为后续国家数据中心的准备工作

---

〔1〕 See Wolfgang Obergassel et al., "Paris Agreement: Ship Moves Out of the Drydock——An Assessment of COP24 in Katowice", *Carbon & Climate Law Review*, Vol. 13, No. 1., 2019, pp. 3-18.

提供信息，以便推动各缔约方履行义务和增加气候行动，实现《巴黎协定》的宗旨及其长期目标。这些总结也将保护气候资金的提供、使用和分配的各个方面，也必将会对气候资金机制及其气候资金产生直接影响。可以预测的是，气候资金机制的程序性制度和规则将迎来更多的关注、更大的发展空间和机遇。

气候变化国际条约对资金的分配程序并没有直接的规定，只是规定了全球环境基金和绿色气候基金作为气候资金机制的运营实体。因此气候资金机制的资金分配程序主要依据全球环境基金和绿色气候基金的内部规定来展开研究。全球环境基金和绿色气候基金的气候资金分配程序相当复杂而且耗时长。综合比较而言，我们可以看出，绿色气候基金的资金分配制度在分配的程序上已进行了较为完善的规定，后续的工作应该是在此基础上的进一步细化和程序的简化。全球环境基金的两层结构意味着所有资金必须批准两次，通常由全球环境基金和相关的环境基金机构两个层面批准，而这导致了效率的低下。对于全球环境基金的气候资金分配程序，可以借鉴绿色气候基金予以改进和提高。为提高效率，加强气候资金分配程序的建议包括：《气候公约》《京都议定书》《巴黎协定》的缔约方大会通过有关气候资金分配程序的决定、强化问责制倒逼气候资金分配程序完善、精简项目周期和改进方案办法、加强与私营部门民间组织的接触、实施成果管理制框架、明确全球环境基金各实体、机构和公约的作用和责任等方面。

气候资金机制的资金信息披露制度也存在类似于资金分配程序的问题。信息获取的权利是一个增强问责机制和提高发展项目有效性的主要工具。赋予缔约方获取信息的权利可以提高气候资金机制的权威性和合法性，加强缔约方对气候资金机制的认同感。赋予申请者申诉权也更好地保证了信息披露制度的实施；赋予权利而不规定权利的救济途径并不能很好地保证权利的行使，因此拥有申诉权也很好地避免了信息披露制度的虚设。获得这些信息将为发展中国家提供可用于保护和实现公民所依赖的稳定和可预测的气候变化的人权保护。

三、气候资金机制总体的展望

气候资金机制的发展展望可谓是喜忧参半。一方面，气候资金机制从其酝酿、诞生到运行一直都是各方关注的焦点。自然科学的研究表明，气候变化的不利影响已经愈发显著，随着气候变化不利影响的进一步加剧，发达国家自身也在遭受已经越发严重的气候变化的负面后果。这些负面后果不仅仅体现在经济社会发展上，也体现在影响人体健康，损害人身权益等方面。发达国家自身应对气候变化的不利影响的意愿正在逐渐强化。巴黎气候变化大会已经要求缔约方大会设定一个新的每年不少于 1000 亿美元的集体量化目标。随着气候变化国际治理合作的推进，对气候资金提供的数量要求还在呈现继续增长的态势。

另一方面，现行国际法体系之下，推动气候资金制度和规则发展完善的动力应来自于国家的意愿。目前世界经济发展形势严峻，世界经济深度衰退、国际贸易和投资大幅萎缩、国际金融市场动荡、国际交往受限、经济全球化遭遇逆流。主要发达国家也深受新冠肺炎疫情的影响，经济普遍出现下滑，一些国家保护主义和单边主义盛行、国家之间各种纷争升级，合作意愿降低等不利局面频发。在此背景之下，各国提供气候资金的意愿较之以往更为降低。在此情势之下，我们必须更为重视对等。在气候资金机制的发展上，通过对等解决目前面临的困难。无论是道德的还是法律义务的交换都可以视为一种对等。作为对发展中国家同意《巴黎协定》实施细则的对等回报，发达国家同意在气候融资方面提供更多透明度，并在 2020 年开始讨论新的集体气候资金目标。发展中国家的另一个胜利是《京都议定书》的适应基金将为《巴黎协定》服务，同时适应基金和绿色气候基金成功实现新的增资。[1]

对等（互惠）是一种产生和引导各国同意的力量。在这样一个各方都是立法者、执法者和潜在的违法者的制度中，对等（互惠）防止了如果每个国家都相信自己可以不受影响地追求自身利益而导致的混乱。国家之间的合作，实际上是对等的，要么相互获益，要么用经济利益换取生态环境利益；要么消极对等，共同承受气候变化的不利影响。正是国际法的自愿性质使对等如此重要。对等是制定、遵守国际法的一项关键准则，其目的是鼓励遵守和制止不服从。对等促进"与规范相一致"，让每个共同体成员对其他成员都有共同责任的感觉。

---

[1] See Wolfgang Obergassel et al., "Paris Agreement: Ship Moves Out of the Drydock——An Assessment of COP24 in Katowice", *Carbon & Climate Law Review*, Vol. 13, No. 1., 2019, pp. 3-18.

　　对我国而言，应对气候变化国际合作在我国受到重视程度达到了前所未有的高度。党的十九大报告明确要求，"引导应对气候变化国际合作，成为全球生态文明建设的重要参与者、贡献者、引领者。"这为我们指出了应对气候变化可以成为推动全球生态文明建设新的突破口和着力点，通过在气候变化治理方面全面践行全球生态文明建设，在机制建设上积极参与，发挥引导引领作用。在全球生态文明建设的理论指引下，我国积极加入《巴黎协定》之前的谈判，为《巴黎协定》的顺利诞生做出了积极贡献。我国生态文明建设的理念和实践，已得到国际社会的广泛认同和支持。面对生态环境挑战，人类是一荣俱荣、一损俱损的命运共同体，没有哪个国家能独善其身。唯有携手合作，我们才能有效应对气候变化、海洋污染、生物保护等全球性环境问题。我国提倡的全球生态文明理论，为应对气候变化国际合作带来了新的思路，指明了新的应对路径。该理论不仅揭示了包括大气生态系统在内的全球生态环境的整体性，也强调应该以更为文明的方式推动应对气候变化国际合作，更文明的方式对待生态环境。发达国家应对气候变化的不利影响既是为了自身的需要，也是整个地球生态系统保护的需要。全球生态文明理论所包含的生命共同体理念、正确的义利观、严格的制度严密的法治等内涵，既可以推进气候变化国际合作，也可以运用于气候资金机制建设。中国将气候变化治理视为全球生态文明建设方面的窗口和抓手，不仅是认识的进步，也体现在具体的规则制度和实施层面，为我国发挥更大作用铺平了道路。

　　在明确气候资金机制的理论和原则之后，我们需要注重的是鼓励支持国际社会为气候变化治理提供更多气候资金，推进气候资金机制的法治化和民主化，降低资金机制的交易成本。在气候资金机制的建设上坚持生命共同体理念，处理好人与自然的关系；落实好命运共同体理念，处理好不同国家、国际组织和个人之间的关系；贯彻好正确义利观，处理好生态利益和经济利益关系。

　　《巴黎协定》在各种能力的基础上引入了新的概念——不同国情，其完整的表述为"为实现《气候公约》目标，并遵循其原则，包括公平、共同但有区别的责任和各自能力原则，考虑不同国情"。《巴黎协定》的这一新的表述有鲜明的中国特色。在体现共同但有区别责任和各自能力原则之后加上各自国情，为各国按照公约缔约方会议决议的要求提供各自的国家自主决定贡献奠定了基础。《巴黎协定》改变了《京都议定书》自上而下的分配减排义务的方式，改由各国自下而上地提供国家自主决定贡献。缔约方会议的决议为这些自主决定贡献的提供规定了基本框架和模板，各国可根据各自国情进行提交工作。正是由于各国在巴黎气候变化大会之前的不懈努力，《巴黎协定》得以顺利诞生。不同国情的提出，对共同但有区别责任原则进行了一定限制。这些限制是符合国际法发展状况的限制，体现了国际法以现实为基础，以价值、理念为引领的特点。

尽管进行了三年的谈判，代表们还是带着《巴黎协定》生效后的实施细则中许多未解决的问题于 2018 年底来到波兰卡托维兹。这些问题在 236 页的文本中都有体现，其中包括许多备选方案和近 3000 个方括号，表明存在分歧的领域。[1] 缔约方会议取得一些进展，然而直到 2019 年底的西班牙马德里大会，实施细则的谈判仍有部分未能完成。鉴于最近主要国家，尤其是美国和巴西的保守政府上台带来倒退，在卡托维兹大会通过《巴黎协定》实施细则并非小进步。它表明绝大多数国家仍然将气候变化视为一个重大关切，国际社会仍然能够就气候治理合作的前进达成多边协议。针对气候资金机制的未来发展，从相关的制度和规则的层面分析，国际社会可以从以下方面进行努力：

（一）通过缔约方会议的决定推动气候资金机制的发展

气候资金的实体和程序性制度与规则在《气候公约》《京都议定书》《巴黎协定》等气候变化国际法的法律渊源当中有些有相关规定，有些并无直接规定，实践当中是由经营实体依据气候变化国际法的理念、原则自行制定。作为气候资金机制的经营实体，需要向缔约方会议负责。《气候公约》第 11 条在对资金机制进行规定时，明确指出，"该机制应在缔约方会议的指导下行使职能并向其负责，并应由缔约方会议决定该机制与本公约有关的政策、计划优先顺序和资格标准。"可见，缔约方拥有充分的权能对气候资金机制的政策、计划、资格、标准等事项进行规定。在缔约方会议召开期间，气候资金

---

〔1〕 Evans, Simon, and Jocelyn Timperley, COP24: Key outcomes agreed at the UN climate talks in Katowice, https://www.carbonbrief.org/cop24-key-outcomes-agreed-at-the-un-climate-talks-in-katowice (last visit June 3, 2020).

机制的经营实体也定期向缔约方会议报告工作。随着《巴黎协定》的生效，《气候公约》缔约方也成为《巴黎协定》缔约方。

关于长期气候资金，在南非德班举行的第 17 次缔约方会议制定了一项关于执行长期资金承诺的工作方案，在华沙举行的第 19 次缔约方会议将其延长至 2020 年。在巴黎举行的第 21 次缔约方会议上，这一承诺被延长到 2025 年，并将在未来几年讨论 2025 年后新的集体供资目标。气候资金常设委员会于 2010 年设立，目的是协助缔约方会议处理资金事项。在 2019 年底马德里举行的第 25 次缔约方会议上，发展中国家要求常设委员会被授权制定一个各方都同意的气候资金"共同"定义。最终达成一致的工作计划只是强调了气候资金常设委员会对气候资金的操作性（operational）定义的努力。此外，委员会邀请各方在 2020 年 4 月 30 日之前提交有关这一问题的材料，以协助气候资金常设委员会编制其 2020 年两年期评估和气候资金流动概况。[1]

新设立的绿色气候基金运行时间不长，在巴黎气候大会期间才开始首次公布资助项目，缔约方会议可以在其运行一定时间之后，定期对其相关的实体、程序性制度和规则进行审评，寻找其运行的问题，提出整改要求，并采取适当措施。2019 年底在马德里举行的第 25 次缔约方会议上，绿色气候基金提交缔约方会议的报告和对绿色气候基金的指导中表明，基金第一次正式充资进程圆满结束，28 个捐助国作出认捐，由此产生 96.6 亿美元的名义认捐。[2]《气候公约》和《巴黎协定》缔约方会议也对全球环境基金提出指导。有学者曾指出，"缔约方会议未来将减少扮演造船者的角色，而应当转向船长的角色。"缔约方代表的定期会议应变成了一个常设机构，能够对气候变化治理国际合作相关事务作出快速反应和持续长期管理。

（二）明确气候资金的出资义务

2018 年年底，《气候公约》秘书处发布了《全球气候资金双年报》，公布了 2015 年和 2016 年气候资金的大致状况。根据绿色气候基金的统计，截至 2020 年 1 月末，绿色气候基金共获得 49 个国家/地区/城市合计约 103 亿美元的捐资承诺。对发达国家缔约方集体承诺每年向发展中国家至少提供 1000

---

〔1〕 UNFCCC/CP/2019/13/Add. 2, 11/CP25.
〔2〕 UNFCCC/CP/2019/13/Add. 2, 12/CP25.

亿美元的气候资金的履行情况，尚无任何国家或国际组织给出明确信息。由于发达国家缔约方的气候资金承诺只有提供集体承担的数额和履行时间，而无提供气候资金的具体承担方式。随着时间的推移，各个发达国家气候资金出资义务履行的情况如何变成了一本糊涂账。绿色气候基金 2019 年 10 月举行的第一次增资会议上，各方同意将基金的增资时间段确定为四年，即从 2020 年 1 月 1 日开始至 2023 年 12 月 31 日。如前所述，承担集体提供气候资金义务的发达国家缔约方之间并未落实具体的国家出资比例，也缺乏具体细化的资金分摊要求。绿色气候基金的气候增资能否顺利完成值得我们保持密切关注。作为横亘在气候资金机制发展路途上的艰巨挑战，明确各方的气候资金出资义务已经到了刻不容缓的地步。我们或许只能寄希望于顺着全球总结盘点机制的运作，在发展中国家缔约方无法完成的国际自主贡献目标面前，发达国家缔约方在推动气候资金出资义务的具体化方面才会依据国际法的对等原理有所推动。

（三）借助损失与损害华沙国际机制获取气候资金

在气候变化产生的不利影响当中，那些发展中国家缔约方应对无法适应的气候影响被称为"损失和损害（Loss and Damage）"问题。这一问题多年来一直备受争议，2013 年底的华沙缔约方会议设立了一个专门处理气候引起的损失和损害的机制——华沙国际机制（the Warsaw International Mechanism，简称 WIM）。2019 年底在马德里举行的《气候公约》缔约方大会上，审查华沙国际机制是一个重要的议程项目。

发展中国家缔约方在马德里气候变化大会的一个关键优先事项是加强华沙国际机制，以便该机制能够帮助发展中国家从现有的资金机制、技术转让机制等途径之外获得更多的气候资金、技术和能力建设来支持受到损失和损害严重影响的脆弱发展中国家。发展中国家缔约方的这一立场得到许多环保组织的支持，但遭到一些发达国家的强烈反对。特别是美国和澳大利亚一直反对提供新的和额外的资金，也反对气候资金机制的运营实体，如绿色气候基金在提供的现有资金支持外，为气候损失和损害设立特定的资金窗口。

最终缔约方会议决定文本第 32 段承认，有必要通过敦促"酌情扩大行动和支持，包括资金、技术和能力建设为损失和损害提供资金"。[1]这一决定是在《气候公约》的气候资金架构下确定损失和损害方面向前迈出的重要一步。然而，文本并没有规定谁将扩大行动和支持。发展中国家在最后一次全体会议上批评了这一遗漏，他们强调，他们认为这一段明确指的是发达国家。同时，该决定没有具体规定，为损失和损害提供的资金必须是新的和额外的。关于扩大行动和支持的一般性呼吁得到了在业务一级设立一个新的专家组的决定的补充。专家组的任务之一是设法加强对处理损失和损害的支持，并通过与《气候公约》之下的现有资金机制接触等方式便利发展中国家获得这种支持。[2]然而，专家组没有被赋予为损失和损害筹集新资金的授权。

损失和损害机制是缔约方会议于 2013 年在华沙建立的，但随着 2015 年《巴黎协定》的通过，该机制被置于《巴黎协定》缔约方大会的权威和指导之下。到 2020 年底，美国可能不再是《巴黎协定》的缔约国。在这样一种结构下，未来在损失和损害机制下，美国支助发展中国家应对气候造成的损失和损害的任何义务都将变成过时了。然而，损失和损害机制是否将在公约和协定的缔约方会议下继续运作的问题，将在格拉斯哥举行的第 26 次缔约方会议上继续讨论。借助损失与损害机制获取气候资金，已经取得一定进展，但还有很长的路要走。

（四）完善争端解决机制助力资金机制的健康发展

气候资金机制的建构过程中，各方的矛盾和冲突不断，乱象频生。无论是实体规则如认定标准、出资义务还是程序方面的规则如透明度、分配程序等，都各有其产生的原因。我们认为，一个共同的原因在于争端解决机制的缺失。《气候公约》曾对争端解决机制有所规定，第 14 条要求，"任何两个或两个以上缔约方之间就本公约的解释或适用发生争端时，有关的缔约方应寻求通过谈判或它们自己选择的任何其他和平方式解决该争端。"随后，公约提供的两种解决方式通过国际法院和/或按照将由缔约方会议尽早通过的、载于仲裁附件中的程序进行仲裁。争端解决机制的两种解决方式当中，通过国际法院解决受制于当事国是否同意接受国际法院的管辖权。如美国特朗普政府

---

〔1〕　UNFCCC/PA/CMA/2019/6/Add. 1, 1/CMA. 2.
〔2〕　UNFCCC/PA/CMA/2019/6/Add. 1, 1/CMA. 2.

要求退出《巴黎协定》并立刻停止提供气候资金的做法严重违反国际法，各国却无法诉诸国际法院，因美国在 1986 年对尼加拉瓜进行军事和准军事行动案（Military and Paramilitary Activities in against Nicaragua）后撤回了对国际法院承诺的任择强制管辖权。非经该国同意，国际法院没有管辖权。而公约规定的另一种争端解决方式仲裁，则一直停留在纸面上。公约规定的仲裁程序迟迟未能由缔约方会议通过，因此也无法成为一种可供实施的争端解决方式。鉴于《气候公约》的明文规定，争端解决机制的主体框架已经搭建完成，缔约方会议需要审时度势，借鉴已有的国际条约规定的成熟做法，在适当的时机推动对仲裁程序的通过。完善气候变化国际法的争端解决机制，气候资金机制所面临的种种矛盾、冲突和挑战将获得司法途径解决的契机。

第四节　对我国的影响与启示

对于气候资金，早在 2009 年举行的"哥本哈根世界气候大会"上，中国代表团团长、国家发改委副主任解振华就首次表示拟放弃从发达国家获得气候资金。该表态被称为"哥本哈根气候谈判大会的主要参与国之一首次做出明显让步"。[1]随后，我国多次在正式场合承诺，不需要发达国家提供的气候资金。中国是最大的发展中国家，亦是受到气候变化不利影响最严重的国家之一。中国完全有资格获得气候资金。在首次表态的哥本哈根气候大会之前，中国就从多个渠道和途径获得过气候资金。中国宣布放弃获取发达国家提供的气候资金，是对可获得利益的谦让，赢得了国际社会的赞誉，维护了发展中国家之间的团结，也直接促成了发达国家在哥本哈根大会上首次就气候资金的提供进行集体承诺。

中国国家自主贡献计划包括 5 个具体目标，具体包括：二氧化碳排放在 2030 年左右达到顶峰并争取尽早达峰，2030 年非化石能源目标达现有承诺的 20%左右；并明确提出了碳排放强度下降目标，以 2005 年为基准年，在 2030 年下降 60%-65%；森林体积目标，比 2005 年增加 45 亿立方米；以适应气候目标，在关键领域，如农业、林业、水资源和城市、沿海、生态脆弱地区形

---

〔1〕　吴佳俊："解振华：中国不跟穷哥们争资金"，载《东方早报》2009 年 12 月 15 日。

成有效抵御气候变化的风险机制的能力，预测预警和防灾减灾系统逐渐完善。[1]这些国家目标的提出体现了中国对承担减排温室气体义务的诚意，为我国应对气候变化活动明确了目标。这些目标是我国首次承担具体的温室气体减排国际义务，既构成了我国参加巴黎气候变化大会、参与《巴黎协定》谈判的基础，也为《巴黎协定》的顺利通过、生效作出了直接贡献。展望未来，我国应对继续参与气候资金机制的活动，推动资金机制制度、规则的完善，同时积极制定国内气候变化法，设立国内法上的气候资金机制。

一、制定专门的气候变化法设立国内气候资金机制

目前我国并无专门性的气候变化立法。在《中华人民共和国大气污染防治法》的修订过程中，曾在修订版本中出现了气候变化应对专门部分的内容。2014年6月提交国务院的《中华人民共和国大气污染防治法（修订草案送审稿）》除了第2条关于协同控制、综合管理的规定之外，还专门辟出专章，在第六章对温室气体的排放控制进行规定。主要涉及控制温室气体排放的原则和规划、调整产业结构、管理能源效率、探索推广低碳技术、能效标识管理、增强碳汇功能以及国际合作等内容。[2]然而，随后修订稿和最终送审稿均未采用该处理方式。在2015年修改通过的《中华人民共和国大气污染防治法》中，只在第2条提及温室气体，要求"对颗粒物、二氧化硫、氮氧化物、挥发性有机物、氨等大气污染物和温室气体实施协同控制。"该处理方法表明国家对于综合性气候变化立法的否定，也为今后专门进行气候变化立法留下了广阔的空间。

随着我国提交应对气候变化的国家自主贡献文件，以及《巴黎协定》的签署、批准和生效，从形式上看，我国已经以自主承诺的形式正式承担了具有法律约束力的应对气候变化义务；从性质上看，该义务属于国际法上的义务。根据我国对国际法与国内法关系的法律规定和实践，国际条约所规定的义务并不能直接适用于我国国内，还需要通过国内立法的转化。对于进行专

---

〔1〕　"强化应对气候变化行动——中国国家自主贡献（全文）"，载 http://www.scio.gov.cn/xwfbh/xwbfbh/wqfbh/2015/20151119/xgbd33811/Document/1455864/1455864.htm，最后访问日期：2020年5月30日。

〔2〕　参见龚微："大气污染物与温室气体协同控制面临的挑战与应对——以法律实施为视角"，载《西南民族大学学报（人文社科版）》2017年第1期。

门的气候变化立法，学界已经进行了大量讨论，甚至提出了多份立法专家建议稿，如中国社科院法学所、中国政法大学建议稿，地方上的江苏省、湖北省、海南省也拿出了地方气候变化条例建议稿。科研机构和高等学校的热烈关注和前期投入起到了很好的吸引关注、加深认识的效果。随着我国正式承担气候变化国际法律义务和我国生态文明建设的大力推进，进行专门的气候变化法立法工作的条件已经逐渐成熟。

在我国的气候变化立法中，应当借鉴气候变化国际法的资金机制设立国内气候资金机制，建立针对减缓和适用活动的单独经营实体。根据气候资金机制两大经营实体的运行情况，模仿绿色气候基金设立专门性的经营实体而非设立全球环境基金式的综合经营实体。在国内法上的气候资金机制的法制建设上，应根据生态文明建设的需要，设立气候变化法的基本法律原则、制度，并从实体法和程序法上完善资金机制、经营实体的运作规则。我国是最大的发展中国家，也是当前世界最大的温室气体排放国家。对此，我国继续坚持基于经济社会发展的需求，保持温室气体排放适当增加的权力。我国的国家自主承诺中所做出的减排承诺是基于单位国内生产总值与温室气体排放比，属于相对减排。我国还提出"2030年左右二氧化碳排放达到峰值"，这意味着2030年之前，我国的温室气体排放总量可能继续增长。由此而产生的应对气候变化的资金需求必然会日益高涨。课题组认为，我国可借鉴气候变化国际法资金机制的经验建立国内法上的气候资金机制，针对国内减缓和国内适应活动的需要分别设立基金。可在即将制定的气候变化应对专门立法中的保障部分设立资金机制条款，从实体和程序方面对国内法上资金机制的设立、目标、资金来源、资金提供、资金分配、资金使用、信息披露、资金报告和争端解决等具体的实体和程序规则进行规定，确保我国国内进行气候变化应对活动获得充足、可靠的资金保障。

二、积极参与气候资金机制活动，推动国际法的完善

我国已经在2009年"哥本哈根世界气候大会"上正式承诺放弃从发达国家获得气候资金的要求。2015年6月30日，中国向《气候公约》秘书处正式递交了中国减排国家自主贡献（INDC）方案。这些自主贡献目标中找不到发展中国家常见的要求获得气候资金的内容。课题组认为，中国放弃从发达国

家获取气候资金的要求，是放弃从双边渠道获取气候资金，并不包括放弃从多边气候资金机制获取气候资金的权利。如果因为中国在国内生态文明建设的推动下气候治理领域取得突出进展，以及中国基于负责任大国形象开展的自主减排行动，就剥夺中国从气候资金机制获得气候资金的权利，无异于"鞭打快牛"，鼓励落后。

中国在遭受气候变化不利影响方面在全球排名也一直处于前列，应对气候变化减缓和适应领域的资金缺口基数巨大，毫无疑问也应获得来自气候资金机制的资金支持。目前，我国与气候资金机制的两大经营实体的合作保持正常。绿色气候基金的项目投资通过执行机构进行，已经授权了59个执行机构，其中有2个是中国的机构。这些机构具备了以发展中国家国内机构名义申请资金支持的资质。2019年11月12-14日绿色气候基金在韩国仁川召开第24次理事会会议，批准包括中国山东省绿色发展基金项目在内的13个气候变化治理项目。该项目包括10亿美元的公共和私营部门资本以及来自国际金融机构的5亿美元催化资金，其中包括拟议的绿色气候基金提供气候资金1.8亿美元。[1]这是我国首次通过绿色气候基金获取气候资金，开创了历史性的第一次。在通过全球环境基金获取气候资金方面，根据全球环境基金官方网站介绍，中国在气候变化领域分配的指示性气候资金数额是1.26亿美元，通过气候变化特别基金获得950万美元。[2]目前，中国利用气候变化资金机制获取气候资金的途径是正常和畅通的。

作为最大的发展中国家，中国还要充分利用自身的影响力积极参与气候资金机制的规则制定，避免发达国家以及代表其利益的国际组织利用其提供气候资金的优势地位，掌控国际规则的制定。在规则制定上争取和行使话语权，是维护中国自身的合法利益和广大发展中国家的整体利益的必要手段。气候资金机制的实体和程序性制度和规则是气候资金机制的经营实体运行中的依据，其如何规定直接影响到国家对气候资金的使用。相对于为发达国家所把持，具有"发达国家俱乐部"之称的全球环境基金，新建的绿色气候基

---

〔1〕 Green Climate Fund, Catalyzing Climate Finance (Shandong Green Development Fund), https://www.greenclimate.fund/sites/default/files/document/funding-proposal-fp082-adb-china.pdf (last visit June 15, 2020).

〔2〕 Global Environmental Facility, China：Country-At-A-Glance, https://www.thegef.org/country/china (last visit June 15, 2020).

金对发展中国家更为友好。在绿色气候基金的决策机构理事会中，由 12 个发达国家和 12 个发展中国家成员组成。这一安排使发展中国家与发达国家在理事会上拥有相同的发言权。中国成功入选第一届理事会。从理事会的运行实践来看，虽然在发达国家与发展中国家之间平均分配绿色气候基金理事会的席位有助于实现气候公平，也符合满足了发展中国家特殊需要原则的精神，但是协商一致的表决方式实际上赋予了每一个绿色气候基金理事会成员事实上的否决权。在理事会运作的过程中，就曾经出现个别成员利用协商一致对所有成员不反对的要求，故意阻扰理事会议事进程，导致诸多影响基金运营的重要政策久拖不决或议而不决，一定程度地制约了绿色气候基金的正常发展。相较于全球环境基金根据出资额度决定表决权限的做法，绿色气候基金理事会的表决方式，更为公平，但在决策的效率上稍逊一筹。如何在决策的公平和效率之间实现均衡和兼顾，将是今后气候资金机制应该着力解决的一个问题。中国应有效发挥自身在发达国家和发展中国家之间的桥梁作用，积极争取下届理事会的席位。作为负责任的大国，我国可以发挥作用，影响规则制定，在国际场合理性发声，并坚持此类制度、规则、技术标准等的制定要体现发展中国家的普遍意志，保证特定资金均衡分配。

三、设立并完善国内法上的气候资金机制市场制度

我国应对气候变化需要大量的资金可以从气候变化国际法上的气候资金机制中获取，也可以通过借鉴气候资金机制的市场制度帮助我国获取资金应对气候变化。在引入市场制度方面，我国借鉴欧盟的成熟经验，由国家发展和改革委员会于 2014 年 12 月发布《碳排放权交易管理暂行办法》，已经选择了北京、上海、天津、重庆、广东、深圳和湖北 7 个省市进行碳排放交易试点。这些省市陆续发布了地方碳交易管理办法陆续开展交易。通过三年的试点，初步建立了碳排放报告核查认证制度、完善碳排放权交易规则。在正式试点之前已纳入近 3000 家重点排放单位，累计配额成交量达到 2 亿吨二氧化碳当量，约 46 亿元人民币。2017 年 12 月 19 日国家发改委宣布，全国碳排放交易体系正式启动。[1]国家发展和改革委员会已经印发了《全国碳排放权交

---

〔1〕 参见赵展慧：“全国碳排放交易体系正式启动”，载《人民日报》2017 年 12 月 20 日。

易市场建设方案（电力行业）》对我国以发电行业为突破口进行的碳排放交易市场的建设进行顶层设计。我国已经制定了新的《碳排放权交易管理办法（试行）》，取代此前的《碳排放权交易管理暂行办法》，并将发布企业排放报告管理办法、市场交易管理办法、核查机构管理办法等重要配套管理规定。我国进行的碳排放权交易体系建设意在为应对气候变化引入市场机制，充分发挥市场在资源配置中的决定性作用。这种做法从渊源上看是借鉴了《巴黎协定》之前的《京都议定书》中设立的灵活机制，与《巴黎协定》第6条规定的自愿合作机制的精神内核一致。随着《巴黎协定》的生效，在自愿合作机制的规则、模式和程序等操作细则顺利产生之后，我国即可在国内碳排放权交易体系的基础上加入全球碳排放自愿合作的市场机制，并根据相关国际规则修订、调整国内规则，迅速实现二者接轨。这既可以通过市场机制获取国外气候友好技术和气候投资，也可以对市场交易行为征收税费，为国内气候应对获取资金。

四、重视国家之外的非缔约方利害关系方

应对气候变化国际合作非常重视作为缔约方的国家和国际组织之外的地方、社会、社区、机构等方面的力量。《巴黎协定》强调"从各种大量来源、手段及渠道调动气候资金"，巴黎气候变化大会通过的决定中将这些力量称为"非缔约方利害关系方"。非缔约方利害关系方可以从多个方面发挥作用，在气候资金机制的建设方面，主要集中在以下两个方面：

（一）丰富气候资金来源

绿色气候基金秘书处专门设立了一个私营部门融资部（DPSF）。该部门的任务主要是通过动员私人和各类机构投资来降低绿色气候基金的风险并支持发展中国家的气候变化应对行动。通过与国际国内的私营部门进行合作，为绿色气候基金的各类项目提供气候资金。截至2020年1月末，绿色气候基金共获得49个国家/地区/城市合计约103亿美元的捐资承诺。除了国家之外，还有地方政府，分别是布鲁塞尔首都大区、法兰德斯、瓦隆等3个地方政府筹集了相当于3540万美元的气候资金，以及巴黎市政府筹集了相当于130万美元的气候资金。根据绿色气候基金的数据统计，截至2020年1月私营

部门项目已经达到 25 个，涉及资金约 22 亿美元，投资额占比接近 40%。[1] 私营部门融资部的存在扩大气候资金来源以及加快筹集气候资金的国际努力中作用显著。

（二）提供专业知识、技能和经验

非缔约方利害关系方除了提供直接气候资金之外，还可以运用自身在应对气候变化所拥有的知识、技能和经验上为气候资金机制的经营实体提供帮助。绿色气候基金授权了 95 个执行机构。这些执行机构的来源涉及联合国机构、多边组织、区域组织、国际金融机构、发展金融机构、国家银行、养护组织、基金和政府机构。这些多样化的合作伙伴不是气候变化国际法通过的公约和协定的缔约方，但是通过与这些非缔约方利害关系方的合作关系使气候资金机制的经营实体能够借助它们的知识、技能和经验来推动气候资金机制的理念、机制、规则所蕴含的目标的实现。据绿色气候基金统计，截至 2020 年 1 月，在已批准项目数量中，国际执行机构占 41%、国家执行机构占 45%、区域执行机构占 14%。[2] 目前，中国有两个机构通过了绿色气候基金的国家执行机构认证，分别是中国生态环境部对外合作中心和中国清洁发展机制基金管理中心，我国还应鼓励更多的机构获得绿色气候基金的授权、成为绿色气候基金的执行机构。同时还应借鉴非缔约方利害关系方的先进理念和成功做法，运用于我国国内，以期为我国的气候变化应对活动筹措更多的气候资金。

---

〔1〕　参见周焱："绿色气候基金发展与对策建议"，载《金融纵横》2020 年第 4 期。

〔2〕　参见周焱："绿色气候基金发展与对策建议"，载《金融纵横》2020 年第 4 期。

主要参考文献

一、中文部分

（一）著作类

1. 蔡守秋：《生态文明建设的法律和制度》，中国法制出版社 2016 年版。

2. 李宗录：《绿色气候基金融资正当性研究》，吉林人民出版社 2016 年版。

3. 吕忠梅主编：《环境法原理》，复旦大学出版社 2017 年版。

4. 柴麒敏等：《"基础四国"：从哥本哈根到巴黎的气候之路》，中国计划出版社 2016 年版。

5. 郇庆治主编：《当代西方生态资本主义理论》，北京大学出版社 2015 年版。

6. 李爱年、肖爱：《法治保障生态化：从单一到多维》，湖南师范大学出版社 2015 年版。

7. 周珂、[奥] 约瑟夫·鲍姆主编：《国际与国内视阈下共同但有区别责任原则的理论与实践》，法律出版社 2013 年版。

8. 李传轩等：《气候变化与环境法：理论与实践》，法律出版社 2011 年版。

9. 曹荣湘主编：《全球大变暖：气候经济、政治与伦理》，社会科学文献出版社 2010 年版。

10. 曾令良主编：《21 世纪初的国际法与中国》，武汉大学出版社 2005 年版。

11. 龚微：《发展权视角下的气候变化国际法研究》，法律出版社 2013 年版。

12. 曾令良等：《中国和平发展的重大前沿国际法律问题研究》，经济科学出版社 2011 年版。

13. 杨兴：《〈气候变化框架公约〉研究——国际法与比较法的视角》，中国法制出版社 2007 年版。

14. 陈刚：《京都议定书与国际气候合作》，新华出版社 2008 年版。

15. 王曦主编：《国际环境法与比较环境法评论》，上海交通大学出版社 2008 年版。

16. 王曦主编：《国际环境法与比较环境法评论》，法律出版社 2005 年版。

17. 王曦主编：《国际环境法与比较环境法评论》，法律出版社 2002 年版。

18. 黄志雄：《WTO 体制内的发展问题与国际发展法研究》，武汉大学出版社 2005 年版。

19. ［美］埃里克·波斯纳、戴维·韦斯巴赫：《气候变化的正义》，李智、张健译，社会科学文献出版社 2011 年版。

20. ［英］帕特莎·波尼、埃伦·波义尔：《国际法与环境》，那力等译，高等教育出版社 2007 年版。

21. 曾建平：《环境正义———发展中国家环境伦理问题探究》，山东人民出版社 2007 年版。

22. 汪习根主编：《发展权全球法治机制研究》，中国社会科学出版社 2008 年版。

23. 鄂晓梅：《单边 PPM 环境贸易措施与 WTO 规则：冲突与协调》，法律出版社 2007 年版。

24. 王曦编著：《国际环境法》，法律出版社 2005 年版。

25. 秦天宝：《遗传资源获取与惠益分享的法律问题研究》，武汉大学出版社 2006 年版。

26. 杨泽伟：《国际法》，高等教育出版社 2007 年版。

27. 梁西主编：《国际法》，武汉大学出版社 2000 年版。

28. ［英］伊恩·布朗利：《国际公法原理》，曾令良等译，法律出版社 2007 年版。

29. 汪劲：《环境法学》，北京大学出版社 2018 年版。

30. 易小明：《文化差异与社会和谐》，湖南师范大学出版社 2008 年版。

31. 张克文：《关税与贸易总协定及其最惠国待遇制度》，武汉大学出版社 1992 年版。

32. 张向晨：《发展中国家与 WTO 的政治经济关系》，法律出版社 1999 年版。

33. 谷德近：《多边环境协定的资金机制》，法律出版社 2008 年版。

34. 上海市科学技术委员会、上海市环境保护局编：《保护臭氧层——为了子孙万代》，上海科学技术文献出版社 1995 年版。

35. 王铁崖主编：《国际法》，法律出版社 2000 年版。

36. 陈卫东：《WTO 例外条款解读》，对外经济贸易大学出版社 2002 年版。

37. 林灿铃：《国际环境法》，人民出版社 2004 年版。

38. 蔡守秋：《可持续发展与环境资源法制建设》，中国法制出版社 2003 年版。

39. ［美］爱蒂丝·布朗·魏伊丝：《公平地对待未来人类：国际法、共同遗产与世代间衡平》，汪劲等译，法律出版社 2000 年版。

40. 蔡守秋主编：《环境资源法学教程》，武汉大学出版社 2000 年版。

41. 钟述孔：《21 世纪的挑战与机遇——全球环境与发展》，世界知识出版社 1992 年版。

42. 陈安主编：《国际经济法专论》，高等教育出版社 2002 年版。

43. 张文显主编：《法理学》，高等教育出版社、北京大学出版社 1999 年版。

44. ［南］米兰·布拉伊奇：《国际发展法原则》，陶德海等译，中国对外翻译出版公司 1989 年版。

45. 贺小勇主编：《国际经济法学》，中国政法大学出版社 2008 年版。

46. ［法］亚历山大·基斯：《国际环境法》，张若思编译，法律出版社 2000 年版。

47. ［日］松井芳郎等：《国际法》，辛崇阳译，中国政法大学出版社 2004 年版。

48. 金瑞林、汪劲：《20 世纪环境法学研究述评》，北京大学出版社 2003 年版。

49. ［美］约翰·罗尔斯：《正义论》，何怀宏等译，中国社会科学出版社 1988 年版。

50. 中共中央马克思恩格斯列宁斯大林著作编译局编：《马克思恩格斯选集》（第 3 卷），人民出版社 1972 年版。

51. ［美］布鲁斯·拉西特、哈维·斯塔尔：《世界政治》，王玉珍译，华夏出版社 2001 年版。

52. 刘健、洪永红主编：《国际法学》，湖南人民出版社 2008 年版。

53. 崔大鹏：《国际气候合作的政治经济学分析》，商务印书馆 2003 年版。

54. 曾令良、余敏友主编：《全球化时代的国际法——基础、结构与挑战》，武汉大学出版社 2005 年版。

55. 王曦主编/译：《联合国环境规划署环境法教程》，法律出版社 2002 年版。

（二）论文类

1. 卢风、曹小竹："论伊林·费切尔的生态文明观念——纪念提出'生态文明'观念40周年"，载《自然辩证法通讯》2020 年第 2 期。

2. 董亮："透明度原则的制度化及其影响：以全球气候治理为例"，载《外交评论》（外交学院学报）2018 年第 4 期。

3. 曹明德："中国参与国际气候治理的法律立场和策略：以气候正义为视角"，载《中国法学》2016 年第 1 期。

4. 柴麒敏等："中国气候投融资发展现状与政策建议"，载《中华环境》2019 年第 4 期。

5. 陈晓："气候正义理论的两次转向及其展望"，载《上海交通大学学报（哲学社会科学版）》2018 年第 2 期。

6. 陈兰等："全球环境基金第七增资期政策分析与预测"，载《气候变化研究进展》2018 年第 2 期。

7. 吴凯杰："环境法体系中的自然保护地立法"，载《法学研究》2020 年第 3 期。

8. 龚微："论《巴黎协定》下气候资金提供的透明度"，载《法学评论》2017 年第 4 期。

9. 洪炜君等："基于发展中国家自主贡献文件的资金需求评估"，载《气候变化研究进展》2018 年第 6 期。

10. 龚微、赵慧："美国退出《巴黎协定》的国际法分析"，载《贵州大学学报（社会科学版）》2018 年第 2 期。

11. 陈艺丹等："国家自主决定贡献的特征研究"，载《气候变化研究进展》2018 年第

3 期。

12. 龚微："大气污染物与温室气体协同控制面临的挑战与应对——以法律实施为视角"，载《西南民族大学学报（人文社科版）》2017 年第 1 期。

13. 王爱华等："全球环境基金管理机制的借鉴及启示"，载《环境保护》2016 年第 20 期。

14. ［美］杰夫·克尔斯基："如何量化动员私人资金的努力?"，曾一巳译，载《金融市场研究》2016 年第 11 期。

15. 王雨辰："习近平'生命共同体'概念的生态哲学阐释"，载《社会科学战线》2018 年第 2 期。

16. 黄超："全球发展治理转型与中国的战略选择"，载《国际展望》2018 年第 3 期。

17. 潘寻、朱留财："后巴黎时代气候变化公约资金机制的构建"，载《中国人口·资源与环境》2016 年第 12 期。

18. 潘寻："基于国家自主决定贡献的发展中国家应对气候变化资金需求研究"，载《气候变化研究进展》2016 年第 5 期。

19. 赵若汀："气候变化影响下美国环境法的'结构性'变化"，载《世界环境》2020 年第 1 期。

20. 赵汀阳："天下观与新天下体系"，载《中央社会主义学院学报》2019 年第 2 期。

21. 郇庆治："'碳政治'的生态帝国主义逻辑批判及其超越"，载《中国社会科学》2016 年第 3 期。

22. 秦天宝："我国环境保护的国际法律问题研究——以气候变化问题为例"，载《世界经济与政治论坛》2006 年第 2 期。

23. 徐以祥："气候保护和环境正义——气候保护的国际法律框架和发展中国家的参与模式"，载《现代法学》2008 年第 1 期。

24. 朱谦："全球温室气体减排的清洁发展机制研究——以行政许可为中心"，苏州大学2006 年博士学位论文。

25. 赵军："应对气候变化国际法律制度评析"，外交学院 2006 年硕士学位论文。

26. 李莎："试析国际气候变化机制"，外交学院 2003 年硕士学位论文。

27. 曾冠："碳排放权交易"，武汉大学 2008 年博士学位论文。

28. 刘中民、王倩："多维视角中的国际气候制度研究综述"，载《太平洋学报》2007 年第 6 期。

29. 栾爽："和而不同：全球化时代中国法制现代化的战略选择"，载《学海》2008 年第 4 期。

30. 曾令良："当代国际法视角下的和谐世界"，载《法学评论》2008 年第 2 期。

31. 郑启荣、孙洁琬："和谐世界理念与联合国宪章精神"，载《外交评论（外交学院学报）》2006 年第 4 期。

32. 张绍吉："'和谐世界'——一种发展模式与责任"，载《理论前沿》2007 年第 6 期。

33. 曾令良："和谐世界呼唤新的国际法"，载《人民日报海外版》2007 年 7 月 13 日，第 1 版。

34. 林灵："试析多哈回合'特殊与差别待遇'谈判及中国相关立场"，载《武大国际法评论》2007 年第 2 期。

35. 曾华群："论'特殊与差别待遇'条款的发展及其法理基础"，载《厦门大学学报（哲学社会科学版）》2003 年第 6 期。

36. 兰花："多边环境条约的实施机制"，武汉大学 2006 年博士学位论文。

37. 刘大群："评经修正的《关于消耗臭氧层物质的蒙特利尔议定书》"，载《法学评论》1991 年第 1 期。

38. 徐再荣："臭氧层损耗问题与国际社会的回应"，载《世界历史》2003 年第 3 期。

39. 周子亚："论联合国第三次海洋法会议与《海洋法公约》"，载《吉林大学社会科学学报》1984 年第 3 期。

40. 王铁崖："论人类共同继承财产的概念"，载中国国际法学会主编：《中国国际法年刊（1984）》，中国对外翻译出版公司 1984 年版。

41. 金永明："国际海底资源开发制度研究"，载《社会科学》2006 年第 3 期。

42. 梁西："人类组织化与当代国际法的新动向——国际'结构平衡论'初述"，载邵沙平、余敏友主编：《国际法问题专论》，武汉大学出版社 2002 年版。

43. 韩颖达："国际环境法的立法趋势"，载张乃根主编：《当代国际法研究——21 世纪的中国与国际法》，上海人民出版社 2002 年版。

44. ［美］爱迪·B·维斯："理解国际环境协定的遵守：十三个似是而非的观念"，秦天宝译，载王曦主编：《国际环境法与比较环境法评论》，法律出版社 2002 年版。

45. 薛捍勤："国家责任与'对国际社会整体的义务'"，载中国国际法学会主办：《中国国际法年刊（2004）》，法律出版社 2005 年版。

46. 薛宏："官方发展援助的定义和基本概念"，载《国际经济合作》1992 年第 2 期。

47. 段茂盛、刘德顺："清洁发展机制中的额外性问题探讨"，载《上海环境科学》2003 年第 4 期。

48. 庄贵阳："从公平与效率原则看清洁发展机制及其实施前景"，载《世界经济与政治》2001 年第 2 期。

49. 郭晨星："全球环境基金与中国"，载《南京林业大学学报（人文社会科学版）》2008 年第 2 期。

50. 高风："全球环境基金与国际环境制度法律关系刍议"，载王铁崖、李兆杰主编：《中国国际法年刊（1998）》，法律出版社 2002 年版。

51. "菲律宾奥波萨诉法克图兰案"，邵琛霞、李文凯译，载王曦主编：《国际环境法与比较环境法评论》，法律出版社 2005 年版。

52. 鲍健强等："低碳经济：人类经济发展方式的新变革"，载《中国工业经济》2008 年第4 期。

53. 李扬勇："论共同但有区别责任原则"，载《武汉大学学报（哲学社会科学版）》2007年第 4 期。

54. 曾令良："现代国际法的人本化发展趋势"，载《中国社会科学》2007 年第 1 期。

55. 曾令良："当代国际法视角下的和谐世界"，载《法学评论》2008 年第 2 期。

56. 龚微："'马萨诸塞州等诉环保局案'对美国参与国际气候变化合作的影响"，载《世界环境》2009 年第 1 期。

57. 龚微："气候变化国际法与我国气候变化立法模式"，载《湘潭大学学报（哲学社会科学版）》2013 年第 3 期。

58. 张建伟："气候正义与气候变化的国际法律应对"，载《武大国际法评论》2010 年第2 期。

59. 杜志华、杜群："气候变化的国际法发展：从温室效应理论到《联合国气候变化框架公约》"，载《现代法学》2002 年第 5 期。

60. 曾令良："论中国和平发展与国际法的交互影响和作用"，载《中国法学》2006 年第4 期。

61. 周洪钧："《京都议定书》生效周年述论"，载《法学》2006 年第 3 期。

62. 何建坤等："有关全球气候变化问题上的公平性分析"，载《中国人口·资源与环境》2004 年第 6 期。

63. 万霞："'后京都时代'与'共同而有区别的责任'原则"，载《外交评论（外交学院学报）》2006 年第 2 期。

64. 陈迎："气候变化国际政治格局的发展与前景"，载李慎明、王逸舟主编：《全球政治与安全报告 2008》，社会科学文献出版社 2007 年版。

二、英文部分

（一）著作类

1. Benoit Mayer, *The International Law on Climate Change*, Cambridge University Press, 2018.

2. Daniel M. Bodansky, Jutta Brunnée and Lavanya Rajamanni, *International Climate Change Law*, Oxford University Press, 2017.

3. Emma Lees and Jorge E. Viñuales, *The Oxford Handbook of Comparative Environmental Law*,

Oxford University Press,

2019.

4. Erik Haites, *International Climate Finance*, Routledge, 2013.

5. Roda Verheyen, *Climate Change Damage and International Law: Prevetion Duties and State Responsibility*, Martinus Nijhoff Publishers, 2005.

6. Danieal A. Farber and Marjan Peeters, *Climate Change Law*, Edward Elgar Publishing, 2016.

7. Alexander Zahar, *Climate Change Finance and International Law*, Routledge, 2017.

8. Ann Carlson and Dallas Burtraw, *Lessons from the Clean Air Act: Building Durability and Adaptability into U. S. Climate and Energy Policy*, Cambridge University Press, 2019.

9. David Freestone and Charlotte Streck, *Legal Aspect of Implementing the Kyoto Mechanisms: Making Kyoto Work*, Oxford University Press, 2005.

10. Philippe Sands and Jacqueline Peel, *Principles of International Environmental Law*, Cambridge University Press, 2012.

11. W. Th. Douma et al. , *The Kyoto Protocol and Beyond: Legal and Policy Challenges of Climate Change*, TM. C. Assev Press, 2007.

12. Donald F. Larson and Gunnar Breustedt, *Will Markets Direct Investments Under the Kyoto Protocol?*, World Bank, 2007.

13. Lavanya Rajamani, *Differential Treatment in International Environmental Law*, Oxford University Press, 2006.

14. Robert E. Hudec, *Developing Countries in the GATT Legal System*, Cambridge University Press, 1987.

15. Alexandre Kiss and Dinah Shelton, *International Environmental Law*, Transnational Publishers, 2004.

16. R. Wolfrum, *Means of Ensuring Compliance with and Enforcement of International Law*, Collected Courses of the Hague Acadmy of International Law, Martinus Nijhoff Publishers, 1998.

17. Edith Brown Weiss and Harold K. Jacobson, *Engaging Countries Strenthening Compliance with International Environmental Accords*, MIT Press, 1999.

18. Malgosia A. Fitzmaurice, *International Protection of the Environment*, Collected Course of the Hague Acdemy of International Law, 2001, Vol. 293, Martinus Nijhoff Publishers, 2002.

19. Louis Henkin, *International Law: Politics and Values*, Maritinus Nijhoff Publishers, 1995.

20. Oscasr Schachter, *International Law in Theory and Practice*, Martinus Nijhoff Pubishers, 1991.

21. Thomas Buergenthal and Sean D. Murphy, *Pubilic International Law*, Law Press China, 2004.

22. Edith Brown Weiss, *Environmental Change and International law: New Challenges and Dimen-*

sions, United Nations University Press, 1992.

23. Bradnee Chambers, *Inter-Linkages: The Kyoto Protocol and the International Trade and Investment Regimes*, Uniteds Nations University Press, 2001.

24. Barry E. Carter and Phillip R. Trimble, *International Law*, Aspen Law & Business, 1999.

25. Anita Margrethe Halvorssen, *Equality Among Unequals in International Environmental Law: Differential Treatment for Developing Countries*, Westview Press, 1999.

26. Joyeeta Gupta, *The Climate Change Convention and Developing Countries: From Conlict to Consensus?*, Kluwer Academic Publishers, 1997.

27. Malcolm N. Shaw, *International Law*, Cambridge University Press, 2003.

28. W. Neil Adger et al. , *Fairness in Adaptation to Climate Change*, MIT Press, 2006.

29. Robin Churchill and David Freestone, *International Law and Global Climate Change*, Grahan & Trotman, 1991.

30. N. H. Ravindranath and Jayant A. Sathaye, *Climate Change and Developing Countries*, Kluwer Academic Publishers, 2002.

31. Ottmar Edenhofer et al. , *Climate Change, Justice and Sustainability*, Springer, 2012.

32. Stephen Humphreys, *Human Rights and Climate Change*, Cambridge University Press, 2009.

33. Antonio Cassese, *International Law*, Oxford University Press, 2005.

34. John H. Jackson, William J. Davey and Alan O. Skyes. Jr. , *Legal Problems of International Economic Relations: Cases, Materials and Text*, West Publishing, 1995.

35. Przemyslaw Saganek, *Unilateral Acts of States in Public International Law*, Brill Nijhoff press, 2015.

(二) 论文类

1. Jonathan Pickering et al. , "Global Climate Governance Between Hard and Soft Law: Can the Paris Agreement's 'Crème Brûlée' Approach Enhance Ecological Reflexivity?", *Journal of Environmental Law*, Vol 31, No. 1. , 2019.

2. Barbara Buchner et al. , "Global Landscape of Climate Finance 2019", *Climate Policy Initiative*, November 7, 2019.

3. UNFCCC Standing Committee on Finance, Biennial Assessment and Overview of Climate Finance Flows Report, 2018.

4. Differ, How Results-Based Financing Can Help the Green Climate Fund Achieve its Objectives, Report to the Norwegian Ministry of Climate and Environment, 2016.

5. Elizabeth Fisher, "Unearthing the Relationship Between Environmental Law and Populism", *Journal of Environmental Law*, Vol. 31, No. 1. , 2019.

6. Sanja Bogojevic, "The Erosion of the Rule of Law: How Populism Threatens Environmental Protection", *The Journal Environmental Law*, Vol. 31, No. 3., 2019.

7. Edward J. Goodwin, "State Delegations and the Influence of Cop Decisions", *Journal of Environmental Law*, Vol. 31, No. 2., 2019.

8. Yulia Yamineva, "Climate Finance in the Paris Outcome: Why Do Today What You Can Put Off Till Tomorrow?", *Review of European Community and International Environmental Law*, Vol. 25, No. 2., 2016.

9. Juha I. Uitto, "Evaluating the Environment as a Global Public Good", *Evaluation*, Vol. 22, No. 1., 2016.

10. Stephen Minas and Megan Bowman, "Post-Paris/Post-Trump: The Green Climate Fund and Climate Finance Governance in the Eye of the Storm", Peking University School of Transnational Law Research Paper, 2017.

11. Jane Ellis and Sara Moarif, "Enhancing transparency of climate finance under the Paris Agreement: lessons from experience", *Climate Change Expert Group Papers*, No. 2016/03.

12. Johan Eyckmans, Sam Fankhauser and Snorre Kverndokk, "Devlopment Aid and Climate Finance", *Environmental and Resource Economics*, Vol. 63, No. 1., 2016.

13. Benoit Mayer, "International Law Obligations Arising in relation to Nationally Determined Contributions", *Transnational Environmental Law*, Vol. 7, No. 2., 2018.

14. Mark A. Drumbl, "Northern Economic Obligation, Southern Moral Entitlement, and International Environmental Governance", *Columbia Journal of Environmental Law*, Vol. 27, 2002.

15. John R. Crook, "U. S. Positions in International Climate Change Negotiations", *American Journal of International Law*, Vol. 102, No. 1., 2008.

16. Simon Caney, "Cosmopolitan Justice, Rights and Global Climate Change", *Canadian Journal of Law and Jurisprudence*, Vol. 19, No. 2., 2006.

17. Ruth Gordon, "Climate Changes and the Poorest Nations: Further Reflections on Global Inequality", *University of Colorado Law Review*, Vol. 78, 2007.

18. Deepa Badrinarayana, "India's Policy Priorities——Bleak Forecast for a Global Climate Regime?", *German Law Journal*, Vol. 9, No. 3., 2008.

19. Michael P. Vandenbergh and Brooke A. Ackerly, "Climate Change: The Equity Problem", *Virginia Environmental Law Journal*, Vol. 26, No. 1., 2008.

20. Kyle W. Danish, "An Overview of the International Regime Addressing Climate Change", *Sustainable Development Law & Policy*, Vol. 7, No. 2., 2007.

21. Anita M. Halvorssen, "Common, but Differential Commitments in the Future Climate Change

Regime —— Amending the Kyoto Protocol to include Annex C and the Annex C Mitigation Fund", *Colorado Journal of International Environmental Law and Policy*, Vol. 18, No. 2. , 2007.

22. Malgosia Fitzmaurice, "The Kyoto Protocol Compliance Regime and Treaty Law", *Singapore Year Book of International Law*, 2004.

23. Daniel M. Bodansky, "The United Nations Frame Convention on Climate Change: A Commentary", *Yale Journal of International Law*, Vol. 18, 1993.

24. Mindy G. Nigoff, "The Clean Development Mechanism: Does the Current Structure Faciliate Kyoto Protocol Compliance?", *Georgetown International Environmental Law Review*, Vol. 18, Winter, 2006.

25. Kevin A. Baumert, "Participation of Developing Countries in the International Climate Change Regime: Lesson for the Future", *George Washington International Law Review*, Vol. 38, 2006.

26. Daniel Barstow Magraw, "Existing Legal Treatment of Developing Countires: Differential, Contextual, and Absolute Norms", Colorado *Journal of International Environmental Law and Policy*, Vol. 1, 1989.

27. J. B. Rosen, "China, Emerging Economics, and the World Trade Order", *Duke Law Journal*, Vol. 46, 1997.

28. Harrier Miskell, "Law of the Sea: the Convention Enter into Force", *American Society of International Law Proceedings*, Vol. 89, 1995.

29. M. A. Fitzmaurice and C. Redgwell, " Environmental Non-Compliance Procedures and International Law", *Netherlands Yearbook of International Law*, Vol. 31, 2000.

30. Lavanya Rajamani, "Renegotiating Kyoto: A Review of the Sixth Conference of Parties to the UNFCCC", *Colorado Journal of International Environmental Law and Policy*, Vol. 12, 2001.

31. Edith Brown Weiss, "Understanding Compliance with International Environment Agreements: the Baker's Dozen Myths", *University of Richmond Law Review*, Vol. 32, No. 5. , 1999.

32. Edith Brown Weiss, "Strengthen the National Compliance with International Agreements", *Environmental Policy and Law*, Vol. 27, No. 4. , 1997.

33. Edith Brown Weiss, "Equity in International Law", *American Soceity of International Law*, Vol. 81, 1987.

34. Gene M. Grossman and Alan B. Krueger, "Economic growth and the environmental", *The Quarterly Journal of Economics*, Vol. 110, No. 2. , 1995.

35. Jekwu Ikeme, "Equity, Environmental Justice and Sustainability: Incomplete Approaches in Climate Change Politics", *Global Environmental Change*, Vol. 13, No. 3. , 2003.

36. Lasse Ringius, Asbjørn Torvanger and Arild Underdal, "Burden Sharing and Fairness Principles

in International Climate Policy", *International Environmental Agreements*, Vol. 2, 2002.

37. Duncan French, "Developing States and International Environmental Law: The Importance of Differential Responsibilities", *International & Comparative Law Quarterly*, Vol. 49, No. 1. , 2000.

38. Michael Weisslitz, "Rethinking the Equitable Principle of Common but Differential Responsibility: Differential Versus Abosulte Norms of Compliance and Comtribution in the Global Climate Change Context", *Colorado Journal of International Environmental Law and Policy*, Vol. 13, No. 2. , 2002.

39. Christopher D. Stone, "Common but Differentited Resposibilties in International Law", *American Journal of International Law*, Vol. 98, No. 2. , 2004.

40. Karin Mickelson, "South, North, International Environmental Law, and International Envrionmental Lawyers", in Gunthe Handl eds. , *Yearbook of International Environmental Law*, Vol. 11, 2000.

41. Christine Batruch, " 'Hot Air' as Precedent for Developing Countries? Equity Considerations", *UCLA Journal of Environmental Law and Policy*, Vol. 17, No. 1. , 1998.

42. Armin Rosencranz, "The Origin and Emergence of International Environmental Norms", *Hastings International and Comparative Law Review*, Vol. 26, No. 3. , 2003.

43. Philippe Cullet, "Differential Treatment in International Law Towards a New Paradigm of Interstate Relations", *European Journal of International Law*, Vol. 10, No. 3. , 1999.

44. M. C. W. Pinto, "Reflections on International Liability for Injurious Consequences Arising out of Acts not Prohibited by International Law", *Netherlands Yearbook of International Law*, Vol. 16, 1985.

45. Will Gerber, "Defining 'Developing Country' in the Second Commitment Period of the Kyoto Protocol", *Boston College International & Comparative Law Review*, Vol. 31, 2008.

46. Scott J. Stone, "Comment on COP 11 to the UNFCCC", *Sunstainable Development Law & Policy*, Vol. 6, No. 2. , 2006.

47. Lavanya Rajamani, "From Stockholm to Johannesburg: The Anatomy of Dissonance in the International Environmeantal Dialogue", *Review of European Community & International Environmental Law*, Vol. 12, No. 1. , 2003.

48. Francesco Parisi and Nita Ghei, "The Role of Reciprocity in International Law", *Cornell International Law Journal*, Vol. 36, No. 1. , 2003.

49. Greg Kahn, "The Fate of the Kyoto Protocol Under the Bush Administration", *The Berkeley Journal of International Law*, Vol. 21, 2003.

50. Eric A. Posner and Cass R. Sunstein, "Climate Change Justice", *The Geogetown Law Journal*,

Vol. 96, 2008.

51. H. Youssef, Special and Differential Treatment for Developing Countries in the WTO (South Center T. R. A. D. E. Working Paper).

52. M. Gibbs, Special and Differential Treatment in the Context of Globalization, http://english/tratop_ e//devel_ e/semol_ e/gibbs_ e. doc.

53. John Whalley, "Special and Differential Treatment in the Millenium Round", *The World Economy*, Vol. 22, No. 8. , 1999.

54. Wil D. Verway, "The New International Economic Order and the Realization of the Right to Development and Welfare——A Legal Survey", *India Journal of International Law*, Vol. 21, 1981.

55. Mulugeta Getu, "Accommodating the Interests of Developing Countries in the Climate Change Regime: Lessons from the Ozone Layer Regime", *Mizan Law Review*, Vol. 6, No. 1. , 2012.

56. Christopher D. Stone, "Common but Differentiated Responsibilities in International Law", *The American Journal of International Law*, Vol. 98, No. 2. , 2004.

57. Daniel H. Cole, "Climate Change, Adaptation, and Development", *UCLA Journal of Environmental Law and Policy*, Vol. 26, No. 1. , 2008.

58. Kevin A. Baumert, "Participation of Developing Countries in the International Climate Change Regime: Lessons for the Future", *George Washington International Law Review*, Vol. 38, 2006.

59. Rurnu Sarkar, "The Developing World in the New Millennium: International Finance, Development, and Beyond", *Vanderbilt Journal of Transnational Law*, Vol. 34, Issue 2, 2001.

60. Sean Michael Neal, "Bringing Developing Nations on Board the Climate Change Protocol: Using Debt-for-Nature Swaps to Implement the Clean Development Mechanism", *Goergetown International Environmental Law Review*, Vol. 11, 1998.

61. Mindy G. Nigoff, "The Clean Development Mechanism: Does the Current structure Facilitate Kyoto Protocol Compliance?", *Georgetown International Environmental Law Review*, Vol. 18, 2006.

62. Anita M. Halvorsse, "The Kyoto Protocol and Developing Countries——The Clean Development Mechanism", *Colorado Journal of International Environmental Law and Policy*, Vol. 16, 2005.

63. Patricia Nelson, "An African Dimension to the Clean Development Mechanism: Finding a Path to Sustainable Development in the Energy Sector", *Denver Journal of International Law and Policy*, Vol. 32, No. 4. , Fall 2004.

64. Maxine Burkett, "Just Solutions to Climate Change: A Climate Justice Proposal for a Domestic Clean Development Mechanism", *Buffalo Law Review*, Vol. 56, No. 1. , 2007.

65. Paul G. Harris, "Common but Differentiated Responsibilities: The Kyoto Protocol and United

States Policy", *New York University Environmental Law Journal*, Vol. 7, 1999.

66. Rumu Sarkar, "Critical Essay: Theoretical Foundations in Development Law: A Reconciliation of Opposites?", *Denver Journal of International Law and Policy*, Vol. 33, No. 3., 2005.

67. Albert Mumma, "The Poverty of Africa's Position at the Climate Change Convention Negotiations", *UCLA Journal of Environmental Law & Policy*, Vol. 19, No. 1., 2000.

68. Jutta Brumée and Stephen J. Toope: "Environmental Security and Freshwater Resources: A Case for International Ecosystem Law", *Yearbook of International Environmental Law*, Vol. 5, No. 1., 1994.

三、条约法律政策

1. 国家环境保护总局国际合作司编：《国际环境公约选辑》，中国环境科学出版社 2007 年版。

2. 王曦主编：《国际环境法资料选编》，民主与建设出版社 1999 年版。

3. 世界环境与发展委员会编著：《我们共同的未来》，世界知识出版社 1989 年版。

4. 《联合国气候变化框架公约》

5. 《京都议定书》

6. 《巴黎协定》

7. 《中华人民共和国大气污染防治法》

四、相关网站

1. 联合国气候变化主页，www. un. org/climatechange.

2. 《联合国气候变化框架公约》网站，www. unfccc. int.

3. 联合国政府间气候变化专门委员会，www. ipcc. ch.

4. 中华人民共和国生态环境部，www. mee. gov. cn.

5. 中国气候变化信息网，www. ccchina. org. cn.

6. 世界贸易组织网站，www. wto. org.

7. 中国社科院可持续发展研究中心，www. rcsd. org. cn.

8. 武汉大学环境法研究所网站，www. riel. whu. edu. cn.

9. 武汉大学国际法研究所网站，www. translaw. whu. edu. cn.

10. 全球环境基金网站，www. thegef. org/.

后　记

　　本书的构想、写作、修改和出版过程颇为不易，曲折变故，难以言表。曾经一度想要放弃，然而在多方鼎力相助之下，终于顺利问世。鉴于情势变更，不便一一言明，唯有铭记于心。在书稿终于付梓之际，感谢西南大学中央高校基本科研业务费专项项目（SWU1909748）资助。